POLÍTICAS CULTURAIS: DIÁLOGOS POSSÍVEIS

SERVIÇO SOCIAL DO COMÉRCIO
Administração Regional no Estado de São Paulo

Presidente do Conselho Regional
Abram Szajman
Diretor Regional
Danilo Santos de Miranda

Conselho Editorial
Ivan Giannini
Joel Naimayer Padula
Luiz Deoclécio Massaro Galina
Sérgio José Battistelli

Edições Sesc São Paulo
Gerente Iã Paulo Ribeiro
Gerente adjunta Isabel M. M. Alexandre
Coordenação editorial Francis Manzoni, Clívia Ramiro, Cristianne Lameirinha, Jefferson Alves de Lima
Produção editorial Simone Oliveira
Coordenação gráfica Katia Verissimo
Produção gráfica Fabio Pinotti, Ricardo Kawazu
Coordenação de comunicação Bruna Zarnoviec Daniel

POLÍTICAS CULTURAIS: DIÁLOGOS POSSÍVEIS

antônio albino canelas rubim

edições sesc

© **Antônio Albino Canelas Rubim, 2022**
© **Edições Sesc São Paulo, 2022**
Todos os direitos reservados

Preparação Tatiane Godoy
Revisão Elba Elisa de Oliveira
Capa e projeto gráfico Tereza Bettinardi
Diagramação Lucas D'Ascenção (assistente)

Dados Internacionais de Catalogação na Publicação (CIP)

R8241p   Rubim, Antônio Albino Canelas

        Políticas culturais: diálogos possíveis / Antônio Albino
        Canelas Rubim. – São Paulo: Edições Sesc São Paulo,
        2022. – 272 p.

        ISBN 978-65-86111-69-9

1. Cultura. 2. Processos culturais. 3. Política cultural. 4. Gestão cultural.
5. Estado. 6. Governo. 7. Financiamento cultural. I. Título.

CDD 301.2

Ficha catalográfica elaborada por Maria Delcina Feitosa CRB/8-6187

Edições Sesc São Paulo
Rua Serra da Bocaina, 570 – 11º andar
03174-000 – São Paulo SP Brasil
Tel. 55 11 2607-9400
edicoes@sescsp.org.br
sescsp.org.br/edicoes
/edicoessescsp

SUMÁRIO

9   **APRESENTAÇÃO**
Danilo Santos de Miranda

11   **PREFÁCIO**
Um estimulante painel de reflexões sobre políticas culturais
Isaura Botelho

1

23   **ESTUDOS HISTÓRICOS, TEÓRICOS E CONCEITUAIS**

25   Políticas culturais: panorama histórico e desafios atuais

61   Políticas culturais, contemporaneidade
e dinâmica da cultura

83   Uma visita aos conceitos de políticas
culturais na América Latina

103 Por um conceito atualizado de políticas culturais

2

123 ESTUDOS TEMÁTICOS

125 A Revolução Russa e a possível criação das políticas culturais

145 Cultura Viva na Ibero-Latino-América

157 Universidades, políticas culturais e planos de cultura

3

177 ESTUDOS SOBRE ESTADO, CULTURA E FINANCIAMENTO
179 Relações entre Estado e cultura
195 Teses sobre financiamento e fomento à cultura

4

209 ESTUDOS SOBRE GESTÃO CULTURAL
211 Desafios e dilemas da gestão cultural
229 Gestão cultural na Bahia: reflexões sobre uma experiência

267 AGRADECIMENTOS
269 SOBRE O AUTOR

APRESENTAÇÃO

DIMENSÃO DE ASPECTO COLETIVO, A CULTURA RESSOA A diversidade que caracteriza as sociedades, assim como as identidades dos povos. A constituição de seu campo, por sua vez, demanda articulações capazes de dar conta de seu amplo espectro de potências e possibilidades. Assim, por meio de relações e interlocuções com diferentes grupos sociais, a cultura poderá ter protagonismo na construção de políticas efetivas de ação e transformação social.

Neste *Políticas culturais: diálogos possíveis*, Antônio Albino Canelas Rubim aborda o tema da gestão e da política cultural como terrenos necessariamente participativos, que transformam diretamente as dinâmicas socioculturais de cada tempo. Pesquisador, professor da Universidade Federal da Bahia e ex-secretário de Cultura nesse Estado, ao longo desta coletânea de textos reúne estudos que se espraiam por diferentes tempos e espaços e percorre conceitos e desafios que tangenciam iniciativas na esfera cultural, alçada cada vez mais à sua transversalidade nas atividades humanas.

Ao traçar um panorama histórico sobre determinados conceitos e propor atualizá-los; contemplar uma provável gênese das políticas culturais; apresentar convergências no âmbito latino-americano; ou sublinhar a atuação da universidade como agente desse campo, o autor explora passagens fundamentais da história dessas políticas e, ao mesmo tempo, aprofunda sua análise sobre os contextos sociais e econômicos em que foram desenvolvidas.

A partir de suas reflexões, o olhar para a gestão se amplia no sentido de superar os aspectos administrativos e burocráticos e reforçar um empenho coletivo e plural de diferentes segmentos na construção de políticas culturais. Assim, ao serem convocados, agentes e comunidades – em suas abrangências locais, regionais, nacionais, internacionais ou mesmo diplomáticas – poderão desempenhar papéis complementares no debate, na deliberação e na implantação de estratégias, procedimentos ou planos de ação. Em uma perspectiva que se ampara em valores democráticos, tais articulações serão capazes de estimular uma ágora de diálogos, fricções e atualizações, e, desse modo, permitir uma concepção democrática de cultura e de práticas transformadoras em seu e em outros campos, como a educação.

Esses estudos são de nítida consonância com os esforços que o Sesc São Paulo mobiliza para promover a formação e o pensamento acerca da gestão cultural, ao se respaldar em conceitos alargados de cultura. Assim, para uma instituição que se compreende como agente de políticas e que investiga caminhos para se manter atenta a diálogos e ativa em construções, este livro contribui com práticas que fortalecem uma ideia de cultura cada vez mais participativa e dialógica.

Danilo Santos de Miranda
Diretor do Sesc São Paulo

PREFÁCIO

UM ESTIMULANTE PAINEL DE REFLEXÕES SOBRE POLÍTICAS CULTURAIS

SENTI-ME HONRADA AO SER CONVIDADA POR ANTÔNIO Albino Canelas Rubim para prefaciar este seu livro. Há um longo tempo nos relacionamos e vimos travando saudáveis discussões em torno do tema que nos apaixona a ambos, que são as políticas culturais no país. Tenho grande respeito por sua produção intelectual e por todos os seus esforços para organizar o campo da cultura na universidade e fora dela. São muitas as facetas a serem consideradas a respeito de Albino.

Sua carreira, inteiramente construída na Universidade Federal da Bahia (Ufba), da qual é professor titular aposentado, começou como aluno do Colégio de Aplicação dessa universidade. Fez medicina e jornalismo, sendo capturado pelos estudos de comunicação. Perdemos um médico, mas ganhamos um teórico da comunicação e, posteriormente, um dedicado adepto dos estudos da cultura. Numa trajetória que chama a atenção por sua coerência e comprometimento, o cidadão Albino Rubim participou intensamente da luta pela democratização do país, deixando como marca seu engajamento democrático e seu empenho institucional quer dentro da universidade, quer fora dela, âmbito em que política e cultura sempre estão bastante articuladas.

Essa sinopse de sua carreira não pode deixar de mencionar que ele foi, por três vezes, diretor da Faculdade de Comunicação da Ufba: creio que foi ele o responsável por criar, no seio dessa faculdade, a graduação em Produção em Comunicação e Cultura. A convite do então reitor, Naomar de Almeida Filho, Albino deixa a Faculdade de Comunicação para capitanear a implantação do Instituto de Humanidades, Artes e Ciências Professor Milton Santos, um programa inovador e multidisciplinar que rapidamente se tornou referência na formação de jovens pesquisadores em arte e cultura. Autor de diversos livros, Albino criou, na Editora da Universidade Federal da Bahia (Edufba), a coleção "Cult", que já se tornou fonte obrigatória de leitura e estudos no campo das políticas culturais e de temas correlatos, que se conectam diretamente com o viver a cultura em sociedade.

Entendendo a cultura como fundamental para se pensar na Universidade e em sua contribuição para a formação dos jovens, mais uma vez Albino contribui para a criação do Centro de Estudos Multidisciplinares em Cultura (Cult), em 2003, órgão complementar da Universidade Federal da Bahia que reúne pesquisadores, professores e estudantes da área da cultura, especialmente do Programa Multidisciplinar de Pós-Graduação em Cultura e Sociedade (doutorado e mestrado), do curso de Produção em Comunicação e Cultura da Faculdade de Comunicação (graduação) e dos bacharelados interdisciplinares do Instituto de Humanidades, Artes e Ciências Professor Milton Santos (Ihac, graduação).

O Cult desenvolve pesquisas e atividades de extensão e formação – como cursos e eventos – e publica livros periodicamente. Fruto das pesquisas e atividades do Centro, seus resultados são publicados em parceria com a Editora da Universidade Federal da Bahia. Não é necessário dizer que Albino é um dos mais ativos coordenadores de pesquisa do Cult, que, dentre suas atribuições, realiza, anualmente, o mais importante encontro nacional de pesquisa em cultura, o Enecult, desde 2020 em formato virtual e que teve sua 17ª edição em julho de 2021.

Não foi por acaso que me arrisquei a arrolar as principais atividades que Albino desenvolveu ao longo de sua carreira: só não mencionei ainda seu período como Secretário de Cultura do Estado da Bahia durante a gestão de Jacques Wagner como governador, entre 2011 e 2014. Esse foi um momento importante, que rendeu um texto para este livro – "Gestão cultural na Bahia: reflexões sobre uma experiência". Acredito ter sido uma ocasião de testar várias ideias que, até então, estavam mais no plano da teoria.

Leitor atento de Antonio Gramsci, dentre outros, a admirável coerência do percurso profissional de Albino espelha estas e outras leituras importantes numa formação sólida que lhe dá respaldo para ser um incansável defensor da causa da cultura e que o torna um dos mais importantes organizadores do campo da cultura no Brasil.

O leitor deste livro terá a oportunidade de deparar-se com essa variedade de intervenções de seu autor. Em "A Revolução Russa e a possível criação das políticas culturais", Rubim nos oferece a possibilidade de analisar os enlaces entre política e cultura nesse momento singular da História. As relações entre cultura, Rússia e revolução, além das mutações das posições do Estado e do partido, permitem ao autor propor a hipótese de ter sido esse o momento em que se inaugurou o formato de políticas culturais como o entendemos contemporaneamente. Os retrocessos que vieram a seguir pela instrumentalização da cultura pela política, o que ocorre com a ascensão de Stalin, não permitiram que tais inovações se consolidassem, impedindo seu desenvolvimento. A grande contribuição desse texto advém exatamente de nos rememorar a experiência russa naquele momento, nos levando a relativizar as afirmações dos autoproclamados inventores das políticas culturais.

Em "Uma visita aos conceitos de políticas culturais na América Latina", temos um passeio crítico a diversos conceitos de políticas culturais na América Latina desde os anos 1980, período marcado pelo desenvolvimento de conceitos mais contemporâneos, a partir de sua disseminação por meio das Conferências Internacionais da Unesco. O autor não pretende estabelecer um conceito canônico – em suas palavras –, mas, sim, azeitar as discussões em torno do tema e alimentar uma possível atualização do conceito, que é o que enseja o texto "Por um conceito atualizado de políticas culturais". Mais uma vez, Albino nos alerta que ele não busca um conceito mais legítimo ou científico, que seja definitivo. Ele acredita, e concordo com ele, que a eleição por uma ou outra definição depende de sua adequação à realidade que a convoca. Exatamente por isso, me surpreende a ausência de referência a Mário de Andrade, fonte de inspiração para Aloísio Magalhães e para Gilberto Gil, lideranças no campo das políticas culturais nacionais. Além de seu tempo, Mário é decisivo no tratamento do patrimônio imaterial, para o qual a Unesco só acordou em 1989, quando de uma Resolução abordando a questão e do posterior estabelecimento de uma Convenção em 2003. A política capitaneada por Aloísio Magalhães no Centro Nacional de Referência Cultural (CNRC) foi exemplar no tratamento deste patrimônio, antes que a Unesco disseminasse suas preocupações com o tema.

Em "Políticas culturais: panorama histórico e desafios atuais", Albino reafirma a necessidade de que o surgimento das políticas culturais seja resultado de "[...] uma virada paradigmática nas relações entre cultura e política". O panorama se inicia em Caio Mecenas, que inaugura as relações da cultura com o poder na Antiguidade para engrandecer o imperador Otávio Augusto (27 a.C.-14 a.C.). O retrospecto chega à institucionalização de organismos voltados ao tratamento das relações entre os poderes públicos e a cultura no século XX, período em que se alterou o padrão de presença do Estado, que, por sua vez, expandiu enormemente seu papel. Embora essa fosse uma tendência que já se anunciava desde o século XIX, sua afirmação se deu no período entre as duas guerras mundiais, com a contribuição da expansão do ensino público e o aumento do tempo livre.

Talvez valha a pena lembrar que um dos principais motivos para essa institucionalização foi a ideia de que o Estado deveria promover o aumento da qualidade de vida de seus cidadãos (*Welfare State*), incluindo as artes e os artistas em seu rol de preocupações. Essa é a origem, por exemplo, do maior programa de emprego para artistas feito por um governo: o Federal Art Project, dentro do Works Progress Administration (WPA) norte-americano, programa do New Deal, de F. D. Roosevelt, que em seu auge (de 1935 a 1938) empregou diretamente mais de 40 mil artistas. A Inglaterra, em 1940, criou o Council for the Encouragement of Music and the Arts (CEMA, transformado no Arts Council em 1945), com os objetivos de animar a população civil durante a guerra e empregar artistas profissionais, objetivo este que logo sobrepujou o primeiro.

O Ministério da Cultura francês origina-se da reunião de vários serviços e instituições – algumas desde Luís XIV – e, também, da necessidade de "acomodar" André Malraux, grande amigo de De Gaulle, que queria as Comunicações. Ironicamente, de maneira correlata, no Brasil José Sarney desviou as atenções de José Aparecido de Oliveira, que ambicionava a Casa Civil, criando o Ministério da Cultura. Depois que os anos passam, motivos mais nobres se justificam *a posteriori*, em meio aos sentimentos de orgulho nacional. Outra observação sobre a grande influência dos paradigmas franceses, e mesmo da disseminação da ideia da necessidade de um Ministério da Cultura, deve-se ao fato de que a sede da Unesco está localizada em Paris. Se há controvérsias sobre que país foi a vanguarda na invenção das políticas culturais, dois aspectos importantíssimos são muito menos polêmicos, e com os quais não podemos deixar de concordar: a liderança francesa na ideia de desenvolvimento cultural e na promoção de estudos e prospectiva nesse terreno.

Na verdade, minhas observações vêm mais no sentido de relativizar os aspectos formais da institucionalização de políticas que atendam à cultura e as razões que presidiram o desenho dos organismos que lhe correspondem. Os estudos nesse campo mostram como a história e as tradições culturais são decisivas nos modelos implantados em cada país. Grosso modo, países de matriz latina tendem a criar órgãos centralizados, usando o modelo francês como inspiração, enquanto os anglo-saxões tendem para modelos mais descentralizados, com a chamada administração a distância, usando Conselhos de Arte, como no caso britânico. Albino alerta: "esse caráter tênue e frágil parece inerente à escolha de marcos históricos, que intentam substituir complexos processos, dispositivos dinâmicos, movimentos muitas vezes sutis e subterrâneos, por fronteiras imóveis e supostamente fixadas".

A par de toda a participação da Unesco no estímulo ao desenvolvimento de políticas culturais entre seus países-membros, Albino analisa os contornos neoliberais que as políticas culturais assumiram não apenas no Brasil, e se detém em apontar a complexidade dos fluxos culturais globalizados, que trazem em seu bojo a relevância das dimensões regional e local. O nacional, na contemporaneidade, deve se curvar a suas singularidades, mas sempre atento a esses fluxos globais, regionais e locais. Dessa forma, as políticas culturais deixam de ser monopólio exclusivo dos Estados nacionais para serem gestadas a partir de uma multiplicidade de agentes, radicalizando seu caráter transversal, que só vem sendo desvelado mais recentemente, embora sempre tenha estado presente.

Em "Políticas culturais, contemporaneidade e dinâmica da cultura" e em "Por um conceito atualizado de políticas culturais", Rubim se volta para sua insistente preocupação em delimitar o campo das políticas culturais, aprofundando sua argumentação. Em "Desafios e dilemas da gestão cultural", muda-se a chave para um tema que convoca a práxis, mas ainda no terreno da teoria. É em "Gestão cultural na Bahia: reflexões sobre uma experiência" que, de fato, temos uma mudança de tom, já que no texto temos o gestor e seus enfrentamentos.

Como Secretário de Cultura do Estado da Bahia, Albino defrontou-se com desafios que antes talvez só tivesse observado com o distanciamento do professor e teórico. Reconhecidamente, lidou muito bem com eles, o que lhe permitiu fazer um relato bastante útil para entender as pelejas que os desenhos institucionais inadequados e uma legislação absolutamente avessa à dinâmica das artes e da cultura trazem para o gestor.

Além disso, poderia estender os comentários a essas mesmas dificuldades no trato com a máquina pública ao analisar o programa Cultura Viva. O texto "Cultura Viva na Ibero-Latino-América" contextualiza o programa de maior sucesso da gestão de Gilberto Gil no Ministério da Cultura. Tendo enfrentado sérios problemas de ordem jurídico-administrativa nas gestões que se seguiram à saída de Juca Ferreira, substituto de Gil no MinC, Rubim diagnostica a questão como tendo sido reduzida a um problema gerencial, o que praticamente paralisou o programa nos anos seguintes. Seus gestores, apesar de alertados, não levaram em conta a inexperiência de seu público-alvo no trato com a infernal máquina administrativa e os tortuosos caminhos das prestações de contas intermediárias que eram exigidas. Deve-se levar em conta também a falta de manejo com essa mesma máquina da parte dos técnicos responsáveis por conduzir o programa, máquina que parece feita para que as coisas não aconteçam. Para complicar ainda mais a situação, tinha-se um novo público-alvo que, na maioria das vezes, acessava pela primeira vez recursos públicos. As questões de ordem jurídico-administrativas assustam quem acaba de assumir, principalmente o fantasma da lei n. 8.666/1993, que estabelece normas gerais sobre licitações e contratos administrativos, no âmbito dos poderes da União, dos Estados, do Distrito Federal e dos municípios. Os problemas, debates e as diversas avaliações – inclusive do Instituto de Pesquisas Econômicas e Aplicadas (Ipea) – em torno do Cultura Viva terminaram levando à transformação do programa em lei.

Em "Relações entre Estado e cultura", temos reflexões sobre a história dessas relações, parte delas presentes em texto anterior sobre o panorama da evolução das políticas culturais. No século XX, a atualização do Estado permite que este assuma novas responsabilidades, pressionado também por novas demandas culturais. Segundo nosso autor, somente "agora novas relações entre política, Estado e cultura podem acontecer".

Albino fala das políticas culturais no Brasil a partir dos anos 1930. Nesse histórico, pela primeira vez Mário de Andrade é mencionado, sem ressaltar, no entanto, o quanto se prolongou no tempo a influência do Mário-gestor e formulador de uma política cultural para o Departamento Municipal de Cultura de São Paulo. Apesar da curta duração da experiência, sem dúvida foi a primeira política de cultura formulada no país, ultrapassando largamente sua época e deixando marcas em gestões mais contemporâneas, como as de Aloísio Magalhães e de Gilberto Gil, que tanto admiramos. Embora o Anteprojeto do serviço do Patrimônio Artístico Nacional, feito por Mário de Andrade a partir de demanda do então Ministro da Educação e Saúde, Gustavo Capanema, não tenha sido utilizado – o documento com certeza era muito avançado para os anos 1930 –, tornou-se uma referência para políticas e posicionamentos posteriores. Sua modernidade nos espanta ainda hoje, e sabemos que embasou o elogiado posicionamento do Brasil nas discussões que precederam a Convenção para a Salvaguarda do Patrimônio Cultural Imaterial da Unesco, em 2003.

A discussão sobre o Estado democrático traz uma inovadora definição de política pública. Para Albino, ela deve obedecer a dois pré-requisitos imprescindíveis: "[...] a existência de um debate público em torno delas, por meio do qual a sociedade possa discutir suas configurações, e a possibilidade efetiva de que esse debate repercuta e altere formas e conteúdos das políticas em cena". Se essas condições, signo de sua singularidade, não forem consideradas, o autor opta por chamá-las de políticas estatais, já que não passaram pelo crivo do debate público, que, para ele, é o único meio de legitimá-las.

Comprometido com a cidadania e com os direitos culturais, temos aí um Estado efetivamente democrático que vê na cultura um elemento constitutivo da sociedade e, como tal, não pode compactuar com a exclusão cultural que ronda grande parte da população brasileira. Equacionar essa situação significa o reconhecimento da diversidade cultural do país, ampliando o escopo dos universos simbólicos a serem desfrutados, o que envolve abranger a pluralidade de registros artísticos e culturais e investir, de forma consistente, na formação cultural.

O final do texto "Relações entre Estado e cultura" já nos encaminha para o próximo, que nos oferece algumas "Teses sobre financiamento e fomento à cultura". O autor demanda que esse fomento esteja à altura da complexidade contemporânea da cultura, que alargou seu escopo de forma significativa, absorvendo setores que há algum tempo não estavam no âmbito das políticas de cultura. Parte dessa nova configuração do campo de atuação adveio da expansão do conceito de cultura advogado pela Unesco em sua Conferência Internacional no México, em 1982. A abrangência antropológica do conceito criou desafios novos do ponto de vista das políticas culturais nacionais e, consequentemente, novos enfrentamentos para seu financiamento.

O Estado brasileiro teve uma atitude extremamente comodista com relação à legislação de fomento e financiamento à cultura: percorreu o caminho mais óbvio que foi o de uma lei de benefício fiscal. Implantou, em dois momentos diferentes, a Lei Sarney e, supostamente, uma versão melhorada desta, que ficou conhecida como Lei Rouanet. Albino se dedica a analisar as perversões da aplicação da Lei Rouanet que, em um momento de corte radical do orçamento do Ministério da Cultura, foi sendo alterada por pressões conjunturais de corporações artísticas (ora músicos, ora cineastas, por exemplo).

Embora haja legislações de diversos tipos em outros países, nunca houve interesse, por parte do Ministério da Cultura brasileiro, em promover um estudo comparativo que pudesse responder a demandas de setores diferentes, mas que fazem parte da ampla cadeia de fornecedores e usuários nesse complexo universo da cultura. Trago aqui alguns exemplos: existem medidas fiscais que incentivam o investimento direto como contribuições dedutíveis; isenções de impostos para instituições culturais e para artistas individualmente; e isenções de impostos sobre herança ou fortuna. Existem impostos cujo objetivo é a movimentação de recursos de um setor para outro relacionado a ele como, por exemplo, taxas de hotéis que vão para o apoio a atividades artísticas, estimulando, assim, o turismo, como é o caso de São Francisco, nos Estados Unidos. Há impostos com o objetivo de manter os recursos no próprio setor, como é o caso do autofinanciamento do cinema francês através da taxação dos ingressos, recursos que poderão ser reembolsados ao produtor, desde que para a realização de um novo filme francês. Mecanismo similar já foi praticado no Brasil, nos tempos da Embrafilme. Além disso, na França, há a taxação de aparelhos televisores, recursos que também contribuem para o cinema francês. Ou seja, há uma grande variedade de subsídios diretos e indiretos, que podem beneficiar o campo da cultura.

Valeria a pena, assim, ampliar o escopo das legislações que afetam a área e estimular a criatividade do legislador.

O advento da pandemia do novo coronavírus alterou algumas das teses levantadas por Albino neste texto, como aquela referente ao Fundo Nacional de Cultura. A imperiosa necessidade de criação de um auxílio emergencial para socorrer o setor cultural promoveu a elaboração da Lei Aldir Blanc, que possibilitou a repartição da totalidade dos recursos imobilizados no Fundo Nacional de Cultura – R$ 3 milhões – para todos os Estados e municípios brasileiros. Ironicamente, é durante o governo mais avesso à área cultural que o Brasil já teve que foi promulgada uma lei que, potencialmente, distribuiu recursos por todo o país a municípios que nunca haviam imaginado tal possibilidade. Os critérios de repasse exigindo ferramentas de relacionamento entre os entes da federação levaram a que se lamentasse o retardo na instalação efetiva do Sistema Nacional de Cultura.

Finalmente, temos o texto sobre "Universidades, políticas culturais e planos de cultura". Albino computa à aprovação do Plano Nacional de Cultura, em 2010, o consequente revigoramento do tema dos planos de cultura em nível nacional. Fato é que, em nível municipal e estadual, a feitura de planos é condição para a adesão ao Sistema Nacional de Cultura. A partir do Programa Mais Cultura nas Universidades, instituído por uma parceria MEC/MinC, dezoito instituições de ensino superior foram selecionadas para terem seus planos de cultura financiados. O objetivo maior do programa era o fortalecimento do ensino superior nas áreas de cultura e arte e a promoção do diálogo entre os diversos cursos da universidade, tal como havia sido o Projeto Universitário da Fundação Nacional de Arte, nos anos 1980. Diferentemente da edição atual, que contou com recursos efetivos de R$ 20 milhões, a versão funartiana era incomparavelmente mais pobre, já que contava apenas com os recursos da própria instituição, sem nenhum aporte do MEC. O Projeto Universitário procurava motivar a realização de um Plano Diretor de Cultura pelas universidades públicas, plano esse que integrasse as áreas de humanas, embora não exclusivamente.

Albino afirma que, ao lado do tripé ensino, pesquisa e extensão, a universidade precisa estar preparada para responder à necessidade de uma constante reciclagem dos cidadãos e profissionais, incluindo a educação permanente como um de seus desafios. Para ele, o dinamismo das mutações societárias exige que também a universidade acompanhe o que vêm acontecendo, cada vez de forma mais rápida e flexível: "[...] existe um núcleo mais fundante e persistente de saberes, que possibilita inclusive desvelar as mudanças do conhecimento". Esse deveria tornar-se o objeto privilegiado da formação universitária, continua Albino, concordando e citando um documento elaborado por especialistas nomeados pelo então Ministro da Educação Fernando Haddad.

A diversidade de temas tratada neste livro exigiu de mim um texto longo, já que procurei acrescentar comentários que contribuam para enriquecer a complexidade dos vários temas aqui tratados. O mais importante, no entanto, é ter a chance de registrar minha admiração e respeito por Albino Rubim, enquanto aguardo nossos próximos debates e colaborações futuras.

Isaura Botelho

1

ESTUDOS HISTÓRICOS, TEÓRICOS E CONCEITUAIS

POLÍTICAS CULTURAIS: PANORAMA HISTÓRICO E DESAFIOS ATUAIS

AS POLÍTICAS CULTURAIS, PARA QUE POSSAM NASCER, exigem uma virada paradigmática nas relações entre cultura e política. Desde o nascimento da sociedade, a cultura, marco distintivo da conformação do humano, esteve interligada ao poder. Essa relação, que existe há milênios, baseou-se na submissão da cultura ao poder. Caio Mecenas pode ser tomado com uma figura marcante dessa relação na Antiguidade. Ele, participante do governo, convenceu o imperador Otávio Augusto (27 a.C.-14 a.C.) a manter artistas e a apoiar obras culturais, com o objetivo de engradecer o mandatário e legitimar o Império Romano. De Caio Mecenas deriva a noção de mecenato, hoje tão corrente no âmbito cultural (Feijó, 1983, p. 12).

Na época em que Caio Mecenas viveu, o poder dominante nas sociedades se caracterizou, muitas vezes, por uma conjunção político-religiosa, quase sem diferenciações. Com a modernidade e a distinção dessas duas esferas, o campo da política manteve a relação de instrumentalização da cultura. Inúmeros são os exemplos dessa política de submissão. Um desses exemplos é a Casa dos Médici que, no Renascimento, apoia e mantém diversos artistas; Maquiavel recomenda: "Deve ainda um príncipe mostrar-se amante das virtudes e honrar os que se revelam grandes numa arte qualquer". Depois de notar que ele "deve instituir prêmios", Maquiavel escreve que o príncipe "[...] deve, nas épocas propícias do ano, proporcionar ao povo festas e espetáculos" (Maquiavel, 1979, p. 95-6). Francisco I inaugura o itinerário de intenso relacionamento entre a França e a cultura (Harvey,

2014, p. 36). O fascismo/nazismo e o stalinismo configuram situações extremas da instrumentalização da cultura pelo poder político. Nessa circunstância, a política sempre é o fim e a cultura apenas um meio para o atingimento dos objetivos do poder político. Tal instrumentalização não interdita o aparecimento de algumas realizações propriamente culturais, mas sempre desafiando a subordinação aos interesses políticos.

Inúmeros desafios são enfrentados pelas políticas culturais desde a sua configuração atual, a partir de meados do século XX. Aos anteriores, situados, em geral, no interior do campo cultural, agora são acrescidos outros desafios, advindos do transbordamento da cultura das fronteiras desse campo, processo em geral apreendido pela noção de transversalidade da cultura. Tal noção – cada vez mais usual em documentos de políticas culturais, porém não devidamente lapidada em termos conceituais – implica em uma ampliação do conceito de cultura, na busca de uma sintonia fina com a contemporaneidade em suas significativas mutações.

Para apreender essa nova circunstância em toda sua plenitude, é preciso empreender uma trajetória analítica que aponte as diferenças entre a primeira emergência da temática das políticas culturais e o ressurgimento do tema no novo milênio e, em especial, assinalar a diversidade de desafios colocados para as políticas culturais nas conjunturas históricas.

INVENÇÃO CONTEMPORÂNEA DAS POLÍTICAS CULTURAIS

A emergência das políticas culturais decorre da reviravolta paradigmática das relações entre cultura e política. Em uma situação radicalmente inovadora, a cultura passa a ser fim, e a política, um meio, um instrumento para realizar objetivos centralmente culturais. Martin Feijó, de modo perspicaz, assinala: "Não se pode confundir cultura a serviço da política com política a serviço da cultura" (Feijó, 1983, p. 9). A inauguração das políticas culturais, entretanto, não pode ser imaginada como um instante mágico.

Ela deriva de um longo processo histórico, no qual o campo cultural, com avanços e recuos, tensiona o campo político, buscando criar novas modalidades de relacionamento. Nesse complexo processo, os campos da cultura e da política não se apresentam como polos plenamente distintos, mas se entrelaçam e tornam possíveis diferentes modos e nuances de enlace. A reviravolta é a condição primordial para o surgimento das políticas culturais; sem essa virada paradigmática elas não existiriam.

As experiências históricas da revolução soviética de 1917 e da República Proletária dos Conselhos, na Hungria de 1919, por exemplo, permitiram breves instantes de conexões diferenciadas. A garantia total da liberdade de expressão; o incentivo à participação dos trabalhadores na vida cultural; e a renovação do ensino, inclusive com a introdução da educação sexual pela primeira vez na história, semeiam políticas de cultura, abortadas pela derrota da breve revolução húngara (Feijó, 1983, p. 33). Na União das Repúblicas Socialistas Soviéticas (URSS), durante seus anos iniciais, prosperou o florescimento da cultura russa e fervilharam intensos debates sobre as alternativas de políticas para a cultura sintonizadas com a revolução socialista. Dentre elas, se destacam: a cultura proletária proposta pelo *Proletkult*, movimento de massas que chegou a ter 500 mil ativistas; os futuristas, com sua arte revolucionária de vanguarda; a Frente Esquerdista de Arte (LEF), com sua proposta de uma arte associada à vida e à produção; e os defensores de políticas de acesso dos trabalhadores à grande cultura acumulada pela humanidade (Lunatchárski, 1975; Palmier, 1975; Mikhailov, 2008). A presença de Anatoli Lunatchárski à frente de um comissariado (*Narkompros*) conformava toda uma institucionalidade no campo da cultura. Ela reunia, por exemplo, departamentos de: música (*Muzo*), cinema e fotografia (*Foto-Kino*), disseminação da leitura e do livro (*Lito*), artes plásticas e museus (*Iso*) e teatro (*Teo*), conforme anota Cunha (2003, p. 511). O vislumbre da inauguração das políticas culturais, entretanto, foi aniquilado pela repressão stalinista e pela imposição do realismo socialista. Ou seja, o retorno da trágica instrumentalização da cultura pela política impediu que as políticas culturais se consolidassem e inaugurassem um novo tipo de articulação entre cultura e política.

O tema das políticas culturais e de sua conformação não é, por certo, um tema fácil e destituído de polêmicas. Não cabe aqui fazer uma arqueologia exaustiva do seu momento fundacional no mundo ou, pelo menos, no Ocidente. As posições de grande parte dos autores que já se debruçaram sobre o tema comportam variações nada desprezíveis, mas parece existir alguma mínima convergência acerca de aspectos da temática. Tal convergência permite que, por exemplo, um estudioso como Xan M. Bouzada Fernández escreva:

> **Se olharmos para os diagnósticos feitos sobre o nascimento das políticas culturais nos países ocidentais, pode-se afirmar que o período geralmente reconhecido como momento fundacional daquelas que podem ser entendidas plenamente como políticas culturais seria o que se estende entre a década dos anos trinta e sessenta do último século XX[1] (Fernández, 2007a, p. 111).**

Diversos autores apontam os meados do século XX como o momento do nascimento das políticas culturais no mundo, em especial no Ocidente (Cunha, 2003; Fernández, 2007b). Bouzada Fernández propõe como marcos inaugurais: as iniciativas político-culturais da República Espanhola, na década de 1930, e suas Missões Pedagógicas (Sociedad Estatal de Conmemoraciones Culturales, 2006); o *Arts Council* da Inglaterra, nos anos 1940 (Upchurch, 2004); e a criação do Ministério dos Assuntos Culturais, na França, em 1959, sob a direção de André Malraux (Urfalino, 2004; Lebovics, 2000). Para o autor galego, "[...] a criação do Ministério da Cultura na França constitui entre todas a mais completa experiência de institucio-

---

1   Todos os trechos citados de obras originalmente em espanhol foram traduzidos pelo autor. [N.E.]

nalização da cultura" (Fernández, 2007b, p. 111). Não por acaso, os franceses reivindicam as políticas culturais como invenção francesa (Djian, 2005; Urfalino, 2004). Jean-Michel Djian afirma textualmente que a política cultural é uma invenção francesa (Djian, 2005, p. 9). Em seguida, ele desenvolve em sua análise a hipótese do fim desse mito.

Desse modo, assume-se, para efeito de desenvolvimento do texto, que a criação do Ministério dos Assuntos Culturais, na França, com André Malraux em sua direção, pode ser tomada como o momento fundacional das políticas culturais, pelo menos no Ocidente. Por óbvio, tal opção gera alguma polêmica. Entretanto esse caráter tênue e frágil parece inerente à escolha de marcos históricos, que intentam substituir complexos processos, dispositivos dinâmicos, movimentos muitas vezes sutis e subterrâneos, por fronteiras imóveis e supostamente fixadas.

A missão de Malraux não foi apenas instituir o primeiro ministério da cultura existente no mundo, mas conformar uma dimensão de organização nunca pretendida para uma intervenção política na esfera cultural. Como assinalou Herman Lebovics:

> **Cabe destacar um fato importante: Malraux estabeleceu o princípio segundo o qual as autoridades públicas têm uma responsabilidade pela vida cultural dos seus cidadãos, da mesma forma que a têm – embora não na mesma medida no que diz respeito ao financiamento – por sua educação, saúde e bem--estar [...] (Lebovics, 2000, p. 292).**

A intervenção do novo ministério, não se deve esquecer, tinha como objetivo também a retomada do poderio cultural francês no Ocidente e no mundo, bastante abalado no período posterior à Segunda Guerra Mundial, mas subordinava de maneira clara essa perspectiva política a uma finalidade cultural. Se historicamente a relação entre cultura e política era sempre caracterizada pelo predomínio da finalidade política e pela instrumentalização da cultura, agora acontece uma radical guinada nesse enredo, inaugurando uma nova conexão, na qual a cultura era o fim e a política um recurso para atingi-lo.

Assim, André Malraux, com seu Ministério dos Assuntos Culturais, "inventou", nas palavras de Philippe Urfalino (2004) em seu já clássico livro, a política cultural em sua acepção contemporânea.

Além de *l'invention de la politique culturelle* em sua concepção atual, o experimento de Malraux à frente do Ministério dos Assuntos Culturais produziu também outra contribuição essencial para o desenvolvimento das políticas culturais. Ele fez emergir os modelos iniciais e paradigmáticos de políticas culturais, com os quais ainda hoje lidam os dirigentes e os estudiosos do tema.

O primeiro desses modelos já se encontrava embrionariamente inscrito nos objetivos definidos pelo decreto de 24 de julho de 1959 que institui o Ministério. De acordo com citação transcrita no texto de Xan M. Bouzada Fernández (2007a, p. 124), no documento oficial está escrito:

> **O Ministério da Cultura deve ter a missão de tornar acessíveis as obras capitais da Humanidade, e em primeiro lugar da França, ao maior número possível de franceses, de lhes garantir a mais ampla divulgação do nosso patrimônio cultural e de favorecer a criação das obras de arte e do espírito que os enriquecem.**

O decreto de criação e, mais que ele, as *maisons de la culture* (Casas de Cultura), projeto prioritário de André Malraux em seus dez anos na direção do ministério, conformaram o modelo de ação cultural, ou melhor, de democratização cultural, que tem como alicerces: a preservação, a difusão e o acesso ao patrimônio cultural ocidental e francês canonicamente entronizado como a cultura. Isto é, único repertório cultural reconhecido como tal e, por conseguinte, digno de ser preservado, difundido e consumido pela "civilização francesa". Esse patrimônio agora deveria ser democratizado e compartilhado por todos os cidadãos franceses independente de sua situação de classe social. Além da preservação, da difusão e do consumo desse patrimônio, tal modelo estimula a criação de obras de arte e do espírito, igualmente inscritas nos cânones vigentes na civilização francesa e ocidental.

Esse primeiro período, durante o qual se plasma o modelo inicial de políticas culturais, está marcado por uma clara vocação: centralizadora, estatista e ilustrada, com um nítido viés de atenção para os aspectos estéticos e artísticos (Fernández, 2007b, p. 125).

O rebelde ano de 1968 colocou em crise esse modelo ao questionar hierarquias e cânones, atingindo e abalando essa visão elitista de cultura, embora as críticas iniciais ao modelo tenham começado a surgir já em 1966, em especial, com relação ao caráter excessivamente oneroso dos equipamentos culturais construídos. A respeito dessa contestação, escreveu Herman Lebovics (2000, p. 282):

> **Sob o mote da "imaginação ao poder", os alunos desafiaram o projeto cultural do Estado. Eles literalmente demoliram as Casas de Cultura que Malraux havia criado. No final do verão, os diretores de todas as *Maisons de la Culture* se reuniram em Villeurbanne e condenaram unanimemente a natureza não democrática da política cultural dos últimos dez anos.**

O segundo desenho paradigmático surge exatamente por contraposição ao modelo inaugural de política cultural. Ele reivindica uma definição mais aberta e ampla de cultura, reconhece a diversidade de formatos expressivos existentes, busca uma maior integração entre cultura e vida cotidiana e assume como condição da política cultural a descentralização das intervenções culturais (Bolán, 2006, p. 87).

O modelo intitulado "democracia cultural" tem como um de seus polos dinâmicos a criação de Centros de Animação Cultural, menores e menos onerosos que as Casas de Cultura, com financiamento partilhado com as autoridades locais, abertos e receptivos às culturas regionais. Essa alternativa havia sido proposta por alguns gestores, como F. Raison e P. Moinot, incorporados ao ministério nesse novo instante. Essa política será consolidada com a ascensão de Jacques Duhamel ao ministério da cultura no governo George Pompidou (Fernández, 2007b, p. 125). A municipalização da cultura como política está articulada com esse movimento de deslocamento do lugar do Estado nacional nas políticas culturais francesas (Urfalino, 2004, p. 309-34).

Para além das trajetórias históricas inscritas em territórios nacionais, Guillermo Cortés, após anotar que a Declaração Universal dos Direitos Humanos (1948) prevê o direito à cultura, observa que: "Desde meados do século passado, estabeleceu-se a necessidade de promover o desenvolvimento cultural em todo o mundo e de se assegurar as condições para a plena participação dos indivíduos na cultura, sem qualquer tipo de discriminação" (Cortés, 2006, p. 22).

A delimitação dos meados do século XX como ambiente propício para emergência das políticas culturais também está presente nas formulações de Eduardo Nivón Bolán: "Ora, a verdadeira novidade do nosso tempo (ou seja, deste período de modernidade que surgiu a partir da Segunda Guerra Mundial) é a percepção da política cultural como uma globalidade, ou seja, como uma concepção que articula ações isoladas que, desde há muitos anos, têm sido aplicados a diferentes setores culturais" (Bolán, 2006, p. 54). Ou seja, o estudioso mexicano assinala outra dimensão relevante para o nascimento das políticas culturais: a inauguração de políticas voltadas para a abrangência da cultura enquanto uma totalidade articulada e complexa. A situação anterior de existência de políticas setoriais, como a de patrimônio, por exemplo, agora é sobredeterminada pela invenção de políticas mais gerais, destinadas a todo campo cultural, pensado de modo unificado, mas sem desconhecer suas áreas, singularidades e tensões.

A UNESCO E A EMERGÊNCIA INTERNACIONAL DO TEMA DAS POLÍTICAS CULTURAIS

Pouco depois, as políticas culturais se internacionalizaram. Nesse processo, a atuação da Organização das Nações Unidas para Educação, Ciência e Cultura (Unesco) possui um destaque especial, com suas múltiplas iniciativas no campo cultural, por meio de convenções, declarações e recomendações, que tiveram ampla repercussão no patamar internacional e em diversos países (Rubim, 2009).

Inventadas as políticas culturais, sua inserção como tema relevante na agenda pública internacional decorre não só do exemplo francês, mas principalmente da atividade desenvolvida no campo da cultura pela Unesco. A título de demonstração, pode-se construir um quadro-resumo expressivo, panorâmico e não exaustivo de sua atuação na área cultural, com bases nos principais pronunciamentos emitidos pela instituição multilateral.

QUADRO 1 – PRINCIPAIS INICIATIVAS CULTURAIS DA UNESCO

Iniciativa	Ano
Declaração Universal dos Direitos de Autor	1952
Declaração de Princípios de Cooperação Cultural Internacional	1966
Convenção sobre as Medidas que se Devem Adotar para Proibir e Impedir a Importação, a Exportação e a Transferência Ilícita de Bens Culturais	1970
Convenção sobre a Proteção do Patrimônio Mundial Cultural e Natural	1972
Declaração sobre a Raça e os Preconceitos Raciais	1978

Recomendação Relativa à Condição do Artista	1980
Recomendação sobre a Salvaguarda da Cultura Tradicional e Popular	1989
Declaração Universal sobre a Diversidade Cultural	2001
Convenção sobre a Proteção e Promoção da Diversidade das Expressões Culturais	2005

Fontes: *site* da Unesco e bibliografia utilizada.

Este quadro dá uma singela mostra da atividade continuada da Unesco no campo da cultura, uma das suas três áreas de ação, em conjunto com a educação e a ciência e tecnologia (Evangelista, 2003). Essa atuação na esfera internacional possibilita debates, forma pessoal e, em especial, agenda temas que vão ter importante incidência no cenário político e cultural. Mesmo países submetidos a regimes ditatoriais, como foi o caso do Brasil, sofreram a influência desse agendamento e das decisões emanadas dos encontros da Unesco (Botelho, 2001, p. 89).

Essa influência fica ainda mais evidente quando se considera a deliberada intenção do organismo multilateral na perspectiva de atuar de maneira ativa no patamar das políticas culturais. Outro quadro, tão ou mais sugestivo que o anterior, pode ser esboçado para as iniciativas da instituição na esfera específica das políticas culturais. Nele pode-se observar nitidamente a atenção destinada pela Unesco ao tema das políticas culturais, em especial em determinado período histórico. O expressivo conjunto de iniciativas concentrado por volta da década de 1970, mais precisamente entre 1970 e 1982, torna evidente a prioridade dada ao tema naquela conjuntura social, que, não por acaso, coincide com o momento de mutações das políticas culturais na França, em busca de um novo modelo.

QUADRO 2 – PRINCIPAIS INICIATIVAS DA UNESCO NA ESFERA DAS POLÍTICAS CULTURAIS

Iniciativa	Ano
Mesa-redonda sobre políticas culturais – Mônaco	1967
Gênese da ideia de encontro sobre as políticas culturais	1968
Conferência Intergovernamental sobre os Aspectos Institucionais, Administrativos e Financeiros das Políticas Culturais – Veneza	1970
Conferência Regional da Europa – Helsinki	1972
Conferência Regional da Ásia – Jacarta	1973
Conferência Regional da África – Acra	1975
Conferência Regional da América Latina e Caribe – Bogotá	1978
Conferência Mundial sobre as Políticas Culturais – Mondiacult – Cidade do México	1982
Década Mundial do Desenvolvimento Cultural	1988/1997
Criação da Comissão de Cultura e Desenvolvimento	1991
Conferência Intergovernamental sobre Políticas Culturais para o Desenvolvimento	1998

Fontes: *site* da Unesco e bibliografia utilizada.

Cabe assinalar que este esforço da Unesco na divulgação e no estímulo das políticas culturais tem uma sintonia fina com o processo de descolonização e independências de inúmeras nações, em especial na África e na Ásia. Tais territórios haviam se tornado colônias forçadas pelo imperialismo de países europeus. O processo de independência requeria a construção de identidades nacionais e culturais. As políticas culturais desenvolvidas nesses anos estavam, em grande medida, orientadas por tais objetivos. A atuação desses países demandava a atenção da Unesco sobre o tema.

Além desse conjunto expressivo de encontros, a Unesco implementou outras atividades nesse campo que não devem ser esquecidas. Na área editorial, por exemplo, ela publicou em 1969, como estudo preliminar e genérico para subsidiar o encontro de 1970, o livro *Cultural Policy: A Preliminary Study*, primeiro de uma coleção que foi editada ao longo da década de 1970, sob o título "Studies and Documents on Cultural Policies". Tal coleção buscou analisar a situação da política cultural em países-membros de todos os continentes (Barbalho, 2005, p. 33). O livro de Augustin Girard (1972) também traz dados interessantes sobre o assunto.

Assim, a Unesco também desempenha papel fundamental no surgimento dos estudos sobre políticas culturais. Sua atuação não só construiu propostas internacionais e estimulou experimentos nacionais de práticas de políticas culturais, mas inaugurou estudos nessa área. Sua coleção "Studies and Documents on Cultural Policies" torna-se embrião de estudos de políticas culturais no mundo. Néstor García Canclini, em seu texto clássico escrito em 1987, também reconhece o papel fundador da Unesco em relação aos estudos de políticas culturais: "O mais extenso conjunto de políticas culturais em espanhol é a coleção de livros e fascículos preparados pela Unesco sobre os países da América Latina" (Canclini, 1990, p. 16). Em suma, a Unesco inaugura, de maneira substantiva, a área de estudos de políticas culturais.

A afirmação acima não desconhece problemas advindos desse tipo de fundação. Na mesma página, García Canclini anota: "Quase todos esses textos se limitam a descrever o organograma burocrático dos Estados, enumerar as instituições e suas principais atividades" (Canclini, 1990, p. 16). Esse autor elabora, no trabalho referido, a primeira visão mais sistemática dos estudos latino-americanos no campo das políticas culturais. Ele detecta os seguintes movimentos que marcam esses estudos: 1. Das descrições burocráticas à conceituação crítica; 2. Das cronologias e discursos à investigação empírica; 3. Das políticas governamentais aos movimentos sociais; 4. Das análises nacionais à investigação internacional; e 5. Da documentação sobre o passado à investigação crítica e ao planejamento.

Nada casual que a primeira noção mais difundida internacionalmente de políticas culturais provenha da Unesco. A instituição define a política cultural como: "[...] A soma total dos usos, ações ou ausência de ações de uma sociedade, visando a satisfação de determinadas necessidades culturais por meio da utilização ótima de todos os recursos materiais e humanos disponíveis para uma determinada sociedade em um determinado momento". Ou ainda, a política cultural: "[...] deve ser tida como um corpo de princípios operacionais, práticas e procedimentos administrativos e orçamentários que constituem a base para a ação cultural do Estado" (Unesco *apud* Bolán, 2006, p. 59-60). Adiante o texto explicita que cada Estado determina sua própria política cultural de acordo com as singularidades históricas de sua sociedade. A vigência dessa noção não ficou restrita a esse contexto inaugural. Mesmo hoje ela está presente em trabalhos latino-americanos, como ocorre no livro de Edwin R. Harvey *Políticas culturales en América Latina*. Nele o autor aciona a noção para definir o campo das políticas culturais (Harvey, 2014, p. 35).

A concepção de políticas culturais como conjunto de iniciativas também está presente em duas definições de autores brasileiros. Celso Furtado, economista e ex-ministro da Cultura, em conferência realizada em 1986, afirmou: "A política cultural consiste em um conjunto de medidas cujo objetivo central é contribuir para que o desenvolvimento assegure a progressiva realização das potencialidades dos membros da coletividade" (Furtado, 2012, p. 64). Lia Calabre, no I Encontro de Estudos Multidisciplinares em Cultura (I Enecult), em 2005, traz outra definição que enfatiza o caráter articulado das políticas culturais. Ela as descreve como: "[...] um conjunto ordenado e coerente de preceitos e objetivos que orientam linhas de ações públicas mais imediatas no campo da cultura" (Calabre, 2005, p. 9).

Voltando à delimitação de políticas culturais da Unesco, para além da ênfase do Estado como agente privilegiado das políticas culturais, García Canclini observa a convergência das posições da entidade com o paradigma da democratização da cultura: "[...] essa doutrina foi a base de seu trabalho durante os anos sessenta e parte dos anos setenta" (Canclini, 1990, p. 47). A democratização cultural floresce na França com o Ministério dos Assuntos Culturais de André Malraux. Ela visa garantir o acesso da população, em especial seus setores subalternizados, à cultura. Mas uma cultura com C maiúsculo, uma cultura canônica e elitista. A suposição subjacente a esse paradigma é o reconhecimento de uma hierarquização "legítima" da cultura, de uma cultura superior que se contrapõe a outras culturas subalternizadas, e, em casos mais radicalizados, chega a assumir que existem segmentos sociais populares sem cultura. Por óbvio, essa cultura superior se identifica com a cultura burguesa, branca, masculina, heterossexual, ocidental e oriunda dos países capitalistas hegemônicos.

Os anos 1970 e 1980 alteram esse panorama. O paradigma da democratização da cultura passa a ser questionado na França e em outros países, em conexão com a saída de André Malraux do ministério e com a rebeldia do final dos anos 1960. A própria Unesco, inclusive, por pressão dos novos países que aderem à organização multilateral, colabora com a revisão e com a emergência do paradigma da democracia cultural. Isaura Botelho, em uma concisa fórmula, expressa a mudança: "[...] não se trata de pôr a cultura (que cultura?) ao alcance de todos, mas de possibilitar que todos os grupos vivam sua própria cultura" (Botelho, 2016, p. 38-9). Cabe precisar: que vivenciem suas culturas e aquelas de outros segmentos sociais e povos.

Em 1982, na Conferência Mundial sobre as Políticas Culturais, realizada na Cidade do México, a Unesco define seu conceito ampliado de cultura, que se abre para além das artes e do patrimônio material, até então delimitados e priorizados como cultura. García Canclini aponta a repercussão da noção ampliada: "Coincidentemente, a redefinição do conceito de cultura facilitou sua realocação no campo político" (Canclini, 1990, p. 25). O impacto da redefinição do conceito de cultura afeta as políticas culturais em muitos países e possibilita a própria revisão do termo "políticas culturais". O novo contexto, como todas as suas tensões, avanços e recuos, associado ao processo de glocalização e da hegemonia neoliberal, implica em ressignificações no conceito de políticas culturais. A Comissão Mundial de Cultura e Desenvolvimento, por exemplo, "[...] se propôs a repensar as políticas culturais, ampliando o conceito de política cultural" (Cortés, 2006, p. 27). Ela busca alargar a noção para além do âmbito nacional e do Estado como agente privilegiado, incorporando novos atores como sujeitos das políticas culturais. Impossível, para o mal ou para o bem, não ver finas sintonias com os horizontes políticos, sociais e culturais daqueles tempos.

Acompanhar os temas predominantes nos encontros interessa à reflexão, pois as temáticas dominantes expressam preocupações e orientações assumidas. Nessa perspectiva, além dos materiais disponibilizados no *site* da Unesco, este texto se vale também das análises elaboradas por Guillermo Cortés (2006) e por Eduardo Nivón Bolán (2006).

As temáticas que marcam a conferência inaugural de 1970 buscam impulsionar a atuação dos Estados na atividade cultural e a participação ativa da população na cultura, enfatizando o ser humano como princípio e fim do desenvolvimento. Na conferência regional da Europa o tema destacado é a democratização da cultura. As conferências regionais da África (1975) e da América Latina e Caribe (1978), não por acaso, deslocam seu centro de atenções e colocam em cena o tema da identidade cultural, que reaparece com força e ligado ao patrimônio na Conferência Mundial acontecida em 1982, na Cidade do México. Nela outros assuntos assumem importância, tais como: impulsionar o desenvolvimento cultural; indicar que esse processo requer afirmação cultural (identidade, patrimônio e criatividade); e a famosa nova definição (ampla) de cultura, que tanta repercussão tem nas intervenções posteriores da Unesco e nas políticas culturais elaboradas em todo mundo. Devido ao seu amplo impacto, interessa relembrar essa célebre definição:

> **[...] Cultura pode ser considerada [...] como o conjunto de traços distintivos, espirituais e materiais, intelectuais e afetivos que caracterizam uma sociedade ou grupo social. Ela abrange, além das artes e letras, modos de vida, direitos humanos fundamentais, sistemas de valores, tradições e crenças (Cortés, 2006, p. 25).**

Por fim, em 1998, na Conferência Intergovernamental sobre Políticas Culturais para o Desenvolvimento, outras e novas questões ganham relevância, tais como: a integralidade e a transversalidade da cultura e da política cultural; a política cultural como dado central da política de desenvolvimento (sustentável); e o patrimônio imaterial/intangível.

POLÍTICAS CULTURAIS EM CENA: PRIMEIRO EPISÓDIO

A invenção francesa das políticas culturais na contemporaneidade e a amplificação de sua vigência internacional, patrocinada pela Unesco, possibilitam que o período compreendido entre os anos 1970 e os inícios dos 1980 seja perpassado pela primeira emergência do tema na cena pública mundial, com significativas repercussões em inúmeros países. Além da invenção francesa e da internacionalização propiciada pela Unesco, Eduardo Nivón Bolán sugere a generalização do compromisso dos Estados com o bem-estar de seus cidadãos, acontecida naqueles anos, em especial nos países desenvolvidos, como um dos motivos para a ampliação do alcance das políticas culturais (Bolán, 2006, p. 88).

Não parece casual, por exemplo, que no Brasil tenha sido formulada no ano de 1975, em plena ditadura civil-militar, uma Política Nacional de Cultura. Por óbvio, a PNC não foi elaborada apenas por influência de condicionantes externos. O lento e gradual processo de desagregação do autoritarismo e a necessidade do regime de obter algum grau de hegemonia, uma vez que não podia mais recorrer cotidianamente à violência mais aberta e brutal, por certo têm impacto nessa continuada busca de intervenção na esfera cultural, cooptando intelectuais e artistas (Ortiz, 1986). Entretanto a conjuntura externa não pode ser menosprezada para a compreensão da tessitura da única política nacional de cultura existente no país até a aprovação do Plano Nacional de Cultura (PNC), em 2010, no governo democrático de Luiz Inácio Lula da Silva. Somente 40 anos depois o Brasil passou a ter seu PNC.

A primeira emergência do tema das políticas culturais tem singularidades sobre as quais é preciso refletir. De imediato, sua íntima relação com a questão nacional: seja em seu nascedouro francês; seja na sua internacionalização via Unesco. Trata-se fundamentalmente de articular cultura e nação. Ou melhor, de assinalar e desenvolver o papel estratégico da cultura na construção e/ou consolidação do nacional. Por certo outras temáticas estão presentes – por exemplo, patrimônio, desenvolvimento etc. –, mas a discussão da cultura e das políticas culturais sempre está centralmente associada ao horizonte de afirmação das nações. Desse modo, a conformação da identidade nacional, operada pelo acionamento da cultura, fundamenta sua centralidade e legitima as políticas culturais naquela conjuntura.

A associação entre cultura, Estado e identidade nacional é então possível em um instante no qual a nação se constitui no alicerce de organização do sistema mundial e ainda não está sendo colocada em questão pela nova ordem e circunstâncias societárias que estão se configurando e que logo vão marcar a contemporaneidade com uma nova dinâmica, conformada por um outro momento do capitalismo (cognitivo), pela globalização neoliberal (Hobsbawm, 1996) e pela proliferação das comunicações e das redes (Castells, 1996-1998).

A hegemonia neoliberal determina o colapso dessa associação ao impor a retração do Estado e ao inibir sua iniciativa em quase todas as áreas de atuação, inclusive na cultural. Procedimento semelhante e simultâneo ocorre no panorama internacional relativo a algumas organizações multilaterais e seus vínculos com a cultura. Na época, o declínio das atividades da Unesco é visível, inclusive por conta da saída de países como os Estados Unidos da América e o Reino Unido. A saída desses países da Unesco tem várias motivações, dentre elas cabe destacar a discussão patrocinada pela organização da Nova Ordem Internacional da Comunicação, que colocava em questão o desigual fluxo comunicacional existente entre os países e preconizava medidas para reverter tal desequilíbrio de poder comunicacional. O declínio pode ser constatado pela observação atenta do quadro anteriormente elaborado sobre o assunto. A centralidade então atribuída à cultura e o modo de conceber as políticas culturais são colocados em crise pela emergência internacional de uma ordem neoliberal, a partir das experiências inglesa e norte-americana, e pela disjunção acontecida entre as políticas culturais e a questão nacional. Daí o colapso da primeira emergência das políticas culturais no cenário mundial.

No Brasil, a crise das políticas culturais – já fragilizadas por três tristes tradições nacionais: ausência, autoritarismo e instabilidade (Rubim, 2008) – é aprofundada pela tentativa neoliberal do governo Collor, que reduziu drasticamente a atuação do Estado na cultura, inclusive extinguindo o ministério, e pela consolidação de um projeto neoliberal no governo Fernando Henrique Cardoso e seu Ministro da Cultura Francisco Weffort. Merece destaque a subsunção do tema da identidade nacional, sempre relevante nas políticas culturais no país. José Castello chega a anotar: "A política de '*laissez-faire*' do governo Fernando Henrique Cardoso permitiu que ficasse em segundo plano, por fim, a antiga (e talvez desgastada) questão da identidade nacional" (2002, p. 655-6).

A gestão Fernando Henrique Cardoso/Francisco Weffort entronizou o mercado, em detrimento da identidade nacional, no núcleo de sua atuação cultural, através das chamadas leis de incentivo à cultura. Tais leis, de imediato, ocuparam quase integralmente o lugar das políticas de financiamento e – ato contínuo – tomaram o espaço das políticas culturais. Assim, o Estado retraiu seu poder de deliberação político-cultural e passou a uma atitude quase passiva, por meio da qual apenas tinha a função de isentar, muitas vezes em 100%, as empresas que "investiam" no campo cultural. Em resumo, ainda que o recurso fosse, em sua quase totalidade, público, o poder de decisão sobre quais atividades deveriam ser apoiadas passou a ser de responsabilidade das empresas.

A ausência do tema das políticas culturais no cenário internacional e brasileiro foi ocasionada, por conseguinte, pela pretensão do mercado de ser capaz de resolver a questão cultural na nova conformação societária que estava se constituindo com base no "pensamento único". Ou seja, pela prevalência do mercado sobre a política como modalidade de organização da sociedade e da cultura.

NOVA SOCIABILIDADE E POLÍTICAS CULTURAIS

A versão extremada do neoliberalismo não é hegemônica no mundo hoje, mas sua prevalência é notável. O neoliberalismo foi e tem sido contestado no panorama internacional por inúmeros atos, manifestações e encontros, a exemplo dos fóruns sociais e culturais no mundo todo. O deslocamento de forças políticas neoliberais de governos de diversos países no cenário mundial e latino-americano apontou para um abrandamento da sua etapa mais belicosa e da crença nos supremos poderes do mercado. Entretanto as mudanças acontecidas nos últimos anos indicam um perigoso retorno dessas concepções na América Latina e no mundo.

Entretanto, se é verdade que a fase fundamentalista não é vigente, impossível desconhecer a potente presença do neoliberalismo na atualidade, nem que os anos mais radicalmente neoliberais transformaram de maneira profunda a sociabilidade contemporânea e, com isso, conformaram um novo mundo bastante distinto daquele existente nos anos da primeira grande emergência internacional das políticas culturais. Para pensar os novos desafios que interpelam as políticas culturais no mundo atual é necessário traçar, ainda que sintética e superficialmente, as linhas mais gerais da nova circunstância societária conformada nos últimos anos, retendo tão somente os componentes que interessam ao tema em debate.

A contemporaneidade tem sido associada a noções que enfatizam a centralidade da dimensão do conhecimento: seja através do termo "sociedade do conhecimento" de uso e sentido aproximados à "sociedade da informação", utilizado alternativamente por alguns organismos internacionais, a exemplo da Unesco; seja pelo recurso à expressão "capitalismo cognitivo" ou "capitalismo da informação" (Jamenson, 1991). Apesar da profunda discrepância entre as formulações das inúmeras correntes teóricas e políticas, que se abrigam nessas vertentes de pensamento, interessa assinalar a convergente contemplação do conhecimento como lugar central na caracterização da sociedade contemporânea. O conhecimento; a produção de bens simbólicos, do intangível e do imaterial; a desmaterialização através da miniatura e da nanotecnologia; enfim, todo um conjunto múltiplo e diversificado de novos processos conforma e, por conseguinte, fornece a marca do novo momento que atualiza a sociedade.

A crescente tessitura entre cultura e economia tem recorrido a expressões como "economia criativa" e "indústria criativa" (Hartley, 2005 e Howkins, 2001) para tentar dar conta da culturalização da mercadoria e da economia. Isto é, do espaço crescente ocupado pela dimensão simbólica e criativa na determinação do valor no mundo e na economia atuais.

O aspecto mais visível e que conseguiu demandar maior atenção dos estudiosos e dos cidadãos comuns foi, sem dúvida, o caráter global adquirido por esse novo arranjo mundial. Não parece casual que a bibliografia existente sobre o tema seja na atualidade extremamente volumosa. Impensável nos limites deste trabalho se debruçar sobre essa vasta bibliografia. Apenas é possível assinalar ângulos essenciais para a análise das interfaces entre cultura, políticas culturais e essa nova cena internacional, instituída pela globalização ou pela mundialização, como preferem autores franceses, a exemplo de Dominique Wolton (2003), e alguns brasileiros, como Renato Ortiz (1994). Esse último autor assinala:

> [...] Creio ser interessante neste ponto distinguir entre os termos "global" e "mundial". Empregarei o primeiro quando me referir a processos econômicos e tecnológicos, mas reservarei a ideia de mundialização ao domínio específico da cultura. A categoria "mundo" encontra-se assim articulada a duas dimensões. Ela vincula-se primeiro ao movimento de globalização das sociedades, mas significa também uma "visão de mundo", um universo simbólico específico à civilização atual (Ortiz, 1994, p. 29).

Outra distinção deve ser realizada. Trata-se da recorrente confusão entre globalização e internacionalização. Esse último dispositivo aparece como um fator necessário do processo de globalização, mas não suficiente para caracterizar sua singularidade. Manuel Castells, em um texto escrito já há algum tempo, anota perspicazmente tal distinção:

> O novo não é tanto que a economia tenha uma dimensão mundial (pois isto ocorre desde o século XVII), mas que o sistema econômico funcione cotidianamente nesses termos. Neste sentido, assistimos não somente à internacionalização de economia, mas a sua globalização, isto é, a uma interpenetração das atividades produtivas e das economias nacionais em um âmbito mundial (Castells, 1992, p. 8).

Desse modo, será preciso assumir que a globalização ou mundialização da cultura não pode ser reduzida à mera internacionalização cultural. Para além disso, ela exige que seja acrescida uma dimensão de cotidianidade. Ou seja, a globalização ou mundialização da cultura tem de ser pensada sempre como uma internacionalização cotidiana ou uma cotidianidade internacionalizada, e não apenas como uma mera internacionalização que se insinua de modo esporádico.

É importante fazer uma última observação sobre o processo de globalização. Diferente do que se imaginou nos primeiros momentos, a globalização ou mundialização não anulou o local. Já nos anos 1990, Mike Featherstone se insurgiu contra tal visão simplória e unilateral ao assinalar que as reações contra a globalização, geradas a partir de movimentos étnicos, fundamentalistas e outros, faziam emergir demandas político-sociais e estoques culturais que acarretavam uma vigorosa afirmação das culturas locais (Featherstone, 1997, p. 132). Hoje parece evidente que, apesar da repercussão nada desprezível dos fluxos culturais globalizados – em especial oriundos da continuada fusão de mega-conglomerados transnacionais de cultura acontecida nos últimos anos –, vive-se uma sociabilidade na qual não só o global, mas também o local, o regional e mesmo o nacional têm importantes impactos em todos os campos e, inclusive, no cultural.

A dimensão local adquiriu agora uma grande relevância. As cidades aparecem como a mais nítida expressão do local na atualidade. Elas têm um intenso protagonismo, em especial as chamadas cidades metrópoles ou cidades-mundo. Hoje as cidades se relacionam e fazem acordos, inclusive culturais, com países, províncias e cidades de outras nações; com organismos multilaterais; com instituições de variadas nacionalidades e com outras cidades em seu país, organizando consórcios regionais. Um conjunto de ações antes considerado impossível e improvável. Mas, com tudo isso, não se pode falar do local e olvidar os fluxos, inclusive culturais, que o perpassam: regionais, nacionais e globais. As cidades são sempre de uma região, de um país e, hoje, por suposto, também do mundo. Como bem observou Néstor García Canclini:

> **A que lugar pertenço? A globalização nos leva a reimaginar a nossa localização geográfica e geocultural. As cidades, e sobretudo as megaci-**

dades, são lugares onde esta questão se torna intrigante. Ou seja, espaços onde se apaga e se torna incerto o que antes se entendia por "lugar". Não são áreas delimitadas e homogêneas, mas espaços de interação em que as identidades e os sentimentos de pertencimento são formados com recursos materiais e simbólicos de origem local, nacional e transnacional (Canclini, 2007, p. 153).

O regional tem hoje um grande desenvolvimento. A expressão "regional" pode designar coisas muito distintas, tais como: espaços subnacionais ou blocos supranacionais. Mas em ambos os casos a presença do regional é potente no contemporâneo. As articulações de cidades ou de províncias no interior de um país, ou mesmo entre países, têm conformado interessantes arranjos territoriais em forma de consórcios de municípios ou de províncias. As zonas de fronteiras entre províncias e entre países são espaços privilegiados para tais arranjos regionais. Também os grandes blocos, que no contemporâneo reúnem países territorialmente próximos – tais como União Europeia, Mercosul e outros –, são uma das marcas emblemáticas do mundo atual. Portanto a contemporaneidade é um tempo da emergência e proliferação de regiões, mas as regiões não podem existir sem estar associadas ao local, ao nacional e ao global.

De pronto é possível dizer que o nacional perde força na atualidade. As esferas locais, regionais e globais, em seus movimentos, parecem debilitar a dimensão nacional. A formação de blocos de países atinge as soberanias nacionais. A existência de uma moeda comum como o Euro, por exemplo, diminui a soberania econômica de cada país associado. O novo protagonismo dos poderes locais também debilita o governo central dos países. Todavia as nações permanecem até agora como eixo de gravitação e organização do mundo e da cultura. Elas são essenciais para conformar as esferas locais, regionais e mesmo globais; mas, na atualidade, as nações só podem se realizar em íntima relação com as outras dimensões.

A esfera global parece prescindir de todas as outras dimensões do mundo atual, encantada com sua visibilidade e arrogância. Ela comparece como todo-poderosa. Parece ser global o mundo contemporâneo. Todos repetem, de modo incessante, noções como: globalização, global, globalidade etc. Só ela parece existir. Entretanto essa proposição tem sido refutada insistentemente. Muitos estudos – a exemplo dos de Milton Santos (1996) e Máximo Canevacci (1996) – utilizam o termo "glocal" em lugar de global, porque reconhecem que a contemporaneidade conjuga, pelo menos, fluxos globais e locais. A esfera global aparentemente vazia é só uma fantasia imposta pela ordem capitalista vigente. Rigorosamente o modo de ser global é sempre perpassado por dinâmicas locais, regionais e nacionais.

A sociabilidade glocal surge inúmeras vezes associada ao tema das comunicações. Assim, não parece casual que, para nomear a sociedade contemporânea, se recorra insistentemente a expressões extraídas do campo das comunicações. Os exemplos são muitos: "aldeia global" (McLuhan); "Era da informação" ou "sociedade em rede" (Manuel Castells); "sociedade informática" (Adam Schaff); "sociedade da informação" (David Lyon, Krishan Kumar, dentre outros); "sociedade conquistada pela comunicação" (Bernard Miège); "sociedade da comunicação" ou "sociedade dos *Mass Media*" (Gianni Vattimo); "sociedade da informação ou da comunicação" (Ismar de Oliveira Soares); "sociedade *Media-Centric*" (Venício Artur de Lima); "capitalismo de informação" (Fredric Jameson) e "planeta mídia" (Dênis de Moraes). Todas essas denominações, entre muitas outras possíveis, têm sido insistentemente evocadas para dizer o contemporâneo. Para além das nomeações, o persistente trabalho de fazer e desfazer as articulações entre a atualidade, a situação presente do capitalismo, o mal-estar da modernidade e o ambiente comunicacional, sistematicamente, tem animado uma plêiade de autores, bastante díspares: sejam eles modernos, pós-modernos ou neomodernos; integrados ou críticos.

A insistência por tais nomeações indica um outro dado vital do contemporâneo: sua configuração como uma sociedade estruturada e ambientada pelas comunicações (Rubim, 2001). Nela pode-se constatar: a expansão quantitativa da comunicação, em especial em sua modalidade midiatizada; a diversidade das novas modalidades de mídias presentes no espectro societário, ampliando a complexidade da "ecologia da comunicação" (Moles, 1974); o papel desempenhado pela comunicação midiatizada como modo (crescente e até majoritário) de experienciar e conhecer a vida, a realidade e o mundo; a presença e a abrangência das culturas midiáticas como circuito cultural hegemônico, que organiza e difunde socialmente comportamentos, percepções, sentimentos, ideários, valores etc.; as ressonâncias sociais da comunicação midiatizada sobre a produção da significação (intelectiva) e da sensibilidade (afetiva), sociais e individuais; a prevalência da mídia como esfera de publicização (hegemônica) dentre os diferenciados "espaços públicos" socialmente existentes, articulados e concorrentes; as mutações espaciais e temporais provocadas pelas redes midiáticas, na perspectiva de forjar uma vida planetária e em tempo real; o crescimento vertiginoso dos setores voltados para a produção, circulação, difusão e consumo de bens simbólicos; a ampliação (percentual) dos trabalhadores da informação e da produção simbólica no conjunto da população economicamente ativa; e o aumento crescente das despesas com as comunicações, em suas diferenciadas modalidades.

Analisando as transmutações da circunstância atual, Eduardo Nivón Bolán indica três de suas manifestações: a crise do projeto cultural a partir das tendências à privatização da cultura; o impasse do setor cultural devido ao novo papel das regiões e das culturas minoritárias com seus novos agentes e protagonistas; e a comercialização dos bens culturais na globalização, com base na reorganização propiciada pela revolução digital (Bolán, 2006, p. 89, 94 e 101).

Essa circunstância societária constitui um novo momento do capitalismo, articulado glocalmente por meio de uma complexa teia de comunicações e redes. Ela coloca novos dilemas para a contemporânea emergência das políticas culturais e novos desafios para a sua configuração.

POLÍTICAS CULTURAIS EM CENA: MOMENTO ATUAL

A caracterização da nova circunstância societária na qual acontece a segunda e contemporânea emergência das políticas culturais é imprescindível para o debate acerca dos novos desafios das políticas culturais hoje. Mas, para o engendramento deste momento atual, cabe igualmente destacar a atuação da Unesco e todo agendamento público operado, principalmente por ela, do tema "diversidade cultural", que permitirá o retorno à cena mundial do tema das políticas culturais e redesenhar radicalmente sua inserção no contexto internacional.

Nascido do confronto de interesses entre países acerca de como tratar e localizar a cultura, assimilada e encarada por meio da crescente dimensão econômica que ela vem assumindo no contemporâneo, o debate foi inicialmente desencadeado pela França, graças ao acionamento do termo *exception culturelle* (Regourd, 2002), para impedir que a cultura fosse tratada como uma mercadoria qualquer, como pretendiam alguns países, tendo à frente os Estados Unidos da América, e, em sequência, fosse inscrita nos fóruns e procedimentos da Organização Mundial do Comércio (OMC). Conforme Serge Regourd, o termo "exceção cultural" aparece no debate público francês, em 1993, simultaneamente à notoriedade midiática adquirida pelo Gatt[2] em sua tentativa, a partir da Rodada do Uruguai, de estender o livre comércio aos serviços e mais especificamente aos bens culturais (Regourd, 2002, p. 11).

Pouco depois, com a ampliação da discussão, busca-se uma alternativa à inserção da cultura no âmbito da OMC, e cada vez mais a Unesco aparece como lugar alternativo e mais apropriado para acolher e tratar da regulação da cultura no cenário contemporâneo. De modo simultâneo a esse processo, a expressão

---

2   O Acordo Geral sobre Tarifas e Comércio (*General Agreement on Tariffs and Trade – Gatt*) foi um acordo internacional estabelecido nos anos 1940 cujo objetivo era facilitar o comércio internacional e remover ou reduzir barreiras comerciais. [N.E.]

exception culturelle vai perdendo fôlego, e uma outra noção, a de diversidade cultural, ocupa seu lugar como termo mais adequado ao embate travado. Essa última noção não se constitui com base na sempre fragilizada perspectiva de ser tomada como uma exceção; ela assume visível positividade, uma vez que é inscrita na proposição de que a diversidade cultural é uma das maiores riquezas da humanidade e dos povos.

A assimilação crescente da temática e o papel desempenhado pela Unesco colocam essa organização multilateral no cerne do novo momento de visibilidade das políticas culturais na cena internacional. Suas manifestações públicas, expressas em encontros e em documentos, configuram esse novo cenário no qual reaparecem e atuam as novas políticas culturais. Documentos como *Nossa Diversidade Criadora*, de 1996, relatório da Comissão Mundial de Cultura e Desenvolvimento, instituída pela Unesco; a *Declaração Universal sobre a Diversidade Cultural* de 2001 e a *Convenção sobre a Proteção e Promoção da Diversidade das Expressões Culturais* de 2005, aprovadas em fóruns da Unesco, tornam-se desencadeadores e balizadores da emergência das políticas culturais nessa nova circunstância societária.

O contexto de apologia do mercado como ente regulador das dinâmicas da sociedade e da cultura, no qual as políticas culturais pareciam interditadas, já apresenta notável fratura na *Declaração Universal sobre a Diversidade Cultural*, aprovada em 2001. Seu artigo décimo primeiro é indubitável nessa perspectiva:

> **As forças do mercado, por si sós, não podem garantir a preservação e promoção da diversidade cultural, condição de um desenvolvimento humano sustentável. Desse ponto de vista, convém fortalecer a função primordial das políticas públicas, em parceria com o setor privado e a sociedade civil (Unesco, 2005, p. 211).**

A leitura do artigo nono da Declaração também é expressiva. Ele afirma que cada Estado deve definir e aplicar sua política cultural, "utilizando-se dos meios de ação que julgue mais adequados, seja na forma de apoios concretos ou de marcos reguladores apropriados" (Unesco, 2005, p. 211). Assim, a Declaração repõe a possibilidade e o dever de que os Estados nacionais desenvolvam políticas culturais no contexto internacional, confrontando a restrição neoliberal relativa à atuação do Estado.

A afirmação do direito dos Estados nacionais de desenvolver políticas culturais aparece mais uma vez de modo contundente na Convenção, aprovada em Paris em outubro de 2005.

No oitavo objetivo elencado pode-se ler:

> **Reafirmar o direito soberano dos Estados de conservar, adotar e implementar as políticas e medidas que considerem apropriadas para a proteção e promoção da diversidade das expressões culturais em seu território (Unesco, 2006, p. 3).**

No mesmo documento, tal proposta é relembrada por meio de um "princípio diretor" intitulado "princípio da soberania" que novamente reafirma o direito dos Estados-nações em formular e implantar políticas culturais. Assim, é aberta uma essencial fissura na interdição neoliberal, antes vigente em quase todo mundo, e reaparece legitimado o direito de que as nações desenvolvam suas políticas culturais.

Mas a Unesco não apenas busca legitimar internacionalmente o direito soberano dos países de formular e aplicar políticas culturais nacionais. Já no relatório *Nossa diversidade criadora*, ela havia sugerido um novo patamar a partir do qual as políticas culturais devem ser reformuladas. Conforme a comissão da Unesco, "é necessário que [as políticas culturais] se afastem das noções monolíticas de 'cultura nacional' e passem a aceitar a diversidade" (Cuéllar, 1997, p. 310).

No Brasil, a emergência recente das políticas culturais guarda uma sintonia fina com a chegada ao poder do presidente Lula em 2003. O novo governo, apesar de não ter enfrentado devidamente o problema das leis de incentivo entronizadas no governo anterior como política cultural oficial, recolocou na agenda pública o tema das políticas culturais e da responsabilidade do Estado nacional com relação ao desenvolvimento da cultura. Nos discursos pronunciados pelo então ministro Gilberto Gil durante o ano de 2003, dentre os assuntos mais recorrentes, cabe destacar a necessidade e a disposição de dar ao Estado um novo e ativo papel no campo cultural. Poeticamente, Gil chegou a dizer que "formular políticas culturais é fazer cultura" (Gil, 2003, p. 11).

DESAFIOS CONTEMPORÂNEOS DAS POLÍTICAS CULTURAIS

Traçado o novo cenário, cabe aclarar os desafios que hoje interpelam as políticas culturais. Em sua clássica definição de políticas culturais, Néstor García Canclini já havia anotado a necessidade de elas extrapolarem a mera dimensão nacional, horizonte da maior parte das políticas culturais anteriores. Canclini conclui que:

> **Os estudos recentes tendem a incluir nesse conceito o conjunto de intervenções realizadas pelo Estado, instituições civis e grupos comunitários organizados com o objetivo de orientar o desenvolvimento simbólico, satisfazer as necessidades culturais da população e obter consenso para um tipo de ordem ou transformação social. Mas essa forma de caracterizar o campo das políticas culturais precisa ser ampliada, levando em conta o caráter transnacional dos processos simbólicos e materiais na atualidade (Canclini, 2005, p. 65).**

Desse modo, a nova sociabilidade impõe que as políticas culturais devam ser capazes de articular dimensões nacionais, locais, regionais e globais. A circunscrição das políticas culturais à esfera nacional e a almejada construção de uma identidade nacional tornam-se problemáticas. Por certo, não há uma plena interdição a que o nacional possa ser reivindicado como ideário em políticas culturais e que tais políticas possam se efetivar em um espaço nacional, mas tais acionamentos não podem ser realizados à moda antiga, nem com o quase monopólio anterior. O nacional deve ser pensado como conformado por seus elementos singulares, mas sempre perpassados por fluxos globais, regionais e locais, ainda que em dinâmicas variadas, a depender das conjunturas históricas e sociais. A possibilidade de construção de uma interlocução ativa, equilibrada e criativa entre tais fluxos que desenvolva a cultura surge como um primeiro e imenso desafio.

No novo panorama, como também aponta o trecho de Canclini, as políticas culturais deixam de ser quase monopólio dos Estados nacionais, como ocorreu historicamente, e passam a ser formuladas e operadas por diferenciados agentes político-culturais, com base em interesses bastante diversificados e mesmo contraditórios. Assim, as políticas culturais devem ser desenvolvidas interagindo com fluxos provenientes das dimensões nacional, global, regional e local, mas também buscando incorporar e articular um conjunto bastante variado de agentes culturais; Estados nacionais, subnacionais (estaduais e municipais), supranacionais (organismos multilaterais); sociedade civil; empresas; grupos sociais e culturais; comunidades etc. Esse desafio pode e deve ser enfrentado com a construção de efetivas políticas públicas de cultura, nas quais os diferentes agentes culturais sejam incluídos e tenham garantias de participação e de deliberação.

Essa multiplicidade de potenciais agentes na nova cena das políticas culturais deriva da atenção alargada com a cultura; da vigência do conceito ampliado de cultura; das novas instâncias envolvidas com as questões culturais; da possibilidade contemporânea de viver múltiplas identidades (Hall, 2005) e das políticas de identidade, que nasceram e marcam a sociedade atual, com a culturalização da política acontecida no século XX, em especial a partir da emblemática década de 1960. Nesse caso é necessário imaginar novas modalidades de articulação entre políticas culturais, políticas de identidade e políticas para a diversidade cultural.

A conexão entre políticas culturais e políticas de comunicações parece ser outro importante desafio colocado pela atualidade. Ela guarda íntima associação com o tema da glocalização do mundo, com a relevância contemporânea das comunicações e com a percepção da hegemonia da cultura midiática no mundo contemporâneo. Na situação anterior, a maioria dos países ocidentais – com exceção de alguns, como os Estados Unidos da América e o Brasil – detinha o monopólio das comunicações midiáticas, em especial a televisão e o rádio. Assim, como os Estados nacionais eram os agentes privilegiados das políticas culturais, eles podiam conjugar suas políticas culturais e de comunicações, o que muitas vezes não ocorreu. Agora não só esses meios audiovisuais como também as novas e proliferantes mídias digitalizadas surgidas na atualidade estão, em grande medida, sob o controle privado e, em muitos casos, inundadas por fluxos culturais transnacionais. O novo desafio é inventar políticas culturais em um mundo em que as organizações culturais mais potentes são privadas e mesmo transnacionais, portanto subordinadas à lógica da mercadoria e do lucro.

A digitalização da cultura, a veloz expansão das redes e a proliferação viral do mundo digital realizam mutações culturais nada desprezíveis e desafiam, em profundidade, as políticas culturais na contemporaneidade. A aceleração do trabalho intelectual; a radicalização da autoria; as potencialidades do trabalho colaborativo; a interferência do digital em procedimentos tradicionais; a inauguração de modalidades de artes; a gestação de manifestações da cultura digital; a configuração de circuitos culturais alternativos; a intensificação dos fluxos culturais, possibilitando mais diálogos e mais imposições; enfim, os novos horizontes culturais possíveis, com o advento da cultura digital, colocam desafios de grande envergadura para as políticas culturais. Acompanhar e propor políticas culturais para esse expansivo e veloz mundo digital é, sem dúvida, um dos maiores desafios presentes na contemporaneidade.

O imbricamento crescente entre cultura e economia, por meio das reflexões de diferenciados autores e teorias, muitas vezes tem destinado à cultura uma centralidade na nova conformação econômica do século XXI. Tal articulação – retida por meio de noções como indústrias culturais, indústrias criativas, economia criativa e outras – tem mobilizado um conjunto não desprezível de problemas a serem enfrentados. Desvelar o efetivo lugar da cultura na nova economia e delinear novas possibilidades dessa interface para as políticas culturais aparece como outro novo e grande desafio.

As interfaces entre cultura e a sociedade, entretanto, não se esgotam nas interações anotadas acima. A vigência da noção de transversalidade da cultura expressa múltiplas possibilidades existentes de dimensões sociais hoje visitadas e perpassadas pela cultura. Em uma listagem, que não se pretende exaustiva, pode-se facilmente enumerar dentre estas esferas de interlocução: educação, turismo, saúde, política, trabalho, relações internacionais etc. Assim, as políticas culturais contemporâneas têm de estar abertas a esta plêiade de interfaces, dado o caráter transversal da cultura na contemporaneidade.

Mas, por certo, o maior dentre todos os novos desafios aflorados na sociabilidade contemporânea diz respeito à conformação de uma nova ancoragem que dê legitimidade ao desenvolvimento da cultura e das políticas culturais. Na primeira emergência, as políticas culturais buscavam o desenvolvimento da cultura legitimadas pelo recurso à construção da identidade nacional, tarefa que assumia no passado indiscutível centralidade para os governos e sociedades nacionais. Agora as políticas culturais, para se desenvolverem, têm como desafio conformar âncoras consistentes que redefinam, afirmem e legitimem a centralidade da cultura na contemporaneidade. Tal centralidade pode estar fundada na ideia de que a riqueza da humanidade e de cada nação singular deriva da diversidade cultural.

Entretanto colocar a diversidade como cerne de legitimação, no lugar antes ocupado pela identidade nacional, implica em uma longa e consistente construção teórico-conceitual, inclusive das multifacetadas noções de diversidade cultural e outras afins.

Dorte Skot-Hansen (2002), depois de analisar dispositivos, como o *revival* étnico, o interculturalismo e a hibridização, afirma ser necessário criar uma política cultural inteiramente nova, na qual a diferença seja concebida como recurso e não como problema.

A superação da monocultura, inscrita na modalidade tradicional de imaginar a identidade nacional, implica, por conseguinte, em um consistente trabalho teórico-conceitual que enfrente, antes de tudo, o desafio inscrito na própria noção de diversidade cultural. Para François de Bernard (2005), a palavra "diverso", em sua acepção latina, *diversus*, comporta sentidos bastante diferenciados, tais como: oposto, divergente, contraditório; e não apenas o significado atualmente predominante, que aponta para: variedade, multiplicidade etc. Ele propõe que:

> **Na perspectiva de uma refundação do conceito de diversidade cultural sobre bases mais sólidas, torna-se importante reatualizar essa etimologia de um *diversus* que não é uma constatação, mas um movimento que advém da luta, mais do que por uma espécie de consenso amável (Bernard, 2005, p. 75).**

A construção de uma nova centralidade que ancore e dê consistência ao novo desenvolvimento e novas políticas culturais, desse modo, deve estar fundada em um renovado signo, que incorpore a tensão como momento privilegiado da diversidade cultural e descarte a tentação de uma mera variedade amorfa. Mas tal movimento não se restringe a uma atitude teórico-conceitual, antes mobiliza interesses e forças políticas e ideológicas, sem as quais a diversidade cultural, em seu sentido mais rigoroso, não pode adquirir concretude social e, mais que isso, um valor efetivamente universal e, assim, legitimar a centralidade da política cultural na contemporaneidade. A diversidade cultural deve ser imaginada como campo de forças, em continuada tensão, bem distinta do consenso quase harmônico inscrito nos documentos oficiais vigentes, internacionais e nacionais. Em lugar de um mero acervo multicultural, a diversidade cultural deve interpelar as políticas culturais com suas tensões, contradições, dilemas, impasses, desvios, diálogos interculturais: enfim, como tudo aquilo que é um desafio demasiadamente humano.

REFERÊNCIAS

BARBALHO, Alexandre. Política cultural. Em: RUBIM, Linda (org.). *Organização e produção da cultura*. Salvador: Edufba, 2005, p. 33-52.

BERNARD, François de. Por uma redefinição do conceito de diversidade cultural. Em: BRANDT, Leonardo (org.). *Diversidade cultural*. São Paulo: Escrituras/ Instituto Pensarte, 2005, p. 73-81.

BOLÁN, Eduardo Nivón. *La política cultural*: temas, problemas y oportunidades. Cidade do México: Conselho Nacional para a Cultura e as Artes, 2006.

BOTELHO, Isaura. *Romance de formação*: Funarte e política cultural (1976-1990). Rio de Janeiro: Ministério da Cultura/ Fundação Casa de Rui Barbosa, 2001.

CALABRE, Lia. Política cultural no Brasil: um breve histórico. Em: CALABRE, Lia (org.). *Políticas culturais*: diálogo indispensável. Rio de Janeiro: Casa de Rui Barbosa, 2005, p. 9-20.

CANCLINI, Néstor García. *A globalização imaginada*. São Paulo: Iluminuras, 2007.

CANCLINI, Néstor García. Definiciones en transición. Em: MATO, Daniel (org.). *Estudios latinoamericanos sobre cultura y transformaciones sociales em tiempos de globalización*. Buenos Aires: Clacso, 2001.

CANCLINI, Néstor García. Políticas culturales y crisis de desarrollo: un balance latinoamericano. Em: CANCLINI, Néstor García (org.). *Políticas Culturales en América Latina*. Buenos Aires: Grijalbo, 1987, p. 13-59.

CANEVACCI, Massimo. *Sincretismos*: uma exploração das hibridações culturais. São Paulo: Studio Nobel, 1996.

CASTELLO, José. Cultura. Em: LAMOUNIER, Bolivar; FIGUEIREDO, Rubens (org.). *A era FHC*: um balanço. São Paulo: Cultura, 2002, p. 627-56.

CASTELLS, Manuel. *The information age*: economy, society and culture. Cambridge: Blackwell, 1996-1998. 3 v.

CASTELLS, Manuel. A economia informacional, a nova divisão internacional do trabalho e o projeto socialista. *Caderno CRH*, Salvador, 1992, v. 5, n. 17, p. 5-34.

CAVES, Richard E. *Creative industries*: contracts between art and commerce. Cambridge: Harvard University Press, 2001.

CORTÉS, Guillermo. Tan cerca y tan lejos: los vaivenes de las políticas culturales. Em: CORTÉS, Guillermo; VICH, Víctor (org.). *Políticas culturales*. Lima: Instituto de Estudos Peruanos e Instituto Nacional de Cultura, 2006, p. 19-43.

CUÉLLAR, Javier Pérez de (org.). *Nossa diversidade criadora*. Brasília/Campinas: Unesco/Papirus, 1997.

CUNHA, Newton. Política cultural. Em: CUNHA, Newton. *Dicionário Sesc*: a linguagem da cultura. São Paulo: Sesc, 2003, p. 511-2.

DJIAN, Jean-Michel. *Politique culturelle*: la fin d'un mythe. Paris: Gallimard, 2005.

DUBOIS, Vincent. *La Politique culturelle*: gênese d'une catégorie d'intervention publique. Paris: Belin, 1999.

EVANGELISTA, Ely. *A Unesco e o mundo da cultura.* Goiânia: UFG/Unesco, 2003.

FEATHERSTONE, Mike. *O desmanche da cultura*: globalização, pós-modernismo e identidade. São Paulo: Studio Nobel/Sesc, 1997.

FEIJÓ, Martin Cezar. *O que é política cultural.* São Paulo: Brasiliense, 1983.

FERNÁNDEZ, Xan M. Bouzada. Acerca de algunos cambios recientes en los escenarios de la cultura: secularización y globalización. Em: MORATÓ, Arturo Rodríguez (org.). *La sociedad de la cultura.* Barcelona: Ariel, 2007a, p. 123-53.

FERNÁNDEZ, Xan M. Bouzada. Financia acerca del origen y génesis de las políticas culturales occidentales: Arqueologías y derivas. *O público e o privado*, Fortaleza, 2007b, n. 9, p. 111-47.

FLORIDA, Richard. *The rise of the creative class – and how it's transforming work, leisure, community, & everyday life.* Nova York: Basic Books, 2002.

FURTADO, Celso. *Ensaios sobre cultura e o Ministério da Cultura.* Rio de Janeiro: Contraponto/Centro Internacional Celso Furtado, 2012.

GIL, Gilberto. *Discursos do ministro da Cultura Gilberto Gil – 2003.* Brasília: MinC, 2003.

GIRARD, Augustin. *Cultural development*: experience and policies. Paris: Unesco, 1972.

HALL, Stuart. *A identidade cultural na pós-modernidade.* Rio de Janeiro: DP&A, 2005.

HARTLEY, John (org.). *Creative industries.* Oxford: Blackwell Publishing, 2005.

HARTLEY, John. The new economy, creativity and consumption. *International Journal of Cultural Studies*, Londres, 2004, v. 7, n. 1, p. 5-7.

HARVEY, Edwin R. *Políticas culturales en América Latina*: evolución histórica, instituciones públicas, experiencias. Madri: Fundação SGAE, 2014.

HOBSBAWM, Eric. *A era dos extremos*: o breve século XX: 1914-1991. São Paulo: Companhia das Letras, 1995.

HOWKINS, John. *The creative economy*: how people make money from ideas. Londres: Penguin Press, 2001.

JAMESON, Fredric. *Postmodernism, or, The cultural logic of late capitalism.* Durham: Duke University Press, 1991.

KUMAR, Krishan. *Da sociedade pós-industrial à pós-moderna*: novas teorias sobre o mundo contemporâneo. Rio de Janeiro: Zahar, 1997.

LEBOVICS, Herman. *La misión de Malraux*: salvar la cultura francesa de las fábricas de sueños. Buenos Aires: Eudeba, 2000.

LIMA, Venício Artur de. *Mídia*: teoria e política. São Paulo: Fundação Perseu Abramo, 2001.

LYON, David. *The information society*: issues and illusions. Cambridge: Polity Press, 1988.

LUNATCHÁRSKI, Anatoli. *As artes plásticas e a política na URSS.* Lisboa: Estampa, 1975.

MAQUIAVEL, Nicolau. *O príncipe e escritos políticos.* São Paulo: Abril Cultural, 1979 (Coleção Os Pensadores).

McLUHAN, Marshall. *Os meios de comunicação como extensões do homem.* São Paulo: Cultrix, 1974.

MIÈGE, Bernard. *La Societe conquise par la communication.* Grenoble: PUG, 1989.

MOLES, Abraham Antoine. *Sociodinâmica da cultura.* São Paulo: Perspectiva/Edusp, 1974.

MORAES, Denis de. *Planeta mídia.* Campo Grande: Letra Livre, 1998.

MIKHAILOV, Aleksandr. *Maiakovski*: o poeta da revolução. Rio de Janeiro/São Paulo: Record, 2008.

MINISTÉRIO DA CULTURA DO BRASIL. *Plano Nacional de Cultura.* Brasília: MinC, 2007.

ORTIZ, Renato. *Mundialização e cultura.* São Paulo: Brasiliense, 1994.

ORTIZ, Renato. Estado autoritário e a cultura. Em: ORTIZ, Renato. *Cultura brasileira e identidade nacional.* São Paulo: Brasiliense, 1985, p. 79-126.

PALMIER, Jean-Michel. *Lénine, l'art et la revolución*. Paris: Payot, 1975.

REGOURD, Serge. *L'Exception culturelle*. Paris: PUF, 2002.

RUBIM, Antônio Albino Canelas. Políticas culturais e novos desafios. *Matrizes*, São Paulo, 2009, n. 2, p. 93-115.

RUBIM, Antônio Albino Canelas. Políticas culturais do governo Lula/Gil: desafios e enfrentamentos. Em: RUBIM, Antônio Albino Canelas; BAYARDO, Rubens (org.). *Políticas Culturais na Ibero-América*. Salvador: Edufba, 2008, p. 51-74.

RUBIM, Antônio Albino Canelas; BARBALHO, Alexandre (org.). *Políticas culturais no Brasil*. Salvador: Edufba, 2007.

RUBIM, Antônio Albino Canelas. Políticas culturais no Brasil: tristes tradições e enormes desafios. *OBS*, Lisboa, 2007, v. 15, p. 10-21.

RUBIM, Antônio Albino Canelas. La contemporaneidad como edad-media. Em: LOPES, Maria Immacolata; NAVARRO, Raul (org.). *Comunicación*: campo y objeto de estudio. México: Iteso, 2001, p. 169-81.

SANTOS, Milton. *A natureza do espaço*: técnica e tempo; razão e emoção. São Paulo: Hucitec, 1996.

SCHAFF, Adam. *A sociedade informática*. São Paulo: Unesp/Brasiliense, 1991.

SKOT-HANSEN, Dorte. Danish cultural policy: from monoculture towards cultural diversity. *International Journal of Cultural Policy*, 2002, v. 8, n. 2, p. 197-210.

SOARES, Ismar O. *Sociedade da informação ou da comunicação?* São Paulo: Cidade Nova, 1996.

SOCIEDAD ESTATAL DE CONMEMORACIONES CULTURALES. *Las misiones pedagógicas 1931-1936*. Madri: Publicaciones de la Residencia de los Estudiantes, 2006.

UNESCO. *Convenção sobre a proteção e promoção da diversidade das expressões culturais*. Brasília: Unesco, 2006.

UNESCO. Declaração universal sobre a diversidade cultural. Em: BRANDT, Leonardo (org.). *Diversidade cultural*: globalização e culturas locais: dimensões, efeitos e perspectivas. São Paulo: Escrituras/ Instituto Pensarte, 2005, p. 207-14.

UPCHURCH, A. John Maynard Keynes, the Bloomsbury Group and the origins of the Arts Council Movement. *International Journal of Culture Policy*, 2004, v. 10, n. 2, p. 203-17.

URFALINO, Philippe. *L'Invention de la politique culturelle*. Paris: Hachette, 2004.

VICH, Víctor. Gestionar riegos: agencia y maniobra en la política cultural. Em: CORTÉS, Guillermo; VICH, Víctor (org.). *Políticas culturales*. Lima: Instituto de Estudos Peruanos e Instituto Nacional de Cultura, 2006, p. 45-70.

WOLTON, Dominique. *L'autre mondialisation*. Paris: Éditions Flammarion, 2003.

POLÍTICAS CULTURAIS, CONTEMPORANEIDADE E DINÂMICA DA CULTURA

OS ESTUDOS DE POLÍTICAS CULTURAIS NO BRASIL, ALÉM da dispersão em diferentes áreas disciplinares, com algum destaque para a Sociologia, a História, a Antropologia e a Comunicação, têm se caracterizado, em geral, pela análise empírica de experimentos efetivos de políticas culturais, desenvolvidas em espaços e tempos determinados. Em tais estudos predominam trabalhos acerca de determinados momentos acontecidos em dinâmicas nacionais e locais e sobre algumas temáticas específicas inscritas nas políticas culturais, como o Programa Cultura Viva, o financiamento e fomento da cultura, o Plano Nacional de Cultura (PNC) etc. Gleise Oliveira, por exemplo, detectou 173 estudos sobre o Cultura Viva (Oliveira, 2018), enquanto pesquisas realizadas sobre financiamento e fomento chegaram a 295 trabalhos (Guimarães e Silva, 2017, p. 63-97) e o PNC foi contemplado por 119 análises em 7 diferentes suportes.

Pouca atenção tem sido destinada às questões mais teóricas e conceituais. Raros são os textos preocupados, por exemplo, com a teorização e a definição de políticas culturais. Na bibliografia nacional mais antiga podem ser lembrados os textos de Teixeira Coelho (1997) e Alexandre Barbalho (2005), que se voltam especialmente para a definição do conceito de políticas culturais. A situação mais recente começa a mudar esse cenário.

Diferente de Coelho (1997) e Barbalho (2005), o horizonte deste texto não é a construção de uma definição rigorosa de políticas culturais. Tal esforço, não resta dúvida, emerge como essencial para a constituição desse campo singular de estudos. Também não cabe no horizonte deste texto ir além da fundamental afirmação da singular área de estudos multidisciplinares intitulada políticas culturais, buscando não reivindicar, como faz Teixeira Coelho, que ela seja considerada uma "ciência da organização das estruturas culturais" (Coelho, 1997, p. 10). A pertinente afirmação desse campo singular de estudos não pode ser turvada e obscurecida pela problemática pretensão de uma nova ciência, em especial, formulada nestes termos.

Atento às preocupações teórico-conceituais, este texto, por meio de um itinerário alternativo, busca construir uma rigorosa delimitação do território de pertença das políticas culturais, que elucide os temas pertinentes a serem abarcados por essa noção. Ao buscar delinear com precisão as suas possíveis zonas de abrangência, sem dúvida, o texto estará, mesmo que indiretamente, contribuindo para a construção de um conceito consistente de políticas culturais. Antes disto, entretanto, necessário se faz traçar um panorama compreensivo da cultura na contemporaneidade, que contextualize a amplitude do conceito contemporâneo de cultura.

CONFORMAÇÕES DA CULTURA CONTEMPORÂNEA

Felizmente hoje já existe uma vasta bibliografia acerca do tema cultura e mais precisamente da presença crescente deste campo, perpassando um significativo espectro das dimensões societárias. Nada mais atual que falar e reivindicar a transversalidade da cultura: consubstanciada em práticas, políticas e em estudos da sociedade contemporânea. A cultura adquire, dessa maneira, um lugar singular e relevante na atualidade. Cabe propor mesmo uma centralidade para a cultura, ainda que ela não seja assumida e compreendida por parcela significativa da sociedade. O informe final do projeto *Pensamento renovado de integração*, desenvolvido sob os auspícios do Convênio Andrés Bello, publicado em livro, tomou explicitamente como ponto de partida a seguinte premissa: "[...] o mundo neste século se constituirá não em torno do geopolítico, nem do geoeconômico, mas principalmente em torno do geocultural" (Garretón, 2003, p. 7). A proliferação de estudos, políticas e práticas culturais que articulam cultura e identidade, cultura e desenvolvimento, cultura e uma diversidade de outros dispositivos sociais apenas confirma o espaço e o valor adquiridos pela cultura nos tempos contemporâneos.

Com a modernidade temos a autonomização (relativa, é claro) do campo cultural em relação a outros domínios societários, notadamente a religião e a política. Tal autonomização – que não deve ser confundida com isolamento nem com desarticulação ou desconexão com o social – implica na conformação da cultura enquanto campo singular, o qual articula e inaugura: instituições, profissões, atores, práticas, teorias, linguagens, símbolos, ideários, valores, interesses, tensões e conflitos, como sempre assinalou Pierre Bourdieu em seus textos acerca da cultura. Um campo social é sempre um campo de forças, no qual existem elementos de agregação e complementariedade, mas também de disputa e de conflito: hegemonias e contra-hegemonias, enfim. A partir desse momento e movimento, a cultura passa a ser nomeada e percebida como esfera social determinada que pode ser estudada em sua singularidade.

Desde a modernidade até a contemporaneidade, podemos imaginar grandes eixos que perpassam o campo cultural e que, assim, configuram sua tessitura atual. Ainda na modernidade, simultânea à sua autonomização relativa, temos uma politização da cultura. Isto é, a cultura, em conjunto com outras esferas sociais, passa a ter significado para uma política que deixa de ser legitimada pela referência ao transcendente, em uma acentuada submissão ao registro religioso. O Estado-nação moderno e seus governos têm uma legitimação secular e uma predisposição para uma atuação social laica. Com o declínio da religiosidade como eixo de legitimação da política, a cultura passa a ser uma fonte significativa dessa legitimidade (Rodrigues, 1990). Tal dispositivo secular, inicialmente associado às elites e aos interesses dominantes, paulatinamente, através da luta de diferentes segmentos oprimidos, passa a ser conformado por expedientes democráticos, que implicam na construção de hegemonia e o colocam na cena política como condição vital para a direção da sociedade (Coutinho, 1980). Ou seja, o consenso toma o lugar de mera coerção, típica das anteriores situações autoritárias, vivenciadas durante os reinados absolutistas ou mesmo nos governos iniciais da burguesia, que excluíam da vida política todos aqueles não pertencentes à elite, por meio de procedimentos como o voto censitário etc. Ao incorporar a lógica da construção e competição de hegemonias, a política necessariamente se articula com a cultura, posto que se trata da elaboração de direções intelectuais e morais, como diria Antonio Gramsci, e da disputa de visões de mundo, nas quais política e cultura sempre estão imbricadas.

Na passagem da modernidade para o mundo contemporâneo, outro dispositivo marca de modo relevante a esfera cultural. Comparece agora a mercantilização da cultura, intimamente associada ao desenvolvimento do capitalismo e da chamada "indústria cultural". Tal processo indica, antes de tudo, o avanço do capitalismo sobre os bens simbólicos e, sem dúvida, é uma das premissas mais essenciais da noção de indústria cultural desenvolvida por Theodor Adorno e Max Horkheimer. Os bens simbólicos estavam preservados até o momento de serem produzidos por meio de uma dinâmica submetida ao capital. A emergência da lógica de produção da indústria cultural faz com que os bens simbólicos não só sejam assumidos apenas como mercadorias, porque capturados e transformados em mercadorias na esfera da circulação, mas que já sejam concebidos como tal, desde o momento de sua produção, como afirma perspicazmente Adorno. Nessa perspectiva, o dado mais significativo da noção de indústria cultural, em sua feição adorniana, é exatamente a constatação de que o capital agora avança não só sobre a circulação, mas também sobre a própria produção da cultura.

A mercantilização da cultura potencializa a tecnologização da cultura com a proliferação das mídias e, no seu rastro, das "indústrias culturais". A subsunção da produção de bens materiais ao capital possibilita a "revolução industrial" entre 1780 e 1840. Tal tecnologia industrial passa a ser aplicada, por óbvio, com as adequações exigidas, à produção de bens simbólicos, em um processo de subsunção da cultura ao capital, como anotado anteriormente. A reprodução técnica de textos e depois de imagens e sons cria novas formas culturais, que passam a conviver com os formatos preexistentes da cultura. O famoso texto de Walter Benjamin, *A obra de arte na era da reprodutibilidade técnica*, é uma notável reflexão sobre esse processo (Benjamin, 1969; 1986). A tecnologização de parte significativa da cultura também é captada pela expressão "indústrias culturais". Nesse último caso, o termo passa a ter um sentido radicalmente distinto da noção oriunda da Teoria Crítica, significando apenas "indústrias" que produzem cultura. Ou melhor, cultura produzida industrialmente e reproduzida em modalidade técnica em série, mesmo quando não submetida a uma lógica eminentemente mercantil.

A tecnologização da comunicação e da cultura, por fim, faz aparecer a intitulada "cultura midiatizada", componente vital da circunstância cultural, em especial dos séculos XIX, XX e XXI. Em anos mais recentes, a tecnologização da comunicação e da cultura possibilitou a explosão das redes informáticas e todo um conjunto de ciberculturas, associadas ao processo de glocalização das redes, que hoje passam a ambientar a sociabilidade (Castells, 1996-1998).

Um outro dispositivo foi marcante para a compreensão da cultura na atualidade: a *culturalização da política*. Aos "tradicionais" temas da política moderna – tais como: Estado; governos (Executivo, Legislativo e Judiciário); monopólio da violência legal; direitos civis; liberalismo econômico etc. – a partir do século XX são agregadas novas demandas político-sociais, muitas delas de teor cultural. Ecologia; gênero; orientação sexual; modos de vida; estilos de sociabilidade; comportamentos; desigualdades societárias; diferenças étnicas, religiosas e nacionais; diversidade cultural; valores sociais distintos etc. são temáticas incorporadas ao dia a dia da política, passam a compor os programas dos partidos políticos e a fazer parte das políticas governamentais, sendo, simultaneamente, reivindicados pelos movimentos sociais e pela sociedade civil. Enfim, são agendas introduzidas, de modo crescente e substantivo, no universo da política. Nessa perspectiva, o cenário da política contemporânea se amplia, ao incorporar, por demandas societárias, novos temas, muitos deles de forte impregnação cultural. Obviamente, a agregação de novos temas não se faz sem certo mal-estar no campo político, muitas vezes assustado e despreparado para essa nova realidade, acarretando tensões e conflitos. Os temas trazidos pela culturalização da política se tornam assuntos vitais da cena política do século XXI.

Mais um expediente pode ser destacado no processo de consubstanciação da cultura contemporânea. Trata-se da *culturalização da mercadoria*, processo tão bem assinalado em estudos recentes acerca das chamadas "economias ou indústrias criativas". Nesse âmbito, cabe registrar o crescente papel de componentes simbólicos na determinação do valor das mercadorias, mesmo sob o formato de bens materiais. Os casos exemplares podem ser muitos. Hoje em um automóvel importa o *design*, a marca ou outros elementos simbólicos que dão distinção e prestígio ao produto e, por contágio, ao seu usuário consumidor. Os aspectos estritamente físico-tecnológicos de sua capacidade maquínica de transportar pessoas encontram-se em um plano nitidamente secundário. Mais que a indústria têxtil, importa a "indústria" da moda. As referências às regiões de certificação de determinadas mercadorias são essenciais hoje para o posicionamento distintivo desses produtos no mercado. Muitas marcas valem mais que todo o patrimônio territorial, infraestrutural e tecnológico de certas empresas. Em suma, tais componentes simbólicos – portanto, de denso conteúdo cultural – na atualidade também penetram os bens materiais e os investem de valor, constituindo seu diferencial de posicionamento no mercado. Com a culturalização da mercadoria, amplia-se mais uma vez, e de modo intenso, o lugar da cultura na atualidade. A cultura passa a ser efetivamente reconhecida com uma dimensão simbólica que dá sentido ao mundo e que impregna todo um universo de produtos, comportamentos, estilos de vida etc.

A cultura contemporânea se vê constituída e perpassada, igualmente, por fluxos e estoques culturais de tipos diferenciados. De um lado, emerge um processo de globalização, conformando produtos culturais que, fabricados de acordo com padrões simbólicos desterritorializados, buscam se posicionar em um mercado mundial de imensas dimensões controlado por megaconglomerados, oriundos de gigantescas fusões de empresas, que associam cultura, comunicação, entretenimento e lazer. De outro lado, reagindo a esse processo de globalização, brotam em vários lugares manifestações confeccionadas por fluxos e estoques culturais locais e regionais. Mesmo no âmbito da cultura global, surgem espaços destinados aos produtos "típicos". A reterritorialização contemporânea, com a emergência cultural de cidades e regiões, tem sido a contrapartida da globalização ou mundialização cultural. Assim, o panorama atual aponta para um desigual e combinado processo de glocalização. Essa cultura-mosaico, como diria Abraham Moles (1974, p. 19), se alimenta de sua enorme capacidade antropofágica, no dizer de Oswald Andrade, de mesclar e digerir fragmentos oriundos das mais distintas origens culturais, procedendo à montagem de culturas híbridas, na expressão de Néstor Canclini. As tensões entre tendências homogeneizantes e diversificadoras são uma característica persistente da dinâmica cultural atual, com seus antagonismos, suas conexões e suas forças discrepantes.

Nos interstícios entre as culturas globais e locais, com a conformação dos novos blocos supranacionais, floresce a possibilidade de *espaços culturais macrorregionais*, como um novo componente da presente constelação cultural. A tematização e a configuração desses espaços culturais retêm, por conseguinte, grande atualidade. Nesses termos pode-se reivindicar e lutar, por exemplo, pela constituição de um espaço cultural ibero-americano ou, mais especificamente, latino-americano, como propõem, entre outros, o livro já citado do Convênio Andrés Bello e um autor como Néstor García Canclini, em seu livro *Latinoamericanos buscando lugar en este siglo*. Nele o autor fala em "economia e cultura: o espaço latino-americano" (Canclini, 2002).

O aprimoramento dos meios de transporte, unido ao incremento das mídias, em especial aquelas que funcionam em rede, contribuiu para a intensificação, no mundo contemporâneo, da circulação de pessoas, objetos, violências, ideias, sensibilidades e valores, alterando profundamente os *modos e estilos de vida* e suas dimensões culturais. A "revolução dos transportes" de locomoção (trens, navios a vapor, carros, elevadores, aviões etc.) permitiu a expansão do território urbano, o crescimento das cidades e a emergência das metrópoles. A "revolução das comunicações" possibilitou o nascimento das cidades mundiais. As culturas urbanas se afirmaram por contraste às culturas rurais, com a urbanização crescente da vida. A mudança de valores sociais, dado essencial da cultura, tornou-se pronunciado componente da cultura contemporânea. Novos mundos, estilos de vida, valores: nova cultura.

Tais "revoluções" potencializaram também a relação entre diversos estilos de vida e valores sociais, espalhados pelo globo. Apesar de tal processo ser hierarquicamente bastante desigual, dada a dominância da lógica capitalista, é interessante perceber que vão sendo tecidas curiosas conexões e trocas, aproximando, e por vezes tensionando, atores e procedimentos que historicamente estiveram apartados por um longo tempo. Hoje a *ampliação das migrações e da circulação de bens materiais e simbólicos* conforma um novo ambiente para a cultura, repleto de ricas potencialidades e imensos perigos.

A transformação da dinâmica do sistema capitalista e as mutações do modo de acumulação do capital, que perpassam inúmeros dos dispositivos antes elencados, também são responsáveis pelo agendamento da cultura na cena internacional. Elas deslocam a ênfase do paradigma do industrialismo, a força motora do capitalismo clássico, com a ascensão do fenômeno que Manuel Castells chamou de "capitalismo informacional": sistema de produção amparado na geração de conhecimentos, de processamento da informação e de comunicação de símbolos (Castells, 1999, p. 35). Tal alteração cria um terreno fértil para o desenvolvimento da economia de bens simbólicos e da cultura, apesar das contradições brutais imanentes ao sistema capitalista.

Assim, a cena contemporânea comporta um complexo conjunto de dinâmicas e de camadas de sentido que se sobrepõem, mesclam, conflitam, negociam e conformam culturas híbridas. Não por acaso, a discussão sobre a *diversidade cultural* tornou-se vital hoje, demandando, inclusive, uma conferência da Unesco, realizada em outubro de 2005, na qual foi discutida e aprovada uma convenção internacional sobre diversidade cultural[1], essencial para a vida cultural em todo o mundo e para a preservação e desenvolvimento de sua maior riqueza: a diversidade cultural, tão fundamental quanto a biodiversidade para o futuro do planeta e da humanidade.

Certamente outros dispositivos poderiam ser acionados para uma compreensão fina das configurações da cultura no mundo contemporâneo. A escolha desses eixos decorre do registro destacado ocupado por eles no desenho da cultura e de seu campo. Para concluir este panorama, podemos reafirmar que tais dispositivos propiciam que a cultura ocupe um lugar societário central, singular e expansivo na atualidade. Tal *centralidade* nos obriga a pensá-la como dimensão transversal, porque perpassando toda a complexa rede que compõe a sociedade atual. A *transversalidade* da cultura, entretanto, não implica em seu desaparecimento enquanto campo social. Na contemporaneidade, a cultura comparece como um campo social singular e, de modo simultâneo, perpassa transversalmente todas as outras esferas societárias, como figura quase onipresente.

ABRANGÊNCIAS DAS POLÍTICAS CULTURAIS

Traçado esse rápido e amplo cenário, agora cabe refletir sobre a inscrição das políticas culturais nesse ambiente contemporâneo. Para realizar tal tarefa, aparece como imprescindível o esforço epistemológico de buscar circunscrever o espaço de pertença e abrangência daquilo que pode e deve ser designado como políticas culturais, esboçando uma espécie de modelo analítico. Acredita-se que tal caminho pode dar consistência a uma definição de políticas culturais; sem dúvida, uma demanda conceitual chave a ser enfrentada para a conformação do campo de estudos das

---

1   Ver em: http://unesdoc.unesco.org/images/0014/001429/142919s.pdf.

políticas culturais. Pode-se tomar como ponto de partida a noção clássica de políticas culturais, formulada por Néstor García Canclini, nos seguintes termos:

> **Os estudos recentes tendem a incluir nesse conceito o conjunto de intervenções realizadas pelo Estado, instituições civis e grupos comunitários organizados com o objetivo de orientar o desenvolvimento simbólico, satisfazer as necessidades culturais da população e obter consenso para um tipo de ordem ou transformação social. Mas essa forma de caracterizar o campo das políticas culturais precisa ser ampliada, levando em conta o caráter transnacional dos processos simbólicos e materiais na atualidade (Canclini, 2005, p. 65).**

O modelo a ser desenvolvido deve contemplar algo mais, algo além dessa definição operativa. Como foi referido acima, a definição pretende a delimitação epistemológica de um horizonte de pertença e abrangência das políticas culturais. O delineamento do espectro de tópicos e questões possibilita observar as políticas culturais em toda a sua envergadura e permite a construção de um padrão analítico para a comparação de seus variados formatos, historicamente desenvolvidos. No estudo, acionando o modelo proposto, devem ser contempladas as seguintes dimensões analíticas como inerentes às políticas culturais:

I. Definição e determinação da *noção de política* acionada, como momento sempre presente em toda e qualquer política cultural. Desnecessário assinalar que diferentes modalidades de políticas podem estar incorporadas às políticas culturais. Elucidar esse aspecto é crucial para uma compreensão precisa do tema.

II. Definição de cultura intrínseca a qualquer política cultural empreendida, a qual tem profunda incidência sobre a amplitude dessa política. Fundamental constatar que toda política cultural traz embutida, de modo explícito ou não, uma concepção a ser privilegiada de cultura. Esclarecer o *conceito de cultura* imanente à política cultural é um procedimento analítico vigoroso para o estudo aprimorado desse campo. A amplitude do conceito de cultura utilizado não apenas delineia a extensão do objeto das políticas culturais, mas comporta questões a serem enfrentadas por tais políticas, como as conexões pretendidas e realizadas entre modalidades de cultura, sejam elas: erudita, popular e midiática ou local, regional, nacional, macrorregional e global. Em um estágio societário em que tais conexões entre modalidades de cultura tornam-se recorrentes, a concepção de cultura inscrita nas políticas culturais adquire um lugar analítico relevante.

III. Toda política cultural é composta de um conjunto de *formulações e ações desenvolvidas ou a serem implementadas.* Investigar as formulações, condensadas em planos, programas, projetos etc.; as ações, pensadas e realizadas, e, inclusive, as conexões e contradições entre elas é vital para o conhecimento das políticas culturais.

IV. *Objetivos e metas* são componentes fundamentais das políticas culturais. Por meio do estudo deles podem ser explicitadas as concepções de mundo, que orientam as políticas culturais e as repercussões pretendidas da intervenção político-cultural na sociedade. Objetivos e metas estão sempre imbricados com as políticas, de modo transparente ou não.

V. A *delimitação e caracterização dos atores* das políticas culturais é outra faceta essencial para o estudo das políticas culturais. Hoje, ao lado do tradicional e, por vezes, todo-poderoso ator das políticas culturais, o Estado-nação, tem-se um conjunto complexo de atores estatais e societários possíveis. A recente discussão sobre as políticas públicas, tomadas como não idênticas ou redutíveis às políticas estatais, tem enfatizado que, na atualidade, elas não podem ser pensadas apenas por sua remissão ao Estado (Schneider, 2005 e Santos, 2005).

Isso não implica em desconsiderar o papel ocupado pelo Estado na formulação e implementação de tais políticas. Antes significa que, hoje, ele não é único ator e que as políticas públicas de cultura são o resultado da complexa interação entre agências estatais e não estatais. Mais que isso, o próprio Estado não pode mais ser concebido como um ator monolítico, mas como um denso sistema de múltiplos atores. A existência de governos nacionais, supranacionais (sistema das Nações Unidas, organismos multilaterais, comunidades e uniões de países etc.) e infranacionais (provinciais, intermunicipais, municipais etc.) é uma das faces desse processo de complexificação da intervenção estatal.

Nesse cenário, simultaneamente palpitante e arriscado, uma pluralidade de agentes passa a se inserir na configuração da esfera da cultura, que por sua vez ganha dimensões dilatadas. Ao lado de atores clássicos como os Estados nacionais, como foi dito, emergem novos agentes paraestatais que empreendem ações e projetos sistemáticos voltados para o campo da cultura. Dentre eles, os organismos supranacionais, os Estados subnacionais (as províncias e os municípios), tendo no protagonismo de algumas cidades a exemplaridade desse processo de descentralização.

Cabe ressaltar ainda as significativas *performances* de atores não estatais, tais como: o mercado e a sociedade civil, inclusive por meio das entidades associativas, das organizações não governamentais, das comunidades culturais e das redes culturais. A presença crescente do mercado, por meio dos gigantescos conglomerados de produção e circulação culturais e da atuação de empresas, de qualquer área, via dispositivos de *marketing* cultural, tem profunda incidência na dinâmica cultural contemporânea e, por conseguinte, sobre as políticas culturais. A proliferação de organizações não governamentais, instituições e entidades da sociedade civil com atuação no setor cultural igualmente têm *performance* pronunciada sobre a cultura e as políticas culturais na contemporaneidade.

O tema das *políticas públicas de cultura*, de imediato, aparece intimamente associado ao debate acerca dos atores das políticas culturais. Não só dos atores, mas também dos procedimentos envolvidos na confecção de tais políticas públicas. Na perspectiva das políticas públicas, a governança da sociedade, na atualidade, transcende o estatal, impondo a negociação como procedimento usual entre os diferentes atores sociais. Somente políticas submetidas ao debate e crivo públicos podem ser consideradas substantivamente políticas públicas de cultura. Mais que isso, tal discussão pública deve ter capacidade de incidir sobre o processo de deliberação, mas se configurando como um mero simulacro de debate. Tal negociação, entretanto, é sempre bom lembrar, acontece entre atores que detêm poderes desiguais e encontram-se instalados de modo diferenciado no campo de forças que é a sociedade capitalista contemporânea (Parada, 2002). Assim, políticas públicas de cultura podem ser desenvolvidas por uma pluralidade de atores político-sociais, não somente o Estado, desde que tais políticas sejam submetidas obrigatoriamente a algum controle social, por meio de debates e deliberações públicas.

VI. A *elucidação dos públicos pretendidos* é outro componente significativo a ser analisado nas políticas culturais. Cabe determinar quais os públicos visados e quais as modalidades de fruição e de *consumo* previstas e inscritas nas políticas culturais. Tais públicos podem ser "recortados" por diferenciados critérios sociais, por exemplo: classe, renda, etnia, escolaridade, idade, gênero, orientação sexual etc. Dados significativos para o entendimento acerca das políticas culturais certamente estão embutidos na escolha dos públicos e de seus critérios de formatação.

VII. A atenção com os *instrumentos, meios e recursos acionados, sejam eles humanos, legais, organizacionais, espaciais (instalações, infraestruturas etc.), materiais (equipamentos etc.), financeiros e outros*, deve ser sempre um dos momentos interpretativos privilegiados no estudo das políticas culturais.

Toda política cultural, para ser concretizada, implica no acionamento obrigatório de recursos financeiros, humanos, organizacionais, espaciais, materiais e legais. Por conseguinte, é imprescindível às análises de políticas culturais o conhecimento aprofundado de dispositivos, tais como: 1. Orçamentos e formas de financiamento da cultura previstos e realizados; 2. Pessoal disponível e envolvido na formulação, na gestão e na produção da cultura, em suas dimensões quantitativa e qualitativa, bem como as modalidades de capacitação de pessoal em funcionamento ou previstas; 3. Os espaços, geográficos e eletrônicos, e os equipamentos existentes que estão sendo ou podem ser acionados, sua localização, seu funcionamento, suas condições etc.; e 4. Os meios organizacionais, legais e as legislações disponíveis e a serem criadas para estruturar e estimular a cultura.

VIII. Os *momentos acionados da dinâmica cultural* aparecem como outros elementos fundantes para caracterizar as políticas culturais. Uma dinâmica cultural necessita um complexo conjunto de momentos e movimentos que se complementam e animam a vida cultural. Para uma configuração didática desse sistema, podem ser anotados os seguintes momentos, todos eles imprescindíveis à dinâmica cultural: 1. Criação, invenção e inovação; 2. Conservação e preservação; 3. Difusão, divulgação e transmissão; 4. Circulação e distribuição; 5. Cooperação, intercâmbios e trocas; 6. Formação; 7. Análise, crítica, estudo, investigação, pesquisa e reflexão; 8. Fruição, consumo e públicos; e 9. Organização, legislação, gestão, produção, programação e curadoria da cultura. A depender dos momentos priorizados e das maneiras de articulação entre eles, as políticas culturais ganham marcas muito diferenciadas. A busca de tais diferenciais não pode olvidar, entretanto, que todos esses momentos são imanentes à dinâmica cultural e que, sem a presença e o estímulo a eles, a vida cultural fica prejudicada. Mas o privilegiamento de alguns desses momentos e a escolha de modos de conexões entre eles certamente dão marcas pronunciadas às políticas culturais. Por conseguinte, o estudo desses momentos acionados torna-se fundamental para compreender e explicitar configurações de políticas culturais.

O desenho da cartografia de abrangência das políticas culturais remete, de imediato, ao funcionamento das atividades essenciais que fazem da cultura uma dinâmica e sistema articulados. Sem considerar a presença de cada um desses momentos – e da qualidade e articulação deles – não se pode, a rigor, falar em uma efetiva dinâmica cultural, pois a vigência da dinâmica implica na presença vital de cada um desses momentos e movimentos.

Por certo, em uma dinâmica não complexa, esses momentos e movimentos encontram-se associados e mesmo conjugados em uma mesma instituição ou ator social. Entretanto a complexidade própria do mundo contemporâneo implica na crescente dissociação desses momentos e movimentos, configurando zonas de competência, instituições e atores com papéis especializados.

Os criadores, inventores e inovadores, representados por artistas, cientistas, intelectuais, mestres, vinculados aos universos culturais acadêmicos ou populares, muitas vezes são tomados como os pontos centrais, quase únicos, da dinâmica cultural, dada a sua relevância como inauguradores de ideários, práticas e produtos culturais. Ou seja, por sua admirável capacidade e mesmo genialidade em renovar a cultura, suas tradições, manifestações, formulações e modalidades de expressão. As intervenções voltadas à criação e aos criadores de cultura são momentos vitais das políticas culturais. Esse momento é tão essencial que muitas vezes se acredita, equivocadamente, que ele é a própria cultura em sua plenitude.

Apesar desse papel primordial para o itinerário da cultura, não existe dinâmica cultural sem que outros momentos, instituições e atores estejam contemplados e acionados. Os momentos relacionados à preservação e à conservação, atribuídos em especial aos responsáveis pelo cuidado com o patrimônio e aos museus de todos os gêneros, são essenciais para manter a herança cultural e democratizar o patrimônio acumulado, seja ele material ou imaterial. Cuidar do patrimônio – tangível e intangível – emerge como fundamental para o desenvolvimento e a identidade dos agrupamentos humanos. Não por acaso o tema patrimônio esteve entre as primeiras políticas setoriais da cultura no mundo e sempre teve um peso relevante nas políticas culturais em quase todos os países no âmbito internacional, na Ibero-América e no Brasil. O exemplo do papel historicamente desempenhado pelo Sphan-Iphan na conformação das políticas culturais no país é esclarecedor.

Os professores e comunicadores, inscritos em diferentes ambientações e instituições sociais, são os principais tradutores dos momentos de divulgação, transmissão e difusão da cultura, ainda que outros atores e instituições possam realizar tais movimentos de modo secundário. Tais processos são vitais para a democratização da cultura. A questão da transmissão e da difusão da cultura aparece, assim, como tema essencial a ser enfrentado em políticas culturais e em seu estudo.

A circulação e distribuição da cultura aparecem muitas vezes como um dos polos mais relevantes para manter viva e ampliar a dinâmica cultural. Como a circulação e a distribuição de agentes e bens culturais encontram-se quase sempre controladas por grandes empresas, muitas delas multinacionais, elas se tornam entraves para a dinâmica cultural e para assegurar a diversidade cultural. Apesar do seu significado, poucas são as políticas culturais desenvolvidas com esse foco. Maiores e melhores atenções têm que ser destinadas à circulação e à divulgação da cultura.

A cultura precisa, sob pena de estagnação, interagir com outras culturas, por meio de dispositivos de cooperação, intercâmbio e troca. Sem esse permanente processo de "negociação" intercultural, deliberadamente instituído e estimulado, a cultura tende a perder seu dinamismo vital. Por óbvio, existem diferentes tipos de trocas, os quais afetam de maneira diversa as culturas. Em polos extremos e opostos, as trocas podem ser equânimes ou profundamente desiguais. Apesar disso, elas são sempre essenciais para o desenvolvimento da cultura. Também aqui se instala um registro significativo para a realização e investigação de políticas culturais. Em verdade, o desenvolvimento de uma cultura depende do diálogo que ela estabelece com outras culturas. A ideia de uma cultura pura tem facilmente degenerado em culturas de vieses autoritários e racistas.

A formação de pessoal surge como outro componente imprescindível à dinâmica cultural. Não por acaso, nas muitas conferências de cultura – nacionais, estaduais, territoriais, municipais e setoriais –, uma das demandas mais presentes em suas pautas de reivindicações aprovadas é inexoravelmente o tema da formação do pessoal da cultura. Ela se torna elemento-chave do processo de profissionalização do campo cultural. Mas mesmo para o pessoal envolvido de modo amador com a cultura, ela é demanda constante e necessidade imperiosa para o aprimoramento da atuação cultural.

Uma dinâmica cultural não pode ter vigência também sem que todos seus elementos (criados, difundidos, preservados e intercambiados) sejam submetidos ao crivo público de discussão e avaliação. Aos analistas, críticos, estudiosos, investigadores e pesquisadores são destinadas tais tarefas. A reflexão anima a vida, legitima e questiona ideias e práticas, possibilita trocas culturais, reconhece invenções e inovações científicas e estéticas. Enfim, é parte igualmente indispensável à dinâmica viva da cultura. A liberdade e a efetivação da avaliação e da discussão estão associadas à qualidade do campo cultural de maneira íntima. Igualmente neste espaço as políticas culturais podem e devem incidir.

A esfera da fruição e do consumo é igualmente imprescindível para a completude desse circuito. Ela tem como singularidade a circunstância de não ser profissionalizada. Muitas vezes, ela é a única com essa característica em todo o ciclo sociodinâmico da cultura. A não profissionalização, entretanto, não afeta o *status* da fruição e do consumo. Pelo contrário, ela indica a amplitude e até a universalidade do ato de recepção da cultura, a importância central dos públicos culturais. Todos os cidadãos são potencialmente públicos da cultura, quando ela não está subordinada a uma lógica mercantil. Na sociedade capitalista existe um consumo somente possibilitado em troca de dinheiro. Sem fruição e consumo, em seu sentido mais amplo, a cultura não se realiza: ela fica paralisada e incompleta. Uma política cultural rigorosamente instituída não pode deixar de interferir, propondo formulações e ações sobre o tema da fruição, do consumo e dos públicos culturais. Aliás, a reflexão e as informações nessa área são mesmo vitais para a definição mais consistente das políticas culturais a serem implementadas.

Nessa perspectiva, todos os indivíduos estão imersos em ambientes culturais ainda que em modalidades muito desiguais de acesso pleno aos seus estoques e fluxos. Mesmo a fruição e o consumo, talvez a esfera mais larga de participação, podem ser obstruídos por requisitos econômicos, sociais e educacionais, que limitam tal acesso. Mas de diferentes maneiras e graus todos vivem um ambiente cultural, em menor ou maior intensidade. Assim, todos têm pertença à cultura, todos os seres humanos têm cultura. As políticas culturais não podem desconhecer esse pressuposto.

Por fim, para abranger toda dinâmica cultural, resta um outro momento. Certamente um movimento de mais difícil percepção. Talvez por isso uma das regiões mais recentemente traduzidas em instituições e profissões dentro do campo cultural. Essa região pode ser nomeada como "organização da cultura", por inspiração de Antonio Gramsci. Claro que, de algum modo, todos os momentos anteriores implicam em aspectos organizativos, mas nesse caso precípuo o que ocupa o centro do jogo é a própria organização do campo cultural: seja em um patamar macro, seja em um horizonte micro. É possível sugerir uma distinção – nem sempre realizada – na esfera da organização da cultura. Podem ser imaginados vários horizontes diferentes dessa esfera: a dos formuladores e dirigentes, afeitos ao patamar mais sistemático e macrossocial das políticas culturais; a dos gestores, instalados em instituições ou projetos culturais mais permanentes, processuais e amplos; a dos produtores, mais adstritos a projetos de caráter mais eventual e microssocial; e a dos curadores e programadores da cultura, voltados à organização específica dos programas de atividades a serem desenvolvidos por instituições culturais. Neste texto interessa analisar as políticas culturais, enquanto patamar específico do registro de organização da cultura, sem desconhecer que elas se realizam sempre acionando todas as variadas dimensões envolvidas com o momento organizativo da cultura.

IX. Tomando em consideração o caráter transversal da cultura na contemporaneidade, uma das facetas constitutivas das políticas culturais hoje atende pelo nome de *interfaces, pretendidas e acionadas*. Como a cultura perpassa diferentes esferas sociais, torna-se substantivo analisar suas interfaces, em especial com áreas afins, como a educação, a comunicação etc.

X. Por fim, obviamente todos esses itens analíticos, elencados como imanentes às políticas culturais e ao seu estudo, não se apresentam como atuações arbitrárias, desarticuladas, estanques, inconscientes, isoladas, mas como combinação complexa e variada de todos ou quase todos eles. Nessa perspectiva, as políticas culturais devem assumir um caráter articulado, continuado, deliberado e sistemático. Assim, as articulações realizadas entre esses variados componentes, a compatibilidade e a coerência presentes dão consistência ao grau de *sistematicidade existente* nas políticas culturais.

OBSERVAÇÕES FINAIS

Por óbvio, o esquema de análise proposto deve ser submetido a um aprimoramento e refinamento, seja por meio de discussões teórico-conceituais, seja pela via do recurso a experimentos de análise empírica, mas, mesmo que provisoriamente, pretende-se que esse modelo teórico-analítico possibilite um maior rigor nos estudos da cultura e, mais especificamente, das políticas culturais, pois o aprimoramento dos estudos, das formulações e práticas de políticas culturais, sem dúvida, contribui para o desenvolvimento social e cultural do país. O autor e o texto compartilham da visão do ministro da Cultura Gilberto Gil, que perspicazmente assinalou em seu discurso de posse que "[...] formular políticas públicas para a cultura é, também, produzir cultura" (Gil, 2003, p. 11). Assim, uma das metas pretendidas pelas políticas públicas de cultura será sempre o desenvolvimento da cultura e, simultaneamente, a conformação de uma nova cultura política, que contemple e assegure a cidadania cultural, os direitos culturais e uma cultura cidadã.

A ideias de cidadania cultural, dos direitos culturais e da cultura cidadã, por sua vez, buscam articular política e cultura de modo satisfatório e não traumático, pois tristes enlaces históricos de politização excessiva ou despolitização completa da cultura não podem ser, em nenhuma hipótese, olvidados e repetidos. Articular política e cultura deve supor o reconhecimento de suas diversidades; de suas singulares dinâmicas; de suas inúmeras interfaces, além da complexidade de tal projeto. Se "fazer política é expandir sempre as fronteiras do possível" e se "fazer cultura é combater sempre nas fronteiras do impossível", como sugere poeticamente o cineasta Jorge Furtado (*apud* Rubim, 2016, p. 7), cabe lutar por uma política cultural que, ao expandir as fronteiras do possível, possibilite a imaginação nas fronteiras do impossível.

REFERÊNCIAS

BARBALHO, Alexandre. Política cultural. Em: RUBIM, Linda (org.). *Organização e produção da cultura.* Salvador: Edufba, 2005, p. 33-52.

BENJAMIN, Walter. A obra de arte na era de sua reprodutibilidade técnica. Em: LIMA, Luiz Costa. *Teoria da cultura de massa.* Rio de Janeiro: Saga, 1969, p. 207-38.

BENJAMIN, Walter. A obra de arte na era de sua reprodutibilidade técnica. Em: BENJAMIN, Walter. *Obras escolhidas – Volume 1.* São Paulo: Brasiliense, 1986, p. 165-96.

CANCLINI, Néstor García. *Culturas híbridas.* São Paulo: Edusp, 1998.

CANCLINI, Néstor García. Definiciones en transición. Em: MATO, Daniel (org.). *Estudios latinoamericanos sobre cultura y transformaciones sociales en tiempos de globalización.* Buenos Aires: Clacso, 2001.

CANCLINI, Néstor García. *Latinoamericanos buscando lugar en este siglo.* Buenos Aires: Paidós, 2002.

CASTELLS, Manuel. *The information age*: economy, society and culture. Cambridge: Blackwell, 1996-1998. 3 v.

CASTELLS, Manuel. *A sociedade em rede.* São Paulo: Paz e Terra, 1999.

COELHO, Teixeira. Um domínio para a política cultural; Política cultural. Em: COELHO, Teixeira. *Dicionário crítico de política cultural.* São Paulo: Iluminuras; Fapesp, 1997, p. 9-16; 293-300.

COUTINHO, Carlos Nelson. *A democracia como valor universal:* notas sobre a questão democrática no Brasil. São Paulo: Livraria Editora Ciências Humanas, 1980.

FURTADO, Jorge *apud* RUBIM, Antonio Albino Canelas. Introdução. Em: RUBIM, Antonio Albino Canelas (org.). *Política cultural e gestão democrática no Brasil.* São Paulo: Fundação Perseu Abramo, 2016.

GARRETÓN, Manuel Antonio (coord.). *El espacio cultural latinoamericano:* bases para una política cultural de integración. Santiago/Bogotá: Fondo de Cultura Económica/Convenio Andrés Bello, 2003.

GIL, Gilberto. Discurso do ministro Gilberto Gil na solenidade de transmissão do cargo. Em: GIL, Gilberto. *Discursos do ministro da Cultura Gilberto Gil – 2003.* Brasília: MinC, 2003.

GUIMARÃES, Fabiana; SILVA, Raiany. Estudos sobre financiamento e fomento à cultura nos Estados e Distrito Federal. Em: RUBIM, Antônio Albino Canelas; VASCONCELOS, Fernanda Pimenta (org.). *Financiamento e fomento à cultura no Brasil:* Estados e Distrito Federal. Salvador: Edufba, 2017, p. 63-97.

MOLES, Abraham Antoine. *Sociodinâmica da cultura.* São Paulo: Perspectiva/Edusp, 1974.

OLIVEIRA, Gleise. *Institucionalidade cultural:* o Programa Cultura Viva da criação até a Lei n. 13.018/2014. Salvador: Programa Multidisciplinar de Pós-Graduação em Cultura e Sociedade da Universidade Federal da Bahia, 2018, p. 27-42.

PARADA, Eugenio Lahera. *Introducción a las políticas públicas.* Santiago: Fundo de Cultura Econômica, 2002.

RODRIGUES, Adriano Duarte. *Estratégias da comunicação:* questão comunicacional e formas de sociabilidade. Lisboa: Presença, 1990.

SANTOS, Hermílio. Perspectivas contemporâneas para a constituição de redes de políticas públicas. *Civitas – Revista de Ciências Sociais,* Porto Alegre, 2005, v. 5, n. 1, p. 59-68.

SCHNEIDER, Volker. Redes de políticas públicas e a condução de sociedades complexas. *Civitas – Revista de Ciências Sociais,* Porto Alegre, 2005, v. 5, n. 1, p. 29-58.

UMA VISITA AOS CONCEITOS DE POLÍTICAS CULTURAIS NA AMÉRICA LATINA

A COLOMBIANA ANA MARÍA OCHOA GAUTIER TRAZ PISTAS acerca dos enlaces singulares entre as políticas culturais e os estudos culturais latino-americanos. Ela aborda a estreita conexão existente entre estudiosos e fazedores de políticas culturais, pois os estudiosos latino-americanos frequentemente trabalham na implementação de políticas (Ochoa Gautier, 2003, p. 29). Ochoa Gautier assinala também a forte presença da noção de políticas culturais na mobilização do espaço público latino-americano e nos estudos culturais (Ochoa Gautier, 2003, p. 77). Ela aponta diferenças entre estudos culturais latino-americanos e aqueles dos países centrais ao anotar: "[...] As distâncias que existem entre as definições de política cultural que vêm dos estudos metropolitanos sobre textos culturais [...] e as que vêm dos chamados estudos culturais latino-americanos [...]" (Ochoa Gautier, 2003, p. 79).

Nada casual que Pablo Mendes Calado constate esse imbricamento em um autor emblemático do contexto latino-americano. Ele observa que: "[...] o tratamento das políticas culturais está presente em praticamente toda a obra de García Canclini" (Calado, 2015, p. 89). A defesa das políticas culturais por García Canclini perpassa mesmo um texto intitulado "La mejor política cultural es la que no existe?" (Canclini, 2003). Em suma, tais relacionamentos apontam as singularidades dos estudos culturais latino-americanos frente aos países centrais e a constituição de sua singular trajetória no âmbito das políticas culturais na América Latina, inclusive com relação à sua própria noção.

García Canclini, nos inícios de seu famoso texto, escreve acerca da *"existencia dudosa"* (existência duvidosa) dos estudos de políticas culturais na América Latina dos anos 1980, pois era comum ouvir dos pesquisadores frases como: "de que políticas culturais vamos falar se elas não existem no meu país?" (Canclini, 1987, p. 14). Em verdade, essa perplexidade expressava o momento inaugural dos estudos de políticas culturais na região. Esse momento conjugou o desenvolvimento dos primeiros seminários em alguns países, a exemplo de *Estado e cultura no Brasil*, coordenado por Sérgio Miceli, realizado em 1982 e publicado em 1985 (Miceli, 1985), e de *Culturas populares e política cultural*, acontecido também em 1982, na Cidade do México, organizado por Guillermo Bonfil e igualmente transformado em livro. Em 1983, no Brasil, aparece o pequeno livro de Martin Cezar Feijó, *O que é política cultural*, que traça um breve itinerário das políticas culturais no mundo e no Brasil (Feijó, 1983). García Canclini, depois de listar encontros que tiveram relevância para o desenrolar dos estudos de políticas culturais naqueles anos, destaca o grupo de trabalho sobre políticas culturais da Clacso como uma das principais expressões da ampliação de investigações nesse campo. Dele participam diversos estudiosos, como Antonio Augusto Arantes, Carlos Catalán, José Joaquim Brunner, Luis Peirano, Néstor García Canclini, Oscar Landi e Sérgio Miceli. O grupo desenvolveu pesquisas comparativas sobre políticas culturais e consumo em Argentina, Brasil, Chile, México e Peru (Canclini, 1987, p. 21). Em seu texto, Canclini esboça uma primeira trajetória dos estudos de políticas culturais na América Latina.

INCURSÕES INICIAIS

Graciliano Ramos aponta como os dicionários são desconsiderados, mas afirma que não se pode trabalhar sem eles (Ramos, 1980, p. 273). Cabe acatar a sugestão do escritor brasileiro e iniciar o percurso atento ao tratamento dado às políticas culturais por dicionários latino-americanos nos verbetes especializados. Uma primeira constatação se impõe: em muitos deles não existe um tópico específico sobre políticas culturais. No *Diccionario de estudios culturales latinoamericanos*, o verbete escrito por George Yúdice não traz propriamente uma definição da noção. Ele examina um conjunto de temas gerais sobre políticas culturais e depois esboça sua história no México, onde foi editado o dicionário (Yúdice, 2009). Já Newton Cunha, no *Dicionário Sesc: a linguagem da cultura*, escreve: "Por política cultural pode-se entender, inicialmente, o conjunto de intervenções dos poderes públicos sobre as atividades artístico-intelectuais ou genericamente simbólicas de uma sociedade" (Cunha, 2003, p. 511). Após a definição, ele exclui as políticas de educação desse âmbito, delineia a ação cultural do Estado, "frequentemente seletiva", e esboça uma pequena trajetória histórica das políticas culturais no mundo. No *Diccionario del pensamiento alternativo*, Arturo Chavolla, sem mais, recorre à famosa definição de García Canclini (Chavolla, 2008, p. 413). Os três dicionários culturais, tomados como amostra aleatória dos existentes na América Latina, traduzem posturas distintas frente ao trabalho de delimitação da noção de políticas culturais. Em muitos casos, a análise da temática ocorre sem recurso a uma definição explicitada; em outros acontece a utilização de uma delimitação breve e, por fim, tem-se a referência ao conceito de García Canclini, marcante nos estudos latino-americanos de políticas culturais. Cabe ressaltar que, devido ao seu caráter especializado, o *Dicionário crítico de política cultural*, organizado por Teixeira Coelho, será tratado adiante (Coelho, 1997).

Em 1987, no livro *Políticas culturales en América Latina*, García Canclini formulou sua conhecida definição. A vigência da noção é notável. Inúmeros autores em diversos países utilizam e/ou fazem referência a ela. Alexandre Barbalho, depois de desconhecê-la em 2005 (Barbalho, 2005), recorre a ela em 2013 (Barbalho, 2013, p. 8), em sintonia fina com a larga utilização da noção por autores brasileiros, inclusive em cursos universitários, a exemplo do Programa Multidisciplinar de Pós-Graduação em Cultura e Sociedade (Pós-Cultura) da Universidade Federal da Bahia, onde ela tem uso constante em dissertações e teses. Renata Rocha, em texto recente, também assume e se filia ao conceito (Rocha, 2017). A noção aparece citada em Ana María Ochoa Gautier (2003, p. 70). Dentre os inúmeros acionamentos encontrados em diversos autores da região, podem ser citados José Tasat (2014, p. 40) e Pablo Mendes Calado (2015, p. 89), que em trabalhos recentes reivindicam a noção para balizar seus estudos. Não resta dúvida que, entre as definições esboçadas por autores latino-americanos, a noção de García Canclini surge como aquela mais utilizada. Sua persistência espaço-temporal a institui como um dos cânones da área.

Em 1987, García Canclini escreveu: "Os estudos recentes tendem a incluir neste conceito o conjunto de intervenções realizadas pelo Estado, instituições civis e grupos comunitários organizados com o objetivo de orientar o desenvolvimento simbólico, satisfazer as necessidades culturais da população e obter consenso para um tipo de ordem ou transformação social. Mas essa forma de caracterizar o campo das políticas culturais precisa ser ampliada, levando em conta o caráter transnacional dos processos simbólicos e materiais na atualidade" (Canclini, 1990, p. 26). A referida noção, ao definir políticas culturais, delimita os agentes e os objetivos, com suas conexões sociais. De imediato, nota-se uma ampliação dos agentes responsabilizados pelo desenvolvimento de políticas culturais, antes, em geral, restritos ao Estado e, na maioria das vezes, em sua feição nacional. Víctor Vich, recorrendo a Ana María Uchoa Gautier (2003), assinala o novo caráter "descentrado" das políticas culturais e que "[...] hoje em dia são geradas a partir de diferentes atores sociais" (Vich, 2014, p. 61). García Canclini, em sintonia fina com tais circunstâncias, torna-se um dos autores responsáveis pelo descentramento. Esse processo parece consensual para a maioria dos estudiosos que se dedicam à investigação das políticas culturais, como reafirmado por Uchoa Gautier (2003, p. 69): "[...] atualmente a noção de política cultural não se mobiliza desde uma única esfera (o Estado), mas de várias (movimentos sociais, o Estado, grupos artísticos, organizações internacionais etc.)". Víctor Vich, partidário de descentramento, entretanto, mesmo aplaudindo a diversificação dos sujeitos das políticas culturais, faz uma ressalva a ser considerada: "Em resumo, o Estado deve ocupar uma posição central na elaboração das políticas culturais, embora saiba de antemão que não é o único ator em cena [...]" (Vich, 2014, p. 64). Em uma atualização da sua definição, publicada em 2005, em sintonia com o processo de glocalização em curso, García Canclini incorpora a dimensão transnacional às políticas culturais em sua noção: "Mas essa forma de caracterizar o campo das políticas culturais precisa ser ampliada, levando em consideração o caráter transnacional dos processos simbólicos e materiais na atualidade" (Canclini, 2005, p. 65).

Os dois primeiros objetivos propostos por García Canclini, orientar o desenvolvimento da dimensão simbólica e atender às necessidades culturais da população, não sofrem interpelações potentes de outros autores. Eventuais críticas ocorrem, por exemplo, acerca da capacidade operacional de desvelar o desenvolvimento simbólico ou delimitar as necessidades culturais da população. Nada que coloque em xeque tais objetivos, que conectam as políticas culturais e as sociedades nas quais elas se conformam. Essas finalidades enfatizam a cultura como dimensão substantiva do desenvolvimento da sociedade e como uma das necessidades sociais da população, que deve ser atendida pelo Estado por meio de políticas públicas. A história recente das práticas e dos estudos no campo das políticas culturais sugere, nesses dois casos, potenciais de atualização nas suas formulações. Eduardo Nivón Bolán e Delia Sánchez Bonilla escrevem, em texto recente: "Em matéria de cultura, as políticas públicas se traduzem na satisfação das necessidades culturais ou, em outras palavras, no cumprimento dos direitos culturais" (Bolán; Sánchez Bonilla, 2016, p. 53). A consolidação de novas noções nos estudos de políticas culturais, a exemplo de direitos culturais na citação acima, pode colaborar na reescrita com mais sintonia contemporânea da noção de políticas culturais, pois ela hoje dificilmente pode ser imaginada sem referência à garantia dos direitos culturais.

A situação se configura totalmente distinta com relação ao terceiro objetivo listado: a construção de consensos para manutenção do *status quo* ou para a transformação da sociedade. Nesse caso, autores assumem posições diversas e muitas vezes divergentes. Alguns, como Guillermo Cortés, concordam com tal objetivo. Ele frisa que as políticas devem não apenas atender às necessidades da população, mas necessitam "[...] influenciar algum tipo de mudança ou transformação social" (Cortés, 2006, p. 42). Outros autores, na contramão, promovem exclusões e interdições, a exemplo de Teixeira Coelho (1997). Ele incorpora as finalidades indicadas por García Canclini, excluindo apenas a terceira delas. Desnecessário destacar essa dimensão como vital para discutir o posicionamento político-ideológico e a questão da neutralidade ou não das políticas culturais. Adiante tais temas serão devidamente enfrentados.

Fora a explicitação de que as políticas culturais exigem um "conjunto de intervenções", a noção de García Canclini não enumera nenhuma outra exigência inerente para delimitar o campo das políticas culturais. Nesse âmbito, diversos outros condicionantes poderiam ser acionados para demarcar melhor as fronteiras do conceito. A necessidade intrínseca de características como articulação, continuidade e sistematicidade, imanentes a uma efetiva política cultural, não deve ser esquecida para delimitar de modo mais consistente as zonas de pertencimento à noção. Mario Margulis introduz uma dimensão, que ele considera imprescindível às políticas culturais, e seu conceito: a deliberação intencional das políticas culturais. Ele escreve em seu texto: "Outras transformações da cultura provêm de ações manifestamente orientadas para atuar sobre algum aspecto dela: estamos no campo das políticas culturais" (Margulis, 2014, p. 13). Em sua definição de políticas culturais, o autor acrescenta ainda outra variável: a capacidade de realizar mudanças no ambiente cultural. Ele anota: "[...] consideramos políticas culturais, isto é, intervenções públicas ou privadas de setores governamentais, instituições da sociedade civil ou outros atores sociais com capacidade de ação suficiente, que visam explicitamente introduzir mudanças no nível cultural" (*Ibidem*, p. 15). Desse modo, caberia aduzir tais variáveis e acrescentá-las à noção de García Canclini. Ela deve incorporar dimensões intrínsecas vitais para a caracterização cristalina de ações e formulações como políticas culturais.

Por certo, qualquer conceito se mostra incapaz de reter todas as dimensões imanentes a um fato social. Ele expressa apenas os componentes essenciais da singularidade de um determinado acontecimento. Para sua mais adequada explicitação, pode-se enumerar algumas abrangências acolhidas pela noção estudada. Assim, deve-se acrescentar que as políticas culturais compreendem, explícita ou implicitamente, além dos aspectos já assinalados, outras variáveis. Nivón Bolán (2006, p. 64) enfatiza a necessidade de existir um aparato institucional para formular, coordenar e executar as políticas culturais. De modo mais sistemático, um conjunto de eixos analíticos, a serem atendidos e solicitados às políticas culturais, foram enumerados em 2007: 1. Concepção de política acionada; 2. Definição de cultura escolhida; 3. Formulações e ações desenvolvidas; 4. Objetivos e metas; 5. Caracterização dos agentes; 6. Delimitação dos públicos; 7. Instrumentos, meios e recursos (financeiros, humanos, materiais, legais etc.); e 8. Momentos da dinâmica da vida cultural contemplados. Esses últimos podem ser diferenciados em: 1. Criação, invenção e inovação; 2. Difusão, divulgação e transmissão; 3. Circulação, intercâmbios, trocas, cooperação; 4. Análise, crítica, estudo, investigação, pesquisa e reflexão; 5. Formação; 6. Conservação e preservação; 7. Fruição, consumo e públicos; e 8. Organização do campo cultural: legislação, gestão, produção, programação e curadoria (Rubim, 2007). José Luis Mariscal Orozco delimita a criação, produção, difusão e formação como dimensões relevantes para gestores culturais (Mariscal Orozco, 2007, p. 19-43).

OUTRAS TRILHAS E A TENTAÇÃO DA NEUTRALIZAÇÃO

No inaugural livro sobre políticas culturais na América Latina, organizado por Néstor García Canclini, aparece outro conceito de políticas culturais, definido por alguns estudiosos como formalista. Seu principal autor, José Joaquín Brunner, preocupado com as relações entre democracia e políticas culturais, anota textualmente: "Em outras palavras, as políticas culturais democráticas são, no seu sentido mais geral, políticas formais. Elas buscam mais arranjos institucionais que propor conteúdo cognitivo à sociedade" (Brunner, 1987, p. 198). Conforme o autor, caberia criar "estruturas de oportunidades" (entendidas como mercados, sistemas de seleção, pluralidade de ofertas, variedade) e impedir que elas sejam interditadas por algum fechamento ideológico ou manipulação monopolista (Brunner, 1987, p. 198). Ele torna mais explícita sua noção em 1988, quando descreve como políticas culturais: "[...] tentativas de intervenção deliberada, com os meios adequados, na esfera da constituição pública, macrossocial e institucional da cultura, com a finalidade de obter os efeitos desejados". Adiante, Brunner especifica as suas modalidades de atuação: "São, em geral, formas de intervenção que tendem a operar no nível organizacional da cultura: preparação e carreira dos agentes, distribuição e organização dos meios, renovação dos meios, formas institucionais de produção e circulação de bens simbólicos etc." (Brunner, 1988, p. 268).

A postura liberal de José Joaquín Brunner, que adota apenas os procedimentos formais da democracia e negligência sua dimensão substantiva, ao esquecer as profundas desigualdades próprias da sociedade capitalista, foi criticada por diversos autores. Beatriz Sarlo, em 1988, comentou na revista *Punto de Vista*: "Limitar as políticas a funcionarem como garantias de igualdade formal dos agentes envolvidos supõe uma abstração ou grau zero de desigualdade cultural e material. No processo cultural, os sujeitos não são efetivamente iguais nem em suas oportunidades de acesso a bens simbólicos, nem em suas possibilidades de escolha, mesmo dentro do conjunto de bens que estão efetivamente ao seu alcance" (Sarlo *apud* Rocha, 2017, p. 691-2). Renata Rocha (2017) também crítica a noção e mobiliza outros autores em seus reparos às concepções de José Joaquín Brunner. No Brasil, a presença desse autor ocorre em outro patamar. Isaura Botelho, por exemplo, retomou Brunner não para assumir sua noção de políticas culturais, mas para utilizar a distinção proposta por ele entre as concepções antropológica e sociológica da cultura e suas implicações nas políticas culturais (Botelho, 2016, p. 20-7).

José Joaquín Brunner parece não ter sido capaz de constituir uma genuína corrente liberal na América Latina a partir de sua concepção das políticas culturais, mas o horizonte de uma perspectiva de neutralidade para as políticas culturais, inscrita na sua formulação, se mostrou persistente por meio de diferentes caminhos teóricos e analíticos. Diversos olhares podem ser mobilizados para explicar tal permanência. Talvez tenha centralidade a não tessitura de formulações e de práticas radicalmente democráticas do Estado nas suas relações com a cultura. Inúmeros autores tematizaram a cultura em contraponto aos Estados autoritários e seu dirigismo cultural vigentes na América Latina até os anos 1980, configurando uma percepção sempre negativa da ação estatal. Outros aderiram à visão neoliberal do Estado mínimo, que prevaleceu na região, em especial nos anos 1980 e 1990, e que negou o Estado enquanto agente de políticas culturais, em detrimento do "mercado". A ameaça do Estado mínimo neoliberal parece retornar em sua versão ultraliberal à América Latina nos brutais anos atuais. Em ambos os casos, autoritários e/ou neoliberais, a neutralização do Estado se tornou funcional. A interdição do Estado de (também) fazer cultura tem sido muitas vezes verbalizada, inclusive por personalidades e segmentos democráticos e de esquerda. Estranhamente nunca se profere a mesma proibição em relação às empresas e ao "mercado". A discussão das conexões possíveis entre um Estado (radicalmente) democrático e cultura necessita ser enfrentada para elucidar melhor suas potencialidades na configuração de políticas culturais e sua noção (Rubim, 2016).

Para além da neutralização das políticas culturais através da negação de um possível papel ativo e democrático do Estado, ainda existem aqueles que tomam a neutralidade como requisito para erigir as políticas culturais como ciência. Teixeira Coelho, por exemplo, propõe a política cultural como "[...] uma ciência da organização das estruturas culturais" (Coelho, 1997, p. 293). A proposição encontra-se estritamente associada à perspectiva do autor de que "o conceito de política cultural apresenta-se com frequência sob a forma altamente ideologizada" (Coelho, 1997, p. 293). Ele recorre a uma noção bastante aproximada daquela de García Canclini: "[...] a política cultural é entendida habitualmente como programa de intervenções realizadas pelo Estado, instituições civis, entidades privadas ou grupos comunitários com o objetivo de satisfazer as necessidades culturais da população e promover o desenvolvimento de suas representações simbólicas" (Coelho, 1997, p. 293). Entretanto exclui o restante da noção de García Canclini, que fala em obter consenso para manutenção de uma ordem social ou sua transformação, e o submete à crítica (Coelho, 1997, p. 293-4). Cabe observar que García Canclini não associa as políticas culturais a um determinado consenso – seja a favor da manutenção ou da transformação da sociedade –; ele apenas afirma que uma das finalidades das políticas culturais está umbilicalmente associada à disputa de consensos na sociedade. Alexandre Barbalho fustiga a pretensão cientificista do autor "[...] na medida em que política e cultura não são sinônimos nem se confundem com ciência" (Barbalho, 2005, p. 35). Recorrer à ciência para fazer esquecer o poder de escolhas imanente às políticas culturais não parece ser uma boa contribuição à elaboração conceitual.

Definições neutralizadas de políticas culturais não se circunscrevem à América Latina. Vidal Beneyto, de acordo com Xan M. Bouzada Fernández um dos pioneiros dos estudos na Espanha, definiu políticas culturais: "Como um conjunto de meios mobilizados e ações orientadas à concretização de fins, determinados e exercidos por instâncias da comunidade – pessoas, grupos e instituições – que por sua posição dominante têm uma capacidade especial de intervenção na vida cultural da comunidade" (Beneyto *apud* Fernández, 2007, p. 130). Ainda que fale em posição dominante, a definição não abandona a formulação de pretensa posição neutral. A visão das políticas culturais como "mais burocrática[s] que criativa[s]", esboçada por Toby Miller e George Yúdice (2004, p. 11), também parece colaborar na redução das políticas culturais às conformações puramente administrativas, menosprezando sua capacidade de inovação e de proposição de alternativas políticas.

Uma das opções mais vigentes para a construção de formulações "neutras" de políticas culturais floresce como sua redução às suas dimensões tão somente administrativas. Víctor Vich critica essa postura: "[...] a política cultural não pode acabar sendo reduzida a pura 'gestão administrativa', embora saibamos de fato que uma política cultural que careça de gestão eficiente – por mais que tenha muitos orçamentos definidos – está sempre fadada ao fracasso" (Vich, 2006, p. 60). Para ele, além de não se reduzir a uma mera administração, as políticas culturais: "[...] devem ter objetivos claros de intervenção social" (Vich, 2006, p. 60-1). Em outra passagem de seu primeiro texto, Víctor Vich, depois de assinalar que se vive hoje em uma sociedade que promove a constante desigualdade entre atores sociais, observa que: "[...] toda política cultural tem que contribuir para enfrentar este problema e tem que servir para fundar novos vínculos entre as pessoas" (Vich, 2006, p. 66). Luis Guillermo Lumbreras, em capítulo no mesmo livro, aponta que a política cultural "[...] define as alternativas reais de seus propósitos futuros" (Lumbreras, 2006, p. 73).

De modo mais cristalino, Mario Margulis constata que as políticas culturais nem sempre assumiram perspectiva emancipadora, mas foram muitas vezes utilizadas a favor da exploração, do racismo, dos preconceitos e de restrições extremas das liberdades e direitos humanos (Margulis, 2014, p. 22). Ainda que na sociedade, quase sempre, prevaleça uma visão positiva da cultura, sua valorização não pode esconder e esquecer que existem também culturas cheias de preconceitos e discriminações de classe, etnia, gênero, orientação sexual, idade, origens regionais etc. Por certo, culturas oprimiram nações, comunidades e indivíduos e foram utilizadas com tais finalidades. De modo semelhante, as políticas culturais são perpassadas por horizontes de poder contraditórios e contrapostos, o que inibe, mais uma vez, a ideia de que elas sejam ou devam ser neutras. Uma pergunta que não pode calar acerca de políticas culturais: por que, em regimes radicalmente democráticos, recursos públicos devem ser utilizados para propiciar o desenvolvimento de qualquer tipo de cultura, inclusive aquelas opressoras e carregadas de preconceitos, sem que se considere seu compromisso com a cidadania, os direitos da população e a cultura cidadã?

Em palavras bem transparentes, as políticas culturais não podem se furtar ao âmbito dos valores e ao debate público, ainda que, como constata Ana María Ochoa Gautier: "A ideia de que as políticas culturais constroem valores é quase lugar-comum nos estudos culturais. Mas no espaço público, fora da academia, há muita ambiguidade em torno dessa ideia" (Ocha Gautier, 2003, p. 22). Para a autora, o vínculo entre políticas culturais e valores tem relação com a ampliação do campo das políticas culturais. Ele agora não pode ser pensado como restrito ao Estado, nem como mera organização dos bens e serviços culturais, mas "[...] como um campo em que o significado e o valor do simbólico se definem a partir da capacidade de mediar processos culturais, políticos e sociais" (Ocha Gautier, 2003, p. 83). Lucina Jiménez, na introdução do livro de Eduardo Nivón Bolán, reforça igualmente a conexão entre políticas culturais e valores. Ela elogia o autor por abandonar uma concepção de política cultural desenhada por planejadores presos a objetivos, resultados e metas e, "[...] em vez disso, colocar a ênfase nos valores [...] para construir as políticas culturais democráticas deste século" (Jiménez, 2006, p. 16-7). Dentre os valores enumerados por ela podem ser lidos: direitos culturais, ética de cooperação cultural, diversidade, sustentabilidade ambiental, participação, memória, autonomia e solidariedade. O próprio Eduardo Nivón Bolán assinala que a política cultural se empobrece se for reduzida à mera esfera administrativa e "[...] é privada do sentido utópico, do compromisso com um modelo de sociedade" (Bolán, 2006, p. 59).

NOVOS HORIZONTES CONCEITUAIS

As complexas mutações ocorridas na sociedade, na cultura e nos estudos sobre cultura e políticas culturais, em especial com a valorização da diversidade cultural, o advento do conceito ampliado de cultura e o descentramento dos agentes das políticas culturais, criam condições para o surgimento de novas perspectivas de compreensão e definição da noção de políticas culturais na América Latina. Guillermo Cortés observa que, desde os anos 1980, o tema das políticas culturais gerou uma extensa discussão, segundo ele, "essencialmente teórica", que se traduziu: "[...] em um *corpus* de conceitos, definições, recomendações e orientações gerais" (Cortés, 2006, p. 20). Apesar de discordar da afirmação do caráter teórico da produção, não há como negar que, a partir daqueles tempos, os estudos de políticas culturais se desenvolveram no mundo e, mais especificamente, na América Latina. No caso brasileiro, eles tiveram seus inícios na década de 1980, mas só ganharam folego com a gestão de Gilberto Gil no Ministério da Cultura, durante o governo Lula.

Resultantes de tais mudanças, campo e conceito de políticas culturais se expandiram. Ana Rosas Mantecón e Eduardo Nivón Bolán, por exemplo, falam que a concepção geral de políticas culturais se ampliou, deixando de ser um mero instrumento desenhado para oferecer serviços culturais e dar acesso a eles, para ser um dispositivo "[...] que pode transformar as relações sociais, apoiar a diversidade e influenciar a vida cívica" (Mantecón e Bolán *apud* Ocha Gautier, 2003, p. 81-2).

Nesse horizonte, outras perspectivas de análise aparecem e novas definições de políticas culturais florescem. Arturo Escobar, em 1999, propôs entender políticas culturais "[...] como o processo que se executa quando os atores sociais, moldados ou caracterizados por diferentes significados e práticas culturais, entram em conflito" (Escobar *apud* Bolán, 2006, p. 58). O novo olhar assumido pelo autor colombiano incorpora como agentes de políticas culturais setores subalternizados em seus embates políticos contra a ordem cultural vigente. Retomada e atualizada por meio das presenças de Sonia Alvarez e Evelina Dagnino como coautoras, a noção é contraposta explicitamente ao uso corrente do conceito de políticas culturais, como ação dos Estado e de outros agentes na área da cultura, "[...] vista como terreno autônomo separado da política [...]". Apesar do exagero de considerar que a formulação conceitual anterior de políticas culturais implica sempre e necessariamente na desconexão entre política e cultura, os autores pretendem chamar a atenção sobre o vínculo imanente entre cultura e política. Conforme eles: "O vínculo constitutivo significa que a cultura, entendida como concepção de mundo e significados que integram as práticas sociais, não pode ser adequadamente compreendida sem considerar as relações de poder imbricadas com as referidas práticas" (Alvarez; Dagnino; Escobar, 1999, p. 135).

Logo adiante os três autores afirmam: "Com a expressão, 'políticas culturais', nos referimos, então, a atuação pela qual o cultural se torna fatos políticos" (Alvarez; Dagnino; Escobar, 1999, p. 135). Pouco depois, na página 141 do texto, eles reafirmam que: "[...] as identidades e estratégias coletivas de todos os movimentos sociais estão inevitavelmente ligadas à esfera da cultura". Em texto publicado no ano 2000, os mesmos autores enfatizam que, "[...] quando apresentam concepções alternativas de mulher, natureza, raça, economia, democracia ou cidadania, que desestabilizam os significados culturais dominantes, os movimentos sociais põem em ação uma política cultural" (Alvarez; Dagnino; Escobar, 2000, p. 25). Tal perspectiva amplia a noção de políticas culturais, pois considera que as lutas políticas que trazem imanentes concepções culturais contrapostas às dominantes e se insurgem contra essa vigência devem ser acolhidas no conceito de políticas culturais.

A distinção existente na língua inglesa entre *policy* e *politics* pode ajudar na explicitação das duas vertentes interpretativas ensaiadas para o conceito de políticas culturais. O primeiro termo, quando associado ao termo cultura, como na expressão *cultural policy*, remete a uma acepção relativa à atuação pública no campo cultural. Já o segundo, quando inscrito em *cultural politics*, refere-se à luta pelo poder ou mais precisamente ao significado cultural imbricado com ato político. Eduardo Nivón Bolán propõe uma distinção na língua espanhola entre *Política*, no singular e com maiúscula, para designar a primeira, e *políticas*, em minúscula e no plural, para corresponder à segunda expressão inglesa (Bolán,

2006, p. 59). Pouco depois de apresentar essa proposição, o autor mexicano, na referida página, opta por entender as políticas culturais como atuações públicas e "[...] ações do governo". Ochoa Gautier toma uma posição diferente. Após visitar o jogo de significados, ela aceita a segunda alternativa como políticas culturais e acredita que tal noção abarca "[...] uma gama de mediações entre o político e o cultural e o cultural e o político [...]" que permite incorporar atores sociais marginalizados (Ocha Gautier, 2003, p. 74).

Em linhagem próxima, outros estudiosos trilham esses caminhos, demonstrando que tal abertura conceitual guarda sintonia com a circunstância contemporânea e que, por isso mesmo, não pode ser descartada, sem mais, mesmo que se reconheça a complexidade que acarreta à definição do conceito de políticas culturais e às análises deste campo, agora bastante ampliado. Reivindicar a dificuldade de operacionalização para obstruir tal abertura parece não ter sentido. Interdições semelhantes já tinham sido acionadas contra as ideias de desenvolvimento simbólico e, em especial, de satisfação das necessidades culturais da população, contidas na definição de García Canclini. De modo similar, a reconsideração por Isaura Botelho (2016) das noções de sentido antropológico e sociológico da cultura, esboçados por Brunner, não deve bloquear a utilização do conceito amplo de cultura pelas políticas culturais, mas sobretudo indicar a complexidade e dificuldades advindas do acionamento dessa noção ampliada para as políticas culturais.

Outra ponderação que pode ser feita diz respeito à possível recaída no paradigma anterior dos relacionamentos, no qual a política instrumentaliza e submete a cultura. A proposição de Álvarez, Dagnino e Escobar não me parece que retome essa postura, pois a luta política aparece como meio para a transformação da sociedade, que se conforma sempre e necessariamente como político-cultural, como mudança na concepção de mundo. Ou seja, no horizonte desses autores, política e cultura estão imbricadas com a luta pela transformação social. Talvez tal proposição de enlace constitutivo entre cultura e política possa ser discutível, mas ela não permite subsumir a cultura à política, como ocorreu historicamente. Nesse sentido, não compartilho com as ressalvas feitas por Renata Rocha (2016) a esse conceito em sua abordagem teórico-conceitual acerca dos estudos de políticas culturais na América Latina.

Na trilha aberta por essas mudanças, surgem novas noções ampliadas de políticas culturais na América Latina, ainda que não partilhem, muitas vezes, os mesmos horizontes teórico-conceituais. Daniel Mato anota que a ideia de políticas culturais "[...] integra tudo o que está relacionado ao caráter simbólico das práticas sociais e, em particular, à produção de representações sociais [...]" (Mato, 2001, p. 149). Ana Wortman, em texto de 2002, engloba como política cultural a ação e a ordem política determinada que produzem: "[...] representações e imaginários sociais que incidem no nível do simbólico social, na geração de um ethos epocal que penetra nas práticas do cotidiano" (Wortman, 2002, p. 325). Ana María Ocha Gautier, por exemplo, em seu livro, define políticas culturais como: "[...] a mobilização da cultura realizada por diferentes agentes – Estado, movimentos sociais, indústrias culturais, instituições como museus ou organizações turísticas, associações de artistas e outros – com o propósito de transformação estética, organizacional, política e econômica e/ou social" (Ocha Gautier, 2003, p. 20). Na Argentina, Mario Margulis reivindica uma concepção de "[...] políticas culturais mais amplas", entendida como ações deliberadas do setor público, do privado ou de ambos, "[...] visando atuar sobre os códigos da cultura, o que implica intervir nos sistemas de signos e nas estruturas de sentido, historicamente constituídos e compartilhados por grandes grupos, que sustentam as formas arraigadas de perceber, apreciar, relacionar e agir, e que orientam as práticas" (Margulis, 2014, p. 20). Nesse sentido, conforme as teses defendidas pelo estudioso, as políticas culturais não ficam restritas a uma lógica estético-ilustrada, característica das formulações mais tradicionais das políticas culturais, mas conseguem se realizar em uma perspectiva sociossemiótica. Isto é, elas passam a acolher outras políticas públicas nem sempre aceitas no âmbito estritamente culturais, como as políticas de transformação urbana.

AVISOS SOBRE O PONTO FINAL

Esta viagem pelos itinerários das noções de políticas culturais na América Latina não parece capaz de contemplar todos os sentidos atribuídos ao termo nessa região do mundo. A fragilidade, ainda presente no intercâmbio acadêmico e cultural, opera dificultando o conhecimento, a circulação e a divulgação de autores e obras produzidas na região. A dispersão característica dos estudos de políticas culturais, seja nos países latino-americanos, seja em esferas de conhecimento em um mesmo país, complexifica ainda mais o trabalho de investigação e análise. Apesar das dificuldades, o texto buscou ser o mais abrangente possível ao visitar a bibliografia existente em diversos países e áreas de conhecimento. Não se pretendeu em momento algum uma viagem exaustiva, nem chegar a um conceito determinado de políticas culturais, mas percorrer e discutir talvez as mais expressivas noções esboçadas por autores latino-americanos. A visão subjacente ao texto é de que não existe, nem é preciso adotar necessariamente, um conceito canônico de políticas culturais, de modo similar ao que acontece com relação ao termo cultura e seus múltiplos significados. A multiplicidade de sentidos, presente em ambos os casos, ainda que de modo bastante desigual devido à pluralidade de significados do termo cultura, pode acarretar dificuldades de análise e de rigor, mas demonstra a riqueza e a diversidade de enfoques possíveis para dar conta desses complexos universos. Nessa perspectiva, parece razoável imaginar que a coexistência, sempre tensa, de conceitos diferenciados, que podem se contrapor, mas igualmente dialogar e mesmo se entremear, antes de fragilizar o campo, aponta para a possibilidade de olhares plurais e inovadores que, ao respeitar as singularidades, estejam sintonizados com a complexidade e o desenvolvimento das políticas culturais na contemporaneidade.

REFERÊNCIAS

ALVAREZ, Sonia; DAGNINO, Evelina; ESCOBAR, Arturo. Lo cultural y lo político en los movimientos sociales en América Latina. Em: CANCLINI, Néstor García; MONETA, Carlos Juan (org.). *Las industrias culturales en la integración latinoamericana.* México/Caracas: Grijalbo/Sela, 1999, p. 357-74.

ALVAREZ, Sonia; DAGNINO, Evelina; ESCOBAR, Arturo. Introdução: o cultural e o político nos movimentos sociais latino-americanos. Em: ALVAREZ, Sonia; DAGNINO, Evelina; ESCOBAR, Arturo (org.). *Cultura e política nos movimentos sociais latino-americanos: novas leituras.* Belo Horizonte: UFMG, 2000, p. 15-57.

BARBALHO, Alexandre. Política cultural. Em: RUBIM, Linda (org.). *Organização e produção da cultura.* Salvador: Edufba, 2005, p. 33-52.

BARBALHO, Alexandre. *Política cultural.* Salvador: Secretaria de Cultura da Bahia, 2013.

BOLÁN, Eduardo Nivón. *La política cultural*: temas, problemas y oportunidades. Cidade do México: Conselho Nacional para a Cultura e as Artes, 2006.

BOLÁN, Eduardo Nivón; BONILLA, Delia Angelina Sánchez. La gestión cultural en América Latina. Em: AMAYA TRUJILLO, Janny; RIVAS LÓPEZ, José Paz; MERCADO ARCHILA, María Isabel (org.). *Diversidad, tradición e innovación en la gestión cultural*: teorías y contextos. t. 1. Guadalajara: UDGVirtual, 2016, p. 21-56.

BOTELHO, Isaura. As dimensões da cultura e o lugar das políticas públicas. Em: BOTELHO, Isaura. *Dimensões da cultura*: políticas culturais e seus desafios. São Paulo: Edições Sesc São Paulo, 2016, p. 19-39.

FERNÁNDEZ, Xan M. Bouzada. Financia acerca del origen y génesis de las políticas culturales occidentales: Arqueologías y derivas. *O público e o privado,* Fortaleza, 2007, n. 9, p. 111-47.

BRUNNER, José Joaquín. Políticas culturales y democracia: hacia una teoría de las oportunidades. Em: CANCLINI, Néstor García (org.). *Políticas culturales en América Latina.* Buenos Aires: Grijalbo, 1987, p. 175-203.

BRUNNER, José Joaquín. *Un espejo trizado*: ensayos sobre cultura y políticas culturales. Santiago: Flacso, 1988.

CHAVOLLA, Arturo. Política cultural. Em: BIAGINI, Hugo E.; ROIG, Arturo A. (org.). *Diccionario del pensamiento alternativo.* Cidade do México: Editorial Biblos, 2008, p. 413-4.

COELHO, Teixeira. Política cultural. Em: COELHO, Teixeira. *Dicionário crítico de política cultural.* São Paulo: Iluminuras, 1997, p. 293-300.

CORTÉS, Guillermo. Tan cerca y tan lejos: los vaivenes de las políticas culturales. Em: CORTÉS, Guillermo; VICH, Víctor (org.). *Políticas culturales.* Lima: Instituto de Estudos Peruanos e Instituto Nacional de Cultura, 2006, p. 19-43.

CUNHA, Newton. Política cultural. Em: CUNHA, Newton. *Dicionário Sesc*: a linguagem da cultura. São Paulo: Sesc, 2003, p. 511-2.

FEIJÓ, Martin Cezar. *O que é política cultural.* São Paulo: Brasiliense, 1983.

CANCLINI, Néstor García. Políticas culturales y crisis de desarrollo: un balance latinoamericano. Em: CANCLINI, Néstor García (org.). *Políticas culturales en América Latina.* Buenos Aires: Grijalbo, 1987, p. 13-59.

CANCLINI, Néstor García. Definiciones en transición. Em: MATO, Daniel (org.). *Estudios latinoamericanos sobre cultura y transformaciones sociales em tiempos de globalización.* Buenos Aires: Clacso, 2001.

HARVEY, Edwin R. *Políticas culturales en América Latina*: evolución histórica, instituciones públicas, experiencias. Madri: Fundação SGAE, 2014.

LUMBRERAS, Luis Guillermo. El papel del Estado en el campo de la cultura. Em:

CORTÉS, Guillermo; VICH, Víctor (org.). *Políticas culturales*: ensayos críticos. Lima: Instituto de Estudios Peruanos/Instituto Nacional de Cultura, 2006, p. 70-111.

MARGULIS, Mario. Políticas culturales: alcances y perspectivas. Em: MARGULIS, Mario; URRESTI, Marcelo; LEWIN, Hugo *et al*. *Intervenir en la cultura*: más allá de las políticas culturales. Buenos Aires: Editorial Biblos, 2014, p. 13-32.

MARISCAL OROZCO, José Luiz. Introducción: política cultural y modelos de gestión cultural. Em: MARISCAL OROZCO, José Luiz (org.). *Políticas culturales*: una revisión desde la gestión cultural. Guadalajara: Universidade de Guadalajara/Sistema de Universidade Virtual, 2007, p. 19-43.

MATO, Daniel. Des-fetichizar la "globalización": basta de reduccionismos, apologías e demonizaciones, mostrar la complejidad y las prácticas de los atores. Em: MATO, Daniel (org.). *Estudios latinoamericanos sobre cultura y transformaciones sociales en tiempos de globalización*. Buenos Aires: Clacso, 2001, p. 147-77.

MENDES CALADO, Pablo. *Políticas culturales*: rumbo y deriva. Estudio de caso sobre la (ex)Secretaria de Cultura de la Nación. Caseros: RGC Libros, 2014.

MICELI, Sérgio. *Estado e cultura no Brasil*. São Paulo: Difel, 1985.

MILLER, Toby; YÚDICE, George. *Política cultural*. Barcelona: Gedisa Editorial, 2004.

OCHOA GAUTIER, Ana María. *Entre los deseos y los derechos*. Bogotá: Instituto Colombiano de Antropología y Historia, 2003.

RAMOS, Graciliano. *Linhas tortas*. Rio de Janeiro: Record, 1980.

ROCHA, Renata. Políticas culturais na América Latina: uma abordagem teórico-conceitual. *Políticas Culturais em Revista*, Salvador, 2016, v. 9, n. 2, p. 674-703.

RUBIM, Antônio Albino Canelas. Políticas culturais entre o possível e o impossível. Em: NUSSBAUMER, Gisele (org.). *Teorias e políticas de cultura*. Salvador: Edufba, 2007, p. 139-58.

RUBIM, Antônio Albino Canelas. Políticas culturais e novos desafios. *Matrizes*, São Paulo, 2009, n. 2, p. 93-115.

RUBIM, Antônio Albino Canelas. Observações acerca das relações entre Estado e cultura. Em: CUNHA FILHO, Francisco Humberto; AGUIAR, Marcus Pinto; COSTA, Rodrigo Vieira (org.). *Direitos culturais*: múltiplas perspectivas. Fortaleza: Uece, 2016, p. 124-40.

TASAT, José. Las políticas culturales como políticas públicas: la gestión de la cultura en nivel local. Em: TASAT, José (org.). *Políticas culturales públicas*. Sáenz Peña: Eduntref, 2014, p. 31-54.

VICH, Víctor. Gestionar riesgos: agenda y maniobra en la política cultural. Em: CORTÉS, Guillermo; VICH, Víctor (org.). *Políticas culturales*: ensayos críticos. Lima: Instituto de Estudios Peruanos/Instituto Nacional de Cultura, 2006, p. 45-70.

VICH, Víctor. *Desculturalizar la cultura*: la gestión cultural como forma de acción política. Buenos Aires: Siglo XXI, 2014.

WORTMAN, Ana. Vaivenes del campo intelectual político cultural en la Argentina. Em: MATO, Daniel (org.). *Estudios y otras prácticas intelectuales latinoamericanas em cultura y poder*. Caracas: Clacso/Ceap/Faces/Universidad Central de Venezuela, 2002, p. 327-37.

YÚDICE, George. Política cultural. Em: SZURMUK, Mónica; IRWIN, Robert Mckee (org.). *Diccionario de estudios culturales latinoamericanos*. México: Siglo XXI, 2009, p. 214-9.

POR UM CONCEITO ATUALIZADO DE POLÍTICAS CULTURAIS

ESTE TEXTO NÃO DEFINE O CONCEITO CANÔNICO, MELHOR ou mais científico de políticas culturais. Ele não acredita nessa busca de um conceito único que propicie uma iluminação plena ao ato de conhecer. A qualidade dos conceitos e das teorias depende da sua capacidade de auxiliar o processo de conhecimento e de apoiar um desvelamento sempre aproximativo. A escolha e o acionamento dos conceitos a serem utilizados decorrem, por conseguinte, da sua adequação e afinidade às dimensões a serem analisadas. Nessa perspectiva, não existe um conceito único para dar conta do conhecimento de circunstâncias, sempre mais complexas que as possibilidades do conhecer.

Existem diversos conceitos de políticas culturais, por óbvio, não tantos quanto as noções que buscam definir cultura ou mesmo política. No caso da cultura, eles já somam centenas. No caso da política, são dezenas. Este texto não pretende encontrar um conceito mais verdadeiro, como assinalado. Cada um deles, desde que formulados com rigor teórico, pode ser útil no desvendamento de dimensões específicas. A presença de uma diversidade de conceitos não demonstra a fragilidade da área de estudos no campo das humanidades. Pelo contrário, significa mais pesquisas desenvolvidas e maior riqueza de possibilidades analíticas, com procedimentos plurais de conhecimento. A fragilidade ocorre quando não se submete os conceitos a um rigoroso debate acadêmico e a uma construção intelectual satisfatória.

POLÍTICAS CULTURAIS:
PRÁTICAS, FORMULAÇÕES E CONCEITOS

As políticas culturais emergem como políticas voltadas para a cultura em meados do século XX, possibilitada pelo surgimento de uma nova relação entre política e cultura. Em lugar do ancestral relacionamento que subordinava a cultura, como instrumento, à política, como finalidade, emerge um novo tipo de enlace, mesmo minoritário, no qual a cultura passa a ser objetivo, e a política, meio para alcançar tal meta. Martin Cezar Feijó, em seu pioneiro livro *O que é política cultural*, já havia observado de modo perspicaz: "Não se pode confundir cultura a serviço da política com política a serviço da cultura" (Feijó, 1983, p. 9). A nova conexão permite que as políticas culturais floresçam.

Se antes existiam já políticas setoriais de cultura, como aquelas dedicadas ao patrimônio material, possuidoras de longa trajetória no mundo (Choay, 2006) e no Brasil, agora surgem políticas voltadas para a cultura em sentido amplo. Diversos autores assinalam essa irrupção a partir de perspectivas diferenciadas (Lebovics, 2000; Urfalino, 2004; Bolán, 2006; Fernandez, 2007; Rubim, 2009). Além das políticas setoriais preexistentes em alguns países, aconteceram tentativas de experimentos de políticas culturais abortadas por atos políticos contrapostos a seu desabrochar, como no emblemático exemplo da Revolução Russa (Rubim, 2018).

O nascimento das políticas culturais em meados do século XX mobiliza experimentos com as Missões Pedagógicas na República Espanhola dos anos 1930 (Fernandez, 2007; Sociedad Estatal de Conmemoraciones Culturales, 2006); o Conselho das Artes no Reino Unido (Upchurch, 2011); e o Ministério dos Assuntos Culturais na França (Lebovics, 2000; Urfalino, 2004). No caso da inauguração do ministério, mais do que a invenção das políticas culturais – como querem os franceses –, acontece sua consolidação, não só com a constituição da primeira institucionalidade substantiva do campo das políticas culturais, mas também com a criação de seus dois primeiros modelos: a democratização da cultura e a democracia cultural, muitas vezes vigentes até os dias de hoje (Bolán, 2006, p. 80-8).

O processo de consolidação se fortalece com a atuação da Unesco, que, a partir do final dos anos 1960, desenvolve toda uma estratégia de internacionalização das políticas culturais, por meio de resoluções, encontros, publicações, estudos etc. (Bolán, 2006; Rubim, 2009). O destaque especial vai para o papel da Unesco em estimular os primeiros estudos internacionais mais sistemáticos de políticas culturais, ainda que eles, quase sempre, tenham a feição de relatos oficiais e formais das políticas culturais nacionais, com acentuado viés de mera descrição da institucionalidade cultural vigente (Canclini, 1987). Tais críticas, antes de desmerecer a inauguração dos estudos de políticas culturais, registram as limitações históricas existentes, a ausência de maturidade das análises e sua circunscrição às políticas nacionais de cultura.

É natural que nesse contexto surja um conceito inicial de políticas culturais delineado pela própria Unesco. Ele aparece formulado nos seguintes termos:

A política cultural deve ser considerada como um corpo de princípios operacionais e práticos e procedimentos administrativos e orçamentários que fornecem uma base para a ação do Estado. Obviamente, não pode haver uma política cultural seguida por todos os países. Cada Estado membro determina a sua própria política cultural de acordo com os valores, objetivos e opções culturais por ele mesmo estabelecidos (Unesco, 1967).

Cabe registrar, de imediato, algumas características inscritas no conceito, a exemplo da exclusividade do Estado-nação como único agente legítimo das políticas culturais e do forte teor administrativo e orçamentário presente na definição. Anote-se também algo que hoje parece óbvio: a impossibilidade de uma política cultural que seja seguida por todos os Estados membros da Unesco e a necessidade de que cada país defina sua própria política cultural.

A partir da presença do conceito primordial, vários outros foram formulados. No ambiente latino-americano, estudos e conceitos aparecem nos anos 1980, na conjuntura de retorno à democracia em diversos países da região. A atenção nesse processo vai para o grupo de trabalho sobre políticas culturais do Conselho Latino-Americano de Ciências Sociais (Clacso). Ele reuniu expressivos pesquisadores oriundos de diferentes países latino-americanos, realizou estudos e construiu conceitos de políticas culturais. O conselho desempenhou um papel vital no aparecimento das investigações sobre o tema na América Latina, inclusive seu debate crítico (Canclini, 1987; Rubim, 2019).

Já no nascedouro brotam conceitos e visões distintas de políticas culturais, seja no grupo de trabalho, seja no livro organizado por Néstor García Canclini, que expressa bem esse momento (*Políticas culturales en América Latina*, 1987). Nele, não existe uma unanimidade de concepções, mas um estimulante pluralismo. Para exemplificar, podem ser citadas duas formulações bastante distantes em termos teóricos: a do chileno José Joaquim Brunner e a do argentino-mexicano Néstor García Canclini, que será tratada adiante.

O conceito formalista de políticas culturais proposto por Brunner, similar à formulação da democracia formal, entende as políticas culturais como um conjunto de procedimentos formais, sem impregnações valorativas. O autor anota textualmente: "Em outras palavras, as políticas culturais democráticas são, no seu sentido mais geral, políticas formais. Elas buscam mais arranjos institucionais que propor conteúdo cognitivo à sociedade" (Brunner, 1987, p. 198). Para ele, a perspectiva formal objetiva impedir o fechamento ideológico ou a manipulação monopolista. Em 1988, Brunner retoma a discussão. Após delimitar as políticas culturais como "[...] tentativas de intervenção deliberada, com os meios adequados [...] de forma a obter os efeitos desejados", o autor afirma que elas "[...] em geral, [são] formas de intervenção que tendem a operar no nível organizacional da cultura" (Brunner, 1988, p. 268).

Muitas vezes criticada por diferentes autores, essa concepção desconhece a desigualdade social e de oportunidades que caracteriza o capitalismo e, em especial, a América Latina. Sem embargo, ela mantém admirável persistência entre os estudos latino-americanos, com destaque para aqueles que aderem a uma concepção de políticas culturais marcada por sua suposta neutralidade[1].

A tradição de estudos e de formulações plurais do conceito de políticas culturais não se restringiu ao momento inicial do itinerário. De modo criativo, a noção foi reinterpretada, no horizonte de estudos decoloniais, por Arturo Escobar, Evelina Dagnino e Sonia Alvarez. Em 1999, Arturo Escobar concebeu políticas culturais "[...] como o processo que é executado quando os atores sociais, moldados ou caracterizados por diferentes significados e práticas culturais, entram em conflito" (Escobar *apud* Bolán, 2006, p. 58). Retomada com as presenças de Sonia Alvarez e Evelina Dagnino como coautoras, a noção se contrapõe ao uso corrente do conceito de políticas culturais como ação dos Estados e de outros agentes na área da cultura. Os autores chamam a atenção para o vínculo inerente entre cultura e política. Eles textualmente assinalam: "com a expressão 'políticas culturais' nos referimos, então, à atuação pela qual o cultural se torna fatos políticos" (Álvarez, Dagnino e Escobar, 1999, p. 135).

Em texto publicado no ano 2000, os mesmos autores enfatizam que, "[...] quando apresentam concepções alternativas de mulher, natureza, raça, economia, democracia ou cidadania, que desestabilizam os significados culturais dominantes, os movimentos sociais põem em ação uma política cultural" (Alvarez, Dagnino e Escobar, 2000, p. 25). Essa concepção alarga a noção de políticas culturais, pois considera que as lutas políticas que trazem consigo possibilidades de concepções culturais contrapostas às dominantes, e se insurgem contra tal vigência, devem ser acolhidas pelo conceito de políticas culturais.

---

1   Para acompanhar com mais detalhes a trajetória da noção de políticas culturais em autores latino-americanos, consulte o texto "Uma visita aos conceitos de políticas culturais na América Latina" (p. 83-101).

O CONCEITO DE CANCLINI

Esboçado esse contexto histórico e conceitual, agora é possível orientar o texto para seu foco específico: a tentativa de atualizar o famoso conceito de políticas culturais elaborado por Néstor García Canclini. Ele teve admirável repercussão nos estudos de políticas culturais e continua a ter forte vigência nesses trabalhos, como pode, por exemplo, ser visto no texto presente neste livro sobre as trajetórias dos conceitos de políticas culturais na América Latina. Além da repercussão da noção em diversas regiões do mundo, a preocupação com o tema das políticas culturais parece ser uma constante na obra de Canclini. Pablo Mendes Calado chega a constatar que: "[...] o tratamento das políticas culturais está presente em praticamente toda a obra de García Canclini" (Calado, 2015, p. 89). Em artigo escrito especialmente acerca do vínculo existente entre a obra do autor argentino-mexicano e as políticas culturais, Eduardo Nivón Bolán ressaltou: "[...] o ir e vir de seu pensamento desde a análise de algum problema cultural até a questão política" e que "a conexão que ele estabeleceu desde faz quase três décadas segue vigente" (Bolán, 2002, p. 46).

Em 1987, García Canclini elaborou sua conhecida definição:

> **Os estudos recentes tendem a incluir neste conceito o conjunto de intervenções realizadas pelo Estado, instituições civis e grupos comunitários organizados com o objetivo de orientar o desenvolvimento simbólico, satisfazer as necessidades culturais da população e obter consenso para um tipo de ordem ou transformação social. (Canclini, 1990, p. 26).**

Em uma atualização da definição, publicada em 2005, em sintonia com o processo de glocalização em curso, García Canclini incorpora a dimensão transnacional à sua noção de políticas culturais: "Mas essa forma de caracterizar o campo das políticas culturais precisa ser ampliada, levando em consideração o caráter transnacional dos processos simbólicos e materiais na atualidade" (Canclini, 2005, p. 65).

O conceito traz avanços nada desprezíveis quando comparado às noções anteriores então vigentes. Eduardo Nivón Bolán destaca três aspectos inovadores: o entendimento de conceber as políticas culturais como conjunto consciente de intervenções, a ampliação dos sujeitos possíveis e a demarcação dos objetivos como culturais (Bolán, 2012, p. 38). Cabe seguir tais pistas, inclusive para detalhar outras dimensões das alterações ensejadas pelo conceito.

As políticas culturais se afirmam não só como um conjunto de intervenções, algo já anotado em noções anteriores, como a da Unesco, mas detendo um caráter consciente, deliberado. A definição destitui o Estado do lugar de único autor legítimo de políticas culturais e introduz novos agentes na área, como instituições civis e grupos comunitários organizados. Diversos estudiosos saúdam tal mudança, que abriu novas perspectivas para as políticas culturais (Ochoa Gautier, 2003, p. 64; Vich, 2014, p. 61). Hoje essa visão é quase consensual, e o papel de Canclini na transição foi considerável. A superação do verniz administrativo de noções vigentes, a exemplo daquela da Unesco, torna-se evidente com a explicitação cristalina de objetivos culturais mais dirigidos à sociedade, a exemplo do desenvolvimento simbólico e do atendimento das demandas culturais da população. O reconhecimento da existência singular do desenvolvimento simbólico e das demandas culturais, ao lado de outras necessidades, tais como as econômicas, educacionais e de saúde, configura um passo gigantesco para revisar o lugar ornamental muitas vezes atribuído à cultura em sociedades desiguais e elitistas, como as latino-americanas. Algumas críticas baseadas na dificuldade de delimitação das necessidades culturais, aliás não tão distante do que ocorre em outros campos, não invalidam sua função de polo de gravitação para viabilizar novos componentes, que vêm se agregar às definições de políticas culturais.

Cabe retornar, por sua importância, ao terceiro objetivo proposto por Canclini. Ele coloca em xeque o tema da neutralidade das políticas culturais, tão reincidente. A afirmação de que elas se vinculam à transformação ou à conservação da sociedade explicita seu caráter sempre tenso de disputa, muitas vezes negado por meio de diferentes subterfúgios. José Joaquim Brunner se ancora em uma angulação formalista. Teixeira Coelho (1997) aceita os dois primeiros objetivos, mas simplesmente esquece sintomaticamente o terceiro. Por fim, a extensão das políticas culturais para um âmbito supranacional, indicada nos anos 2000, soma-se às contribuições teóricas e analíticas de Canclini acerca da globalização e da cultura.

A consistência da formulação, a capacidade de inovação, a repercussão alcançada e a persistência de sua utilização demonstram cabalmente a qualidade do conceito formulado. Apesar disso, mudanças se tornam inevitáveis, em razão do desenvolvimento das políticas culturais, dos estudos da cultura e das políticas culturais, que têm se ampliado nos últimos tempos no mundo e no Brasil. Com base nas novas pesquisas e em seus singulares contributos temáticos, teóricos e inclusive conceituais, pode-se revisitar o conceito de Canclini para proceder a uma atualização pela incorporação de paradigmas inovadores, impossíveis de estarem presentes no momento em que ele desenhou o conceito. Novas realidades temáticas e teórico-conceituais se impõem. Elas necessitam ser consideradas. Mas não faz sentido retroagir e cobrar isso do conceito, sob pena de incorrer em anacronismos.

NOVOS APORTES AO CONCEITO

Para guiar a análise, parece sensato revisitar o conceito. De imediato, alguns adjetivos podem ser agregados à ideia de que as políticas culturais se apresentam como conjunto. Ele assume um caráter consciente (Bolán, 2012, p. 38) e deliberado (Brunner, 1988, p. 268 e Margulis, 2014, p. 13), mas precisa igualmente ser: articulado, continuado e sistemático. Ou seja, as políticas culturais para serem assim consideradas se apresentam como um conjunto articulado, consciente, continuado, deliberado e sistemático de atos. Atuações que contrariem tais características não devem ser intituladas de políticas culturais. As intervenções não se reduzem às práticas efetivas. Em decorrência de exigência de consciência e deliberação, elas podem tomar a modalidade de formulações, inscritas em discursos, documentos, falas, normas etc.

Um alargamento ainda mais radical torna-se preciso no âmbito dos sujeitos de políticas culturais. A ampliação realizada por Canclini precisa ser ainda mais estendida. Já não se trata apenas do Estado nacional, mas de estruturas estatais infra e supranacionais, como as organizações multilaterais mundiais ou regionais. Não se trata somente de instituições civis e de grupos comunitários organizados, mas de uma infinidade de entes societários, que tenham capacidade para desenvolver políticas culturais na atualidade. Desse modo, o descentramento do sujeito das políticas culturais se radicaliza. A exigência é de que eles possuam condições para atender os requisitos necessários para, de modo efetivo, configurar políticas culturais.

A explicitação dos objetivos das políticas culturais, não resta dúvida, tornou-se um dos pontos fortes do conceito de Canclini. Ela fugiu de uma visão meramente administrativa para colocar de modo cristalino e inovador as grandes finalidades das políticas culturais, estabelecendo uma conexão preciosa delas com a sociedade. Não há como desconhecer o imanente vínculo entre políticas culturais e desenvolvimento simbólico da sociedade, necessidades culturais da população e disputa de hegemonia para a manutenção ou a transformação societária.

Entretanto, algumas lutas político-sociais e seus impactos teóricos demandam atualização no âmbito dos objetivos, mantendo os anteriores e introduzindo novos. Dois deles – a cidadania cultural e os direitos culturais – não estavam socialmente presentes e vigentes nos tempos da construção do conceito de Canclini, daí possivelmente sua não inclusão. Bastante imbricados, eles tiveram seus desenvolvimentos prático e teórico realizados em momentos mais recentes. Hoje, é impossível listar os objetivos das políticas culturais sem se referir a eles.

No Brasil, o conceito de cidadania cultural tomou impulso a partir da experiência de gestão de Marilena Chaui na Secretaria de Cultura da Prefeitura Municipal de São Paulo (1989-1992) e de suas reflexões, algumas delas condensadas no livro *Cidadania cultural: o direito à cultura*, publicado em 2006. A cidadania cultural, conforme a pensadora, envolve, em especial, três patamares: direito de acesso à cultura; experimentação de processos de criação e produção culturais; e participação na elaboração de políticas culturais. Como todos os seres humanos vivem sempre imersos em ambientes culturais, a expressão "acesso a cultura", em seu sentido rigoroso, deve ser entendida como acesso a outras culturas, próximas e distantes, que não sejam a cultura de sua pertença. A demanda de envolvimento em experiências culturais afirma a relevância delas para a formação mais rica da individualidade, dos afetos, das emoções e das sensibilidades, não implicando sempre na expectativa de formar profissionalmente criadores culturais. Já a participação nos debates e deliberações acerca das políticas culturais apresenta-se como corolário mesmo da noção de cidadania cultural. Ela se encontra em construção (Cunha Filho, 2010).

O acionamento da ideia de cidadania evoca a configuração de direitos. Enquanto direito a ter direitos, a cidadania se constitui de um complexo processo de lutas históricas pela criação e implantação de direitos, sejam eles individuais, políticos, sociais, ambientais ou culturais. A imbricação entre cidadania e direitos, em geral e no campo cultural, faz com que a emergência das temáticas ocorra de modo quase simultâneo. Mas a aparição social dos direitos culturais também deriva de outras dinâmicas da sociedade. A afirmação das necessidades culturais da população, por exemplo, tem consequências poderosas para os direitos culturais. Eduardo Nivón Bolán e Delia Sánchez Bonilla perceberam uma dessas repercussões: "Em termos de cultura, as políticas públicas se traduzem na satisfação das necessidades culturais ou, em outras palavras, no cumprimento dos direitos culturais (Bolán e Bonilla, 2016, p. 53).

Apesar da relativa antiguidade dos direitos culturais, nascidos no início do século XVIII, sua vigência e reflexão, em seu sentido mais geral, só se efetivaram com mais vigor há pouco tempo. As definições ainda precárias, em razão da novidade das práticas e do caráter recente dos estudos, têm servido para estimular o aparecimento de discussões e investigações sobre o tema. Nesse sentido, o desenvolvimento da área de conhecimento tem sido notável no mundo e no país nos últimos tempos.

No Brasil, o avanço pode ser medido, em um apanhado certamente não exaustivo, pela criação do Instituto Brasileiro de Direitos Culturais; pela realização periódica dos Encontros Internacionais de Direitos Culturais, em Fortaleza; pela existência do Grupo de Estudos e Pesquisa em Direitos Culturais; por publicações de números especiais em periódicos como *Revista Observatório Itaú Cultural* (2011, n. 11) e *Políticas culturais em revista* (2013, v. 6, n. 1); pela escolha do tema para um dos livros da coleção "Cultura e pensamento", editado em 2018; e por vários trabalhos publicados sobre o tema por autores como Francisco Humberto Cunha Filho, Bernardo Mata-Machado e Guilherme Varela.

Os direitos culturais, apesar de suas delimitações ainda imprecisas (Pedro, 2011), se impõem como um dos objetivos mais preciosos das políticas culturais, pois implicam no reconhecimento de que todos os cidadãos têm direito à cultura, do mesmo modo que possuem outros direitos inalienáveis à cidadania contemporânea: trabalho, alimentação, saúde, educação, moradia, meio ambiente, liberdades etc. Dentre outros direitos culturais, podem ser anotados como exemplos: o desenvolvimento da(s) sua(s) cultura(s) e identidade(s) cultural(ais); o acesso a outras modalidades de cultura distintas da sua própria cultura de pertencimento; o respeito, a promoção e a preservação da diversidade cultural; além de outros direitos culturais que se afirmam vitais para a cidadania cultural e para a cidadania em geral.

A proposição de agregar os dois novos objetivos ao conceito de políticas culturais não deve implicar no abandono da necessidade de um esforço conceitual e teórico para aprimorar o entendimento da cidadania cultural e dos direitos culturais. O trabalho de maior precisão terá incidência palpável sobre o exercício concreto da cidadania e dos direitos, sempre em conjunto com as mobilizações indispensáveis na sociedade capitalista para assegurar cidadania e direitos, em constante perigo pela atuação do desigual e injusto sistema dominante. Em suma: é impossível formular um conceito atualizado de políticas culturais que não se refira e tenha entre seus objetivos a cidadania cultural e os direitos culturais.

Além de precisar objetivos, uma definição renovada de políticas culturais precisa explicitar os recursos que necessitam ser acionados para que as políticas se tornem viáveis. Ainda que a palavra "recursos" possa induzir à tentação de falar apenas em recursos financeiros, imprescindíveis para a efetivação das políticas culturais, o risco necessita ser enfrentado. Em verdade, a concretização das políticas requer uma plêiade de recursos. Eles são institucionais, espaciais, tecnológicos, normativos e de pessoal, além dos financeiros. Sem eles, as políticas culturais não podem ser traduzidas em programas e projetos e se quedam sem concretude. Eduardo Nivón Bolán (2006, p. 64) e José Joaquim Brunner (1998, p. 268), por exemplo, ressaltam o papel das condições institucionais para o exercício das políticas culturais.

A superação de uma visão simplesmente administrativa das políticas culturais, possibilitada por Canclini, não pode interditar a percepção da dimensão organizativa própria das políticas culturais. Em outros textos, a dinâmica da cultura foi tratada (Rubim, 2007; Orozco, 2007, p. 32-33). Neles, ficaram explicitados os diversos momentos dessa dinâmica, ainda que de modo diferenciado. Em uma versão atual, podem ser enumerados como momentos imprescindíveis da dinâmica sociocultural: criação/invenção/inovação; conservação/preservação; transmissão/difusão/divulgação; circulação/distribuição; cooperação/intercâmbio/trocas; formação; análise/crítica/estudo/pesquisa/reflexão; fruição/consumo/públicos; legitimação e organização. Cada um dos momentos, em ambiente de ampla dinâmica cultural, solicita pessoal especializado para sua consecução, com exceção da fruição/consumo, exercido potencialmente por todos os cidadãos, mesmo com as limitações impostas pela desigual sociedade capitalista.

As políticas culturais incidem sobre todas as dimensões da dinâmica sociocultural, inclusive por meio da formatação de políticas culturais especializadas e diferenciadas, destinadas a cada um desses momentos. Desse modo, existem políticas culturais dedicadas à formação; à conservação/preservação; à circulação/distribuição; à fruição/ao consumo etc. Tal amplitude de possibilidades, no entanto, não bloqueia a percepção da singular conexão que as políticas culturais possuem com a dimensão organizativa da dinâmica cultural. Todo fenômeno cultural é perpassado por tais dimensões da dinâmica da cultura, o que não significa que todos eles sejam afetados do mesmo modo e na mesma medida. Nesse sentido, é possível afirmar que todos os atos culturais têm uma dimensão organizativa, seja um espetáculo, uma exposição, uma produção, um encontro etc. Acontece que as políticas culturais têm uma conexão privilegiada com essa dimensão organizacional. Em boa medida, elas mexem e remexem com a dimensão organizativa, em patamares macrossociais de gestões culturais supranacionais, nacionais e infranacionais, ou em níveis microssociais de produção, curadoria e programação de eventos e obras. Brunner (1988) denota perspicácia na percepção da dimensão organizacional acionada nas políticas culturais. Seu problema parece ser a tentação de reduzir as políticas culturais a essa dimensão. Ainda que elas sejam afeitas à dimensão organizacional da cultura, as políticas culturais não se restringem a tal horizonte.

O acionamento da noção de organização tem uma evidente inspiração gramsciana. O autor italiano dava grande importância ao tema, como demonstra, por exemplo, o título atribuído a uma de suas obras: *Os intelectuais e a organização da cultura*. Em seu verbete sobre cultura, escrito para o *Dicionário gramsciano*, Giorgio Barata reafirma um olhar convergente:

> **A questão *organizativa* é central, seja porque é à luz desta que Gramsci distingue a função dos intelectuais de outras funções sociais ou profissionais, seja porque a Gramsci (para retomar a citação original) interessa a cultura como expressão prática, ou seja, estruturada e articulada, em suma, organizada e organizadora da sociedade (Barata, 2017, p. 172).**

Não cabe aqui uma discussão mais pormenorizada da noção de organização na obra de Gramsci. Um intento nessa perspectiva está presente no próprio *Dicionário gramsciano*, no verbete denominado "Organização" (Prestipino, 2017, p. 590-1). Basta assinalar tal inspiração e propor para outra oportunidade um maior desenvolvimento dela.

Outro registro se torna necessário. A utilização do termo "organização" em análises do campo cultural, mesmo sem referência explícita a Gramsci, não se constitui em novidade no Brasil. Em 1978, Octávio Ianni publicou o artigo "O Estado e a organização da cultura" na revista *Encontros com a civilização brasileira*. Nele, Ianni estuda o caráter autoritário da intervenção do Estado brasileiro na cultura, desde o golpe civil-militar de 1964 até o ano de 1978 (Ianni, 1978). Mais recentemente, outros trabalhos foram editados no campo da cultura com referência ao termo "organização". Em 2005, Linda Rubim organizou o livro *Organização e produção da cultura*, no qual um conjunto de noções pertinentes à área cultural é analisado (Rubim, 2005). Um desdobramento de um mapeamento da formação em cultura no Brasil, realizado a pedido do Ministério da Cultura, aparece publicado, em março de 2012, na revista *PragMatizes*, na forma do artigo "Formação em organização da cultura: a situação latino-americana" (Rubim, Barbalho e Costa, 2012). Em 2016, Leonardo Costa e Ugo Mello coordenam o livro *Formação em organização da cultura no Brasil: experiências e reflexões* (Costa e Mello, 2016). Nos trabalhos mais recentes, recorre-se ao termo "organização" para designar um conjunto constituído pelas áreas de políticas culturais, gestão cultural, produção cultural, programação cultural e curadoria, compreendidas em sua dimensão de componentes do processo de organização da cultura.

Dar atenção à dimensão organizativa constitutiva dos fenômenos culturais não implica em adotar uma visão meramente administrativa/burocrática/gerencial das políticas culturais e de seu conceito. Apenas acentua e aguça a percepção de que existe uma dimensão organizativa nos fenômenos culturais e que ela não deve ser menosprezada, sob pena de comprometer a própria concretização satisfatória dos eventos e das obras culturais. Tal opção não adere à visão de que a política cultural, "em suma, é mais burocrática do que criativa ou orgânica" (Miller e Yúdice, 2004, p. 11). Na contramão, busca localizar os espaços de criatividade singulares das políticas culturais, a exemplo de sua tradução em programas e projetos. Como as políticas culturais aparecem formuladas inicialmente em proposições bastante abstratas e genéricas, um enorme desafio criativo se apresenta no ato de traduzir tais políticas em programas e projetos concretos e específicos, que expressem e viabilizem as políticas culturais. A qualificada tradução requer alta dose de criatividade. Inúmeras modalidades inesperadas e inusitadas de programas e projetos podem ser imaginadas. Os exemplos pululam. A tentação de enumerar e analisar os muitos casos bem-sucedidos quase se impõe, mas foge ao âmbito deste artigo.

PARA CONCLUIR

Após percorrer o itinerário por meio do conceito de Canclini, destrinchando as atualizações que se impõem pelos tempos contemporâneos, parece possível passar a uma enunciação do conceito em uma nova versão, que busca incorporar as dimensões exigidas pelo presente. Ele tem a seguinte escritura: política cultural é um conjunto articulado, consciente, continuado, deliberado, sistemático e planejado de intervenções, formulações e/ou atuações, de diversos entes culturais, com o objetivo de atender demandas e necessidades culturais da população; estimular o desenvolvimento simbólico; construir hegemonias para conservar ou transformar a sociedade e a cultura; e garantir cidadania e direitos culturais. Ela aciona recursos institucionais, infraestruturais, normativos, financeiros e de pessoal. Ela destina especial atenção às dimensões organizativas da dinâmica cultural. Para que exista, a política cultural exige rever a instrumentalização da cultura pela política e a inauguração de nova relação, na qual a política é instrumento, e a cultura, finalidade.

Como todo conceito encontra-se sempre em movimento, já se pode especular sobre novas veredas que se insinuam como possibilidades de abertura e atualização. Em sua definição de políticas culturais, Mario Margulis insere um outro fator a ser analisado. Ele afirma que as políticas culturais têm "[...] capacidade suficiente de ação, que visam explicitamente introduzir mudanças na paisagem cultural" (Margulis, 2014, p. 15). Ou seja, que as políticas culturais, de acordo com sua definição, provocam sempre transformações na esfera da cultura. A aceitação dessa interessante e nova premissa induz discutir – aceita a premissa da não neutralidade das políticas culturais – quais as orientações das mudanças pretendidas. O risco da tentação da instrumentalização pela política logo se manifesta. Sem desprezar o componente político, como incorporar como imanente tal dimensão de envergadura e impacto das políticas culturais? Uma possibilidade seria recorrer a uma noção, originária de outro contexto social de temas e problemas (Betancur, 2005), para qualificar a cultura desejada, sem incorrer em uma ideologização imediata em moldes tradicionais. A noção de cultura cidadã serve para dar uma razoável resposta à simplória ideia de que as políticas culturais têm que, sem mais, desenvolver a cultura, qualquer cultura, esquecendo que ela, como fenômeno humano, é perpassada por todos os antagonismos, contradições, disputas, lutas e tensões que marcam em profundidade as sociedades humanas. A reivindicação dessa noção, por sua sintonia com noções afins como cidadania cultural e direitos culturais, pode colaborar para dar centralidade à cultura em uma luta pela democratização radical da sociedade e da cultura. Mas esse já é outro texto. No presente trabalho, cabe apenas propor atualizações no rico conceito de políticas culturais elaborado por Néstor García Canclini.

REFERÊNCIAS

ALVAREZ, Sonia; DAGNINO, Evelina; ESCOBAR, Arturo. Lo cultural y lo político en los movimientos sociales em América Latina. Em: CANCLINI, Néstor García; MONETA, Carlos Juan (org.). *Las industrias culturales en la integración latinoamericana*. México/Caracas: Grijalbo/Sela, 1999, p. 357-374.

ALVAREZ, Sonia; DAGNINO, Evelina; ESCOBAR, Arturo. Introdução: o cultural e o político nos movimentos sociais latino-americanos. Em: ALVAREZ, Sonia; DAGNINO, Evelina; ESCOBAR, Arturo (org.). *Cultura e política nos movimentos sociais latino-americanos*: novas leituras. Belo Horizonte: UFMG, 2000, p. 15-57.

BARATA, Giorgio. Cultura. Em: LIGUORI, Guido; VOZA, Pasquale. *Dicionário gramsciano*. São Paulo: Boitempo, 2017, p. 171-174.

BETANCUR, Jorge Alberto Velásquez. *Comunicación, culturas y ciudad*. Medellín: Universidad Pontificia Bolivariana, 2005.

BOLÁN, Eduardo Nivón. *La política cultural*: temas, problemas y oportunidades. Cidade do México: Conselho Nacional para a Cultura e as Artes, 2006.

BOLÁN, Eduardo Nivón. Néstor García Canclini y las políticas culturales. Em: BOLÁN, Eduardo Nivón (org.). *Voces híbridas*: reflexiones en torno a la obra de García Canclini. México: Siglo XXI, 2012, p. 31-47.

BOLÁN, Eduardo Nivón; BONILLA, Delia Angelina Sánchez. La gestión cultural en América Latina. Em: TRUJILLO, Janny Amaya; LÓPEZ, José Paz Rivas; ARCHILA, María Isabel Mercado (org.). *Diversidad, tradición e innovación en la gestión cultural*: teorías y contextos. t. 1. Guadalajara: UDGVirtual, 2016, p. 21-56.

BRUNNER, José Joaquín. Políticas culturales y democracia: hacia una teoría de las oportunidades. Em: CANCLINI, Néstor García (org.). *Políticas culturales en América Latina*. Buenos Aires: Grijalbo, 1987, p. 175-203.

BRUNNER, José Joaquín. *Un espejo trizado*: ensayos sobre cultura y políticas culturales. Santiago: Flacso, 1988.

CALADO, Pablo Mendes. *Políticas culturales*: rumbo y deriva. Estudio de caso sobre la (ex)Secretaria de Cultura de la Nación. Caseros: RGC Libros, 2014.

CANCLINI, Néstor García. Políticas culturales y crisis de desarrollo: un balance latinoamericano. Em: CANCLINI, Néstor García (org.). *Políticas culturales en América Latina*. Buenos Aires: Grijalbo, 1987, p. 13-59.

CANCLINI, Néstor García. Definiciones en transición. Em: MATO, Daniel (org.). *Estudios latinoamericanos sobre cultura y transformaciones sociales em tiempos de globalización*. Buenos Aires: Clacso, 2001, p. 57-67.

CHAUI, Marilena. *Cidadania cultural*: o direito à cultura. São Paulo: Fundação Perseu Abramo, 2006.

CHOAY, Françoise. *A alegoria do patrimônio*. São Paulo: Estação Liberdade/ Unesp, 2006.

COELHO, Teixeira. Política cultural. Em: COELHO, Teixeira. *Dicionário crítico de política cultural.* São Paulo: Iluminuras, 1997, p. 293-300.

COSTA, Leonardo; MELLO, Ugo (org.). *Formação em organização da cultura:* experiências e reflexões. Salvador: Edufba, 2017.

CUNHA FILHO, Francisco Humberto. *Direitos culturais como direitos fundamentais no ordenamento jurídico brasileiro.* Brasília: Brasília Jurídica, 2000.

CUNHA FILHO, Francisco Humberto. Cidadania cultural: um conceito em construção. Em: CALABRE, Lia (org.). *Políticas culturais:* diálogos e tendências. Rio de Janeiro: Casa de Rui Barbosa, 2010, p. 177-201.

CUNHA FILHO, Francisco Humberto. *Teoria dos direitos culturais:* fundamentos e finalidades. São Paulo: Edições Sesc São Paulo, 2018.

CUNHA FILHO, Francisco Humberto; BOTELHO, Isaura; SEVERINO, José Roberto (org.). *Direitos culturais.* Salvador: Edufba, 2018.

FEIJÓ, Martin Cezar. *O que é política cultural.* São Paulo: Brasiliense, 1983.

FERNÁNDEZ, Xan M. Bouzada. Financia acerca del origen y génesis de las políticas culturales occidentales: Arqueologías y derivas. *O público e o privado,* Fortaleza, 2007, n. 9, p. 111-47.

GRAMSCI, Antonio. *Os intelectuais e a organização da cultura.* Rio de Janeiro: Civilização Brasileira, 1978.

IANNI, Octavio. O Estado e a organização da cultura. *Encontros com a civilização Brasileira,* Rio de Janeiro, 1978, n. 1, p. 216-241.

MARGULIS, Mario. Políticas culturales: alcances y perspectivas. Em: MARGULIS, Mario; URRESTI, Marcelo; LEWIN, Hugo *et al. Intervenir en la cultura:* más allá de las políticas culturales. Buenos Aires: Editorial Biblos, 2014, p. 13-32.

MATA-MACHADO, Bernardo Novais da. *Direitos humanos e direitos culturais,*
30 mar. 2007. Disponível em: http://www.direitoecultura.com.br/wpcontent/uploads/DireitosHumanos-eDireitos-Culturais-Bernardo-Novais-da-MataMachado.pdf. Acesso em: 21 abr. 2012.

MILLER, Toby; YÚDICE, George. *Política cultural.* Barcelona: Gedisa Editorial, 2004.

OCHOA GAUTIER, Ana María. *Entre los deseos y los derechos.* Bogotá: Instituto Colombiano de Antropología y Historia, 2003.

OROZCO, José Luis Mariscal. Introducción: política cultural y modelos de gestión cultural. Em: OROZCO, José Luis Mariscal (org.). *Políticas culturales:* una revisión desde la gestión cultural. Guadalajara: Universidad de Guadalajara, 2007, p. 19-43.

PEDRO, Jesús Prieto de. Direitos culturais, o filho pródigo dos direitos humanos. *Revista Observatório Itaú Cultural,* São Paulo, 2011, n. 11, p. 43-48.

PRESTIPINO, Giuseppe. Organização. Em: LIGUORI, Guido; VOZA, Pasquale. *Dicionário gramsciano.* São Paulo: Boitempo, 2017, p. 590-591.

RUBIM, Antônio Albino Canelas. Políticas culturais entre o possível e o impossível. Em: NUSSBAUMER, Gisele (org.). *Teorias e políticas de cultura.* Salvador: Edufba, 2007, p. 139-58.

RUBIM, Antônio Albino Canelas. Políticas culturais e novos desafios. *Matrizes,* São Paulo, 2009, n. 2, p. 93-115.

RUBIM, Antonio Albino Canelas; BARBALHO, Alexandre; COSTA, Leonardo. Formação em organização da cultura: a situação latino-americana. *PragMatizes,* Rio de Janeiro, 2012, v. 2, n. 2, p. 125-149.

RUBIM, Antônio Albino Canelas. Observações acerca das relações entre Estado e cultura. Em: CUNHA FILHO, Francisco Humberto; AGUIAR, Marcus Pinto; COSTA, Rodrigo Vieira (org.). *Direitos culturais:* múltiplas perspectivas. Fortaleza: Uece, 2016, p. 124-40.

RUBIM, Antonio Albino Canelas. A Revolução Russa e a criação das políticas culturais. *Revista do Centro de Pesquisa e Formação*, São Paulo, 2018, n. 7, p. 195-211.

RUBIM, Antonio Albino Canelas. Uma visita aos conceitos de políticas culturais na América Latina. *Políticas culturais em revista*, dossiê Políticas culturais comparadas, Salvador, 2019, v. 12, n. 1, p. 259-83.

RUBIM, Linda (org.). *Organização e produção da cultura*. Salvador: Edufba, 2005.

SOCIEDAD ESTATAL DE CONMEMORACIONES CULTURALES. *Las misiones pedagógicas 1931-1936*. Madri: Publicaciones de la Residencia de los Estudiantes, 2006.

UPCHURCH, Anna Rosser. John Maynard Keynes, the Bloomsbury Group and the origins of the Arts Council Movement. *International Journal of Culture Policy*, 2004, v. 10, n. 2, p. 203-17.

UPCHURCH, Anna Rosser. Keynes's Legacy: An Intellectual's Influence Reflected in Arts Policy. *International Journal of Culture Policy*, 2011, v. 17, n. 1, p. 69-80.

UNESCO. *Cultural policy, a preliminary study*. Paris, 1967. (Coleção Studies and Documents on Cultural Policies)

VARELLA, Guilherme. *Plano Nacional de Cultura*: direitos e políticas culturais no Brasil. Rio de Janeiro: Azougue, 2014.

2

**ESTUDOS
TEMÁTICOS**

A REVOLUÇÃO RUSSA E A POSSÍVEL CRIAÇÃO DAS POLÍTICAS CULTURAIS

DIVERSOS EVENTOS E PUBLICAÇÕES COLOCARAM EM cena os avanços, os problemas e a radicalidade da Revolução Russa – movimento singular de transformação da sociedade – cujo centenário foi comemorado em 2017. Apesar de alguns lançamentos editoriais, as relações entre cultura, políticas culturais e Revolução Russa continuaram esquecidas, reafirmando o que já é conhecido: a escassez de estudos acerca do tema (Willet, 1987, p. 77). Este texto busca enfrentar esse quase vazio: os enlaces entre cultura, políticas culturais e Revolução Russa.

Estudiosos das políticas culturais costumam datar sua emergência no cenário mundial, ou mais precisamente ocidental, entre os anos 1930 e 1960. Xan M. Bouzada Fernández lista como marcos inauguradores, com pesos diferenciados, das políticas culturais: as missões pedagógicas da República Espanhola nos anos 1930, o *Arts Council* na Inglaterra nos anos 1940 e o Ministério dos Assuntos Culturais, na França, em 1959 (Fernandéz, 2007). Já Urfalino (2004) vê as políticas culturais como uma invenção francesa. Não cabe no texto adentrar na discussão. Antes, torna-se necessário sublinhar que o nascimento das políticas culturais requer a transformação nas longínquas conexões entre política e cultura.

Da instrumentalização da cultura com finalidade política, nascida em tempos antigos, passa-se no século XX também ao uso da política com fins culturais. Martin Feijó (1983, p. 9) assinalou perspicazmente que "Não se pode confundir cultura a serviço da política com política a serviço da cultura". A distinção, tênue e nem sempre fácil de ser realizada, abre a possibilidade da inauguração das políticas culturais.

Do diálogo entre Revolução Russa e nascimento das políticas culturais surge a questão que orienta a escritura do texto: entre as realizações da Revolução Russa pode-se incluir a antecipação do aparecimento das políticas culturais no mundo? A hipótese da floração de políticas culturais no seio do movimento revolucionário de 1917 merece ser analisada e discutida, pois um conjunto significativo de manifestações político-culturais presente naquele movimento de transformação da realidade permite imaginar tal conexão.

DILEMAS DA REVOLUÇÃO RUSSA

Antes de debruçar-se sobre a questão formulada anteriormente, faz-se necessária uma rápida viagem por algumas características e discussões que conformam a Revolução Russa.

Um debate internacional instalou-se no seio dos partidos sociais-democratas, que organizavam os trabalhadores na época: é possível ou não a revolução acontecer em um país atrasado em termos capitalistas, como a Rússia daquela época? A rigor, tratava-se de pensar a possibilidade de realizar a revolução proletária sem que antes o país tivesse vivido uma revolução burguesa. A maioria dos partidos e lideranças sociais-democratas negou tal alternativa. Mesmo na Rússia não houve consenso: bolcheviques e mencheviques divergiram profundamente sobre o assunto. Lenin e os bolcheviques subverteram o possível e anteciparam a revolução na Rússia: depois da Revolução de Fevereiro, que derrubou o czar, eles protagonizaram a Revolução de Outubro, com a tomada do Palácio de Inverno, que no calendário ocidental, não vigente na Rússia naquele tempo, aconteceu em 5 de novembro de 1917 (Reed, 2017; Reis Filho, 2003).

A revolução antecipada demonstra singularidade histórica de processos de transformação, enfatiza sua dimensão política e se contrapõe ao determinismo econômico, mas produz um leque nada desprezível de problemas, que perpassam a Revolução Russa e seus desdobramentos. Os bolcheviques, organizados e disciplinados, atuaram com vigor na complexa conjuntura, mas naqueles anos não passavam de um pequeno partido, com pouca inserção no campesinato, imensa maioria do povo russo, e no campo da cultura. John Reed (2017, p. 276) escreve que "praticamente toda a intelectualidade era antibolchevique". Jean-Michel Palmier (1976, v. 3, p. 269) tem visão semelhante. Para ele, as poucas associações que reuniam artistas em sua maior parte "[...] eram hostis ao governo e estavam decididas a boicotá-lo por todos os meios". Aleksandr Mikhailov (2008, p. 211-2), depois de relatar o fracassado convite do Comitê Central para uma reunião com artistas e intelectuais ("compareceram não mais que 10 pessoas"), anota que a esmagadora maioria da intelectualidade "[...] saudou a Revolução de Fevereiro, mas com inquietação recebeu a de Outubro". Esse desafiador contexto político-cultural ambienta a Revolução Russa.

A Primeira Guerra Mundial e depois a guerra civil agravaram ainda mais a situação e a vida da população. Na complicada circunstância histórica, as relações entre transformação da sociedade e democracia provocaram discussões. Rosa Luxemburgo (1975, p. 58-9), partidária da revolução, escreveu texto profético em 1918. Ela apontou os riscos da ausência de democracia para a revolução. Rosa afirmou que, sem vida política, a paralisia apodera-se fatalmente dos movimentos vinculados à revolução e do próprio partido, resultando em ditadura. O deslocamento do poder dos sovietes (comissões de proletários, soldados e camponeses) para o partido, deste para o comitê central e deste para o secretário-geral bloqueou a revolução e abriu caminho para a ascensão autoritária da burocracia partidária e para o retrocesso político-cultural da revolução.

As desventuras da história posterior, ainda que tenham mobilizado inclusive traços já presentes no próprio momento revolucionário, não silenciaram a potência e a novidade das questões trazidas pela Revolução Russa, nem seu enorme impacto político e cultural internacional. Essa revolução conformou e balizou todo século XX. O ano de 1917 abalou o mundo (Jinkings; Doria, 2017). O "ano vermelho" repercutiu em todos os continentes e muitos países, inclusive no Brasil (Bandeira; Melo e Andrade, 1967). Passados mais 100 anos, muitos dos dilemas enfrentados então pela humanidade na busca de um mundo mais humano continuam com impressionante atualidade.

CULTURA, RÚSSIA E REVOLUÇÃO

A cultura russa tornou-se relevante no cenário internacional no século XIX. Em diferentes áreas simbólicas, a Rússia se destacou. A literatura é exemplar nessa perspectiva. Notáveis escritores russos tiveram vigência mundial. O livro *El baile de Natacha. Una historia cultural rusa* traça um amplo panorama da cultura russa nos séculos XIX e XX (Figes, 2010). Desse modo, as duas revoluções russas, a de fevereiro e a de outubro, defrontaram-se com um campo cultural legitimado por sua criatividade e repercussão, mas retraído, devido ao atraso econômico, à desigualdade social, ao analfabetismo e à falta de liberdades, que contaminavam a Rússia. Como já se observou, a Revolução de Fevereiro, que destituiu o czar, teve grande acolhida no mundo da cultura, muitas vezes mobilizado contra o autoritarismo do regime vigente. Distinta atitude assumiu a maior parte da intelectualidade em relação à Revolução de Outubro: muitos se opuseram ou ficaram indiferentes, e poucos apoiaram a revolução.

Apesar da postura favorável de alguns artistas e intelectuais reconhecidos, considerados "companheiros de viagem" por Trotski (1969, p. 56-103) e por Serge (1989, p. 45; 52), somente criadores culturais mais jovens estiveram com a Revolução de Outubro, entre eles a maior parte dos futuristas, simpatizantes da revolução desde o primeiro momento. Lunatchárski (1975, p. 160) reconheceu tal fato e, de imediato, estendeu a mão e apoiou os futuristas. Apesar da dramática situação inicial, a Revolução Russa conseguiu reverter o quadro e conquistar presença no ambiente cultural. Movimentos de vanguarda e populares, engendrados pelo clima revolucionário, além de importantes criadores, atestam o vigor cultural alcançado pela Revolução Russa. Na construção simbólica do mundo novo, podem ser lembrados: criadores e movimentos vinculados ao *Proletkult* ou às vanguardas, a exemplo de Maiakovski e futuristas, construtivistas, produtivistas, Frente Esquerdista de Arte (LEF), Vsevolod Meyerhold, Eisenstein e o grupo Kinok, Boris Arvatov e Ródtchenko.

As mudanças culturais não se restringiram aos criadores e movimentos. A Revolução Russa, em sua radicalidade, pretendeu a transformação da vida e seus valores, inclusive na esfera do cotidiano. Ela assumiu uma noção ampliada de cultura. Destacam-se nesse elenco de medidas aquelas comprometidas com a emancipação das mulheres. Wendy Goldman (2017, p. 63) escreve que "[...] a socialização do trabalho doméstico, a plena igualdade entre gêneros, a livre união e o definhamento da família tornaram-se o projeto bolchevique de transformação social e jurídica". Aborto, divórcio, não discriminação dos homossexuais estiveram entre as conquistas e medidas legais iniciais da revolução. Tais atitudes buscaram ser expressas por meio de soluções sociais e espaciais para construir um novo modo de vida, inspirando intervenções arquitetônicas que visaram a socialização das casas existentes e, pouco depois, o desenho de habitações adequadas ao estilo de vida mais coletivo. Os construtivistas da União dos Arquitetos Contemporâneos propuseram casas comunais. Vingaram experiências de edificações com zonas privadas e compartilhadas, como lavanderias, cozinhas, banheiros, comedores, escolas e habitações para crianças (Figes, 2010, p. 534). Tais experimentos expressam bem a radicalidade cultural da revolução.

O Comitê Central do Partido Bolchevique, ao anunciar a composição do novo governo em 26 de outubro de 1917, liderado por Lênin, designou Anatoli Lunatchárski para dirigir o Comissariado do Povo para Educação (*Narkompros*), responsável também pela área da cultura. O volume terceiro do livro de Jean-Michel Palmier, *Lenine, a arte e a revolução, ensaio sobre a estética marxista*, contém um longo capítulo intitulado "A organização do Comissariado da Educação e das Belas-Artes" que analisa detidamente o *Narkompros*. Ele considera que a história do Comissariado "[...] constitui um dos capítulos mais fascinantes das realizações da jovem república dos sovietes" (Palmier, 1976, v. 3, p. 255-99).

O *Narkompros* abrangeu de início, além da Educação, a Inspeção dos Teatros Imperiais, a Academia das Artes e os palácios reais (Palmier, 1976, v. 3, p. 256). Diversos palácios logo se transformaram em museus, a exemplo do Palácio de Inverno (Lunatchárski, 1975, p. 71-2). Em 1920, a estrutura do Comissariado estava composta de cinco seções: organizacional; artística; científica, incluindo estudos superiores; educacional, agrupando ensino primário e secundário; e um departamento exterior, que abrangia educação extraescolar, o *Proletkult* e a ex-agência *Rosta*, um órgão de propaganda, antes ligado ao Comitê Central do partido. Completavam a estrutura o departamento para a educação das minorias nacionais e as edições do Estado (Palmier, 1976, v. 3, p. 262). A distribuição de parte dos seus 2.265 funcionários no ano de 1919 expressa, de algum modo, suas prioridades: 345 na administração de museus; 600 na música, no cinema e no teatro; 283 na educação; 64 na formação profissional; 40 nos estudos superiores e 30 na formação de professores (Palmier, 1976, v. 3, p. 261).

Figes (2010, p. 538) considera que Lunatchárski e Bogdanov foram os dirigentes culturais da revolução. O primeiro comandou o Comissariado de 1917 até 1929, e o segundo dirigiu o *Proletkult*. A bibliografia consultada não autoriza a equiparação. O Comissariado e Anatoli Lunatchárski têm atuações bem mais relevantes no período revolucionário. Palmier (1976, v. 1, p. 171; 173) considera que Lunatchárski desempenhou "[...] um papel decisivo em toda política cultural da jovem república dos sovietes". Mais adiante, após reconhecer Lunatchárski como "[...] uma das figuras mais extraordinárias do mundo artístico e literário dos anos que se seguiram à revolução", Palmier escreve que Lunatchárski "[...] foi talvez a figura de proa da revolução cultural que se seguiu à revolução política". No terceiro volume de sua obra, Palmier (1976, v. 3, p. 255) avalia que a escolha de Lunatchárski para o Comissariado foi "particularmente feliz". Tendo dedicado toda a vida à revolução, ele tinha paixão pela cultura, artes e filosofia e se definia "como um intelectual entre os bolcheviques". Figes (2008, p. 230) ressalta o contínuo esforço de Lunatchárski para aproximar a intelectualidade do novo governo e para lhe garantir liberdade de ação.

A postura de Lunatchárski em relação ao campo cultural e às artes tem um assumido critério político. O Estado deve reagir contra os "inimigos declarados do povo". Ou dito de modo mais cristalino: ele deve intervir contra criadores e obras contrárias à revolução. Porém não pode atuar privilegiando correntes entre criadores e obras. Para ele, as disputas culturais dependem da dinâmica própria do campo e não devem ser resolvidas e impostas de fora pelo partido ou pelo Estado. Tal atitude exige que "[...] exista uma elevada cultura no próprio aparelho estatal" (Lunatchárski, 1975, p. 34). Além de tais exigências acerca do partido e do Estado, ele, desde suas primeiras declarações ao assumir o cargo, enfatizou a necessidade de a sociedade e de o povo tomarem iniciativas e "[...] desenvolverem essa autonomia cultural" (Palmier, 1976, v. 3, p. 285). A política de Lunatchárski visou sempre estimular a dinâmica do campo cultural e sua organização.

A atuação de Lunatchárski, em grande medida, orientou-se por tais concepções. Ele e o Comissariado navegaram em ambiente efervescente de agentes, correntes, obras, posições e polêmicas. Ele buscou interagir com todos os movimentos culturais que apoiavam e/ou simpatizavam com a revolução, mesmo, muitas vezes, tendo posições político-culturais diferentes das dele. A dimensão do texto impede o acompanhamento dessa rica trajetória e seus diálogos plurais, instigantes e, por vezes, tensos. A bibliografia elencada relata e analisa inúmeros episódios da desafiadora tarefa de Anatoli Lunatchárski.

O compromisso de Lunatchárski com a cultura e o patrimônio é tão visceral que "notícias" acerca do bombardeamento e da destruição do Kremlin, da igreja de São Basílio e de outros monumentos em Moscou, durante a revolução, levaram-no a pedir demissão do cargo. Essa atitude foi revertida quando se confirmou que se tratava de boatos difundidos pelos inimigos dos bolcheviques (Reed, p. 261, 383 e 384). Diversas intervenções suas também convergem para a atenção ao patrimônio. Uma das primeiras ações de Lunatchárski no Comissariado foi proteger monumentos, recorrendo a trabalhadores e a membros da intelectualidade, mesmo que distantes da revolução. Lunatchárski disse que edifícios de grande beleza, museus e bibliotecas eram

"[...] agora propriedade do povo" (Palmier, 1976, v. 3, p. 175). No texto "O poder soviético e os monumentos do passado", depois de defender a revolução da acusação de destruir patrimônio, ele lembra o trabalho do Departamento de Preservação de Monumentos Históricos e Obras de Arte, as restaurações realizadas e o enriquecimento do patrimônio, graças à transferência de obras de artes e monumentos de "palacetes rurais e mansões senhoriais" para museus (Lunatchárski, 2017, p. 274-9).

A rigor, não se trata apenas da questão do patrimônio como hoje entendida. A discussão ensejada pelo pensamento crítico de transformação do capitalismo e pela Revolução Russa coloca em cena a postura frente às culturas passadas e presentes, perpassadas pela sociedade e pela luta de classes. Trata-se da questão da herança cultural, como ficou conhecida. Lunatchárski concordava com Marx, Engels e as maiores lideranças da Revolução Russa, a exemplo de Lenin e Trotski, a respeito da defesa, crítica e criteriosa, da herança cultural; da necessidade de se preservar o patrimônio e de tornar o melhor da cultura herdada acessível às grandes massas trabalhadoras, excluídas dessas modalidades de cultura pela desigualdade sociocultural inerente à sociedade capitalista.

A convergência de visões de Lunatchárski com os dirigentes da revolução não se estendeu a todas as dimensões da cultura. Lenin e Trotski, em angulações distintas, não aceitaram os posicionamentos do *Proletkult* que, de maneira menos ou mais radical, desprezaram a herança cultural. Eles também não aprovavam a construção de uma cultura proletária, entendida como dimensão cultural da revolução. Lenin acreditava que o período de luta revolucionária absorveria todas as energias do proletariado, não restando "[...] tempo disponível para uma atividade criadora especificamente cultural" (Strada, 1987a, p. 143). Trotski (1969) pensava que, devido ao objetivo estratégico da luta política do proletariado, construir uma sociedade sem classes, a cultura a ser elaborada não poderia ser uma cultura de classe, mas uma cultura socialista.

A divergência de Lunatchárski com eles não era apenas teórica. Lenin, por exemplo, temia que o *Proletkult,* com suas formulações autônomas frente ao partido e ao Estado, "[...] se convertesse no ninho de uma heresia política" (Lunatchárski, 1975, p. 16). Mais que isso, que ele desejasse concorrer com o partido, pois o *Proletkult* (1917-1932) era uma organização político-cultural com presença expressiva nas massas trabalhadoras. Tal organização chegou a possuir de 300 a 500 mil filiados, além de contar com uma universidade proletária e núcleos culturais espalhados pelo território soviético (Willet, 1987, p. 87; Strada, 1987, p. 130). Lenin, um dos responsáveis pela submissão do *Proletkult* ao Comissariado, formulada e decretada em 1919-1920, solicitaria ainda que fossem retirados os subsídios do governo à organização (Willet, 1987, p. 86-7). Esses procedimentos desidrataram aquele movimento político-cultural. Trotski reconhecia a importância do *Proletkult*, desde que significasse "[...] atividade cultural do proletariado, isto é, luta encarniçada para elevar o nível cultural da classe operária" (Trotski, 1969, p. 177). Uma visão favorável do *Proletkult*, próxima à posição de Bogdanov, pode ser encontrada nas páginas 196-208 do texto de Henri Deluy (1977). Sobre a temática da universidade proletária, consultar Bogdanov (1977, p. 139-68).

Os dirigentes da Revolução Russa, a exemplo de Lenin e Trotski, igualmente tinham dificuldades de aceitar as diversas e diferenciadas vanguardas culturais que aderiram à revolução, como futuristas, construtivistas, produtivistas etc. Lenin, de acordo com Lunatchárski (1975, p. 15-6), "gostava, em geral, da arte do passado, especialmente do realismo russo" e "[...] não prestou grande atenção, na sua maior parte, às novas gerações artísticas e literárias formadas durante o período revolucionário". Mas, se referindo à Lenin, Lunatchárski (1975, p. 15) ressaltou: "Vladimir Ilitch nunca converteu as suas simpatias e antipatias estéticas" em diretrizes políticas. Palmier (1976, v. 3, p. 256) observa que o próprio Lunatchárski definiu a diferença entre sua postura político-cultural e a de Lenin: "enquanto este abordava todos os problemas como homem prático, com seu gênio político", ele os enfrentava como "filósofo e como 'poeta da revolução'". Trotski, sem dúvida, possuía mais conhecimento das vanguardas russas, como atesta seu livro *Literatura e revolução*. Ele criticava a "autos-suficiência" delas e sua tentativa de fusão da arte com a vida, à moda de ultimato (Trotski, 1969, p. 119). Em boa medida, ele admitia as vanguardas em registro próximo aos "companheiros de viagem", nunca como cultura característica gerada pela revolução. Tais olhares perpassam a bibliografia, mais especificamente os livros de Palmier e de Mikhailov, que, em sua biografia sobre Maiakovski, traça um interessante panorama das conexões das vanguardas, dos futuristas e da Frente Esquerdista de Arte (LEF), com o poder soviético e, em especial, Lenin (Mikhailov, 2008).

A posição de Lunatchárski acerca da herança cultural o distanciava do *Proletkult* e das vanguardas, devido às posturas e críticas ácidas desses movimentos relativas às culturas passadas e presentes. Tais atitudes implicaram, muitas vezes, no desprezo e na negação de criadores e bens simbólicos. O distanciamento e a não adesão de Lunatchárski às concepções do *Proletkult* e das vanguardas não inviabilizaram que ele dialogasse, reconhecesse a importância e apoiasse os movimentos, além de defendê-los de ataques do partido, de seus dirigentes e do governo.

A bibliografia elencada traz diversos exemplos da atuação do Comissariado nessa perspectiva. Em suma, Lunatchárski busca estimular a dinâmica da vida cultural, respeitando sua autonomia; a pluralidade de ideias, dentro dos limites políticos da revolução; e a diversidade de agentes e correntes existentes na cena. Nesse sentido, as opiniões e ações de Lunatchárski e do Comissariado nem sempre coincidiram com as do partido ou do governo. O Departamento de Literatura do Comissariado editou o poema "150.000.000", de Maiakovski contra a opinião de Lenin (Mikhailov, 2008, p. 268). Lunatchárski mostrou-se favorável à reincorporação de Dostoiévski ao cânone literário, tomando posição contrária a dirigentes soviéticos e a alguns artistas e intelectuais, como Górki (Figes, 2010, p. 574). Outros exemplos poderiam ser acionados para mostrar as relações ricas e tensas vivenciadas naquela circunstância histórica.

As posturas de Anatoli Lunatchárski permitiram aglutinar setores culturais bem distintos, ampliar o espaço da cultura no âmbito da revolução, aumentar seu apoio cultural e garantir certa abertura e liberdade. Entretanto, elas têm um efeito colateral nada desprezível. Elas transformaram-no em alvo de críticas advindas de diferentes segmentos, todos eles não contemplados pela adesão plena do *Narkompros* a suas posições. Nesse sentido, Jean-Michel Palmier (1976, v. 3, p. 281) escreve: "Atacado pelas vanguardas e pelo *Proletkult*, Lunatchárski não o era menos pelos membros do partido". Dirigentes soviéticos acreditavam que Lunatchárski fosse adepto e partidário do *Proletkult* e/ou das vanguardas, a exemplo do futurismo, apesar da grande distância existente entre as suas concepções político-culturais e aquelas assumidas pelos movimentos. Sua abertura à convivência da diversidade de posições político-culturais, sintonizadas com a revolução, transmutava-se, por força da intolerância reinante em alguns setores culturais, em fragilidade para o *Narkompros*.

As críticas não impediram o desenvolvimento de relações. Apesar das divergências, Lenin respeitava Lunatchárski e percebia a importância de sua atuação no Comissariado. Mikhailov (2008, p. 231) considera que Lenin e Lunatchárski "[...] eram as pessoas mais sensatas do governo", pois "[...] entendiam perfeitamente que não era possível construir uma nova sociedade sem preparar a base para o desenvolvimento da cultura". Com relação à Trotski, a situação era análoga. Em texto escrito em 1933, pouco depois da morte de Lunatchárski, quando ele ia assumir a embaixada soviética na Espanha, Trotski (1969, p. 228-9) teceu elogios ao "erudito" e seus múltiplos talentos.

Para Trotski: "A doçura de seu caráter condescendente marcou a personalidade moral desse homem". Ele reconheceu que: "Ninguém poderia substituir Lunatchárski na qualidade de Comissário do Povo para a Instrução Pública", pois ele mostrou "[...] que os bolcheviques não só respeitavam a cultura, mas procuravam conhecê-la".

O dirigente soviético, já banido da União das Repúblicas Socialistas Soviéticas por Stálin, atribuiu a reaproximação de parte da *intelligentsia* ao trabalho do Comissário. O texto de Trotski não comportou somente elogios, também compareceram críticas. Ele anotou o "lado diletante de sua natureza", que enfraqueceu sua voz crítica; suas dificuldades como "organizador da instrução pública" e certa flexibilidade, que possibilitou sua adaptação "[...] às mudanças que se verificaram na direção", acontecidas na década de 1920 com a ascensão de Stálin. Mas Trotski (1969, p. 230) não deixou de observar que ele "[...] não se submeteu completamente aos novos senhores da situação", que permaneceu, "[...] até o fim, uma figura estranha a seus quadros", pois ele "[...] conhecia muito do passado da revolução e do partido" e era "[...] muito instruído para diluir-se no seio da burocracia".

As conflitantes visões expressas sobre o *Proletkult* e sobre as vanguardas por Trotski em *Literatura e revolução* não impossibilitaram Lunatchárski de considerar o livro "[...] uma esplêndida contribuição à nossa cultura proletária" (Lunatchárski *apud* Strada, 1987, p. 143).

As mutações que acontecem durante a década de 1920, tratadas mais adiante no texto, vão mudar profundamente o rico ambiente de debates, polêmicas e busca de alternativas no campo da cultura. Como observou Mikhailov (2008, p. 231), naqueles anos "[...] ninguém sabia ainda como agir", em especial no âmbito da cultura, dada a amplitude e a grandiosidade de desafios colocados pela radicalidade da revolução. Em 1929, com a ascensão da burocracia e do stalinismo, o "liberal" Lunatchárski (Mikhailov, 2008, p. 544) não tinha mais espaço para sua atuação plural. Ele pediu demissão do Comissariado. Para seu lugar foi indicado Litkens, totalmente afinado com o novo contexto político-cultural e institucional, estatal e partidário. Para ele, o Comissariado tinha "[...] encalhado em iniciativas culturais genéricas" e não se ocupou de questões sérias, como a educação técnica (Willet, 1987, p. 87).

MUTAÇÕES DAS POSIÇÕES DO ESTADO E DO PARTIDO

A revolução antecipada surpreendeu a sociedade e a cultura, russas e internacionais. O próprio Partido Bolchevique, liderança da revolução, não tinha clareza de todas as medidas a serem tomadas, inclusive no campo da cultura. A construção das políticas específicas para as diversas áreas mostrou-se um desafio e uma fonte de experimentações notáveis. A criação imediata do Comissariado e a nacionalização de edifícios e obras de arte, em 25 de novembro de 1917, em conjunto com medida semelhante relativa às propriedades rurais, tornaram-se atitudes significativas nesse contexto de indefinições e possibilidades (Palmier, 1976, v. 3, p. 179).

Seguiram-se diversos decretos e ações para proteção de monumentos, preservação da herança cultural e para tornar a cultura acessível ao povo. Um inventário das obras de arte foi elaborado. Os bolcheviques nacionalizaram palácios e os transformaram em museus (Palmier, 1976, v. 3, p. 174-83). Em 1919, os teatros passaram a ser geridos pelo Estado (Palmier, 1976, v. 3, p. 280). Intervenções aconteceram em outras áreas culturais. Especial ênfase dedicou-se ao cinema, uma das esferas simbólicas consideradas mais relevantes por seu impacto sobre a população. Lenin demonstrou "enorme interesse" pela cinematografia (Lunatchárski, 1975, p. 17). A própria constituição do *Proletkult*, ainda que inicialmente não inscrita em registro estatal ou partidário, demonstrou a preocupação dos agentes revolucionários com sua atuação no campo político-cultural. No entanto, o quadro não pode ser pintado como algo idílico. No IX Congresso do partido, educação e cultura não estavam em pauta. Conforme Palmier (1976), elas não se colocavam entre os problemas urgentes a serem tratados em anos de guerra civil e de fome. Além disso, havia o desconforto com o *Narkompros*, pois ele "[...] utilizava muitos intelectuais sem partido" (Palmier, 1976, v. 3, p. 291). No outono de 1922, o governo soviético expulsou 160 membros da intelectualidade considerados contrários à revolução (Mikhailov, 2008, p. 310). Essa e aquelas intervenções demonstravam o caráter complexo, as tensões e limitações das políticas culturais empreendidas em uma circunstância altamente conflituosa, inédita e polarizada.

Não é objetivo deste texto acompanhar todo conjunto de medidas tomadas pelo governo revolucionário no âmbito da cultura. Os exemplos listados, longe de exaustivos, pretendem sinalizar que a questão cultural não estava esquecida, nem priorizada, nos horizontes do partido e do governo. Por exemplo, em primeiro de julho de 1925, o Comitê Central do já então Partido Comunista, mais importante órgão partidário, tomou uma resolução sobre a política cultural do partido, e, por consequência, do governo. O texto fala de "[...] uma tarefa mais complexa do que as outras"; recomenda que os "companheiros de viagem" sejam bem tratados, e suas tendências, respeitadas; afirma o combate às correntes antiproletárias; encoraja autores proletários; ataca o desprezo à herança cultural e as tentativas de criar uma cultura proletária na marra (Serge, 1989, p. 52). O partido declara-se a favor da livre disputa das escolas culturais e recusa-se a destinar a qualquer grupo o monopólio da atuação na área da cultura e, em especial, no campo editorial: "Conferir esse monopólio mesmo à literatura mais proletária por suas ideias seria matar essa literatura". O partido se colocou contra "[..] intervenções administrativas, arbitrárias e incompetentes na literatura". Victor Serge avalia o documento como "[...] uma excelente resolução" (Serge, 1989, p. 53).

Sem dúvida, tal opinião deve ser considerada, em especial, se comparada aos decretos e deliberações que no final da década e início dos anos 1930 vão alterar drasticamente tais posicionamentos. No entanto, cabe assinalar que a resolução, junto com aquela outra decisão a respeito da autonomia dos embates político-culturais, não esconde uma nítida tomada de posição contrária às orientações do *Proletkult* e mesmo das vanguardas. Ela, no geral, está em sintonia com o pensamento cultural prevalecente entre dirigentes, como Lenin e Trotski, e, em certo sentido, também do próprio Lunatchárski. Trotski, em seu livro, escreveu que o partido não tem e nem pode ter decisões prontas sobre as diversas questões do campo da cultura. Ele afirmou que não há nesse registro motivos para precipitação e intolerância (Trotski, 1969, p. 121-2). Ele disse que a concepção marxista de condicionamento da arte não pode legitimar o desejo de "[...] dominar a arte por meio de decretos e prescrições" (Trotski, 1969, p. 149). Ele reconheceu que a obra de arte deve ser julgada, "[...] primeiramente, segundo suas próprias leis, isto é, segundo as leis da arte". Mas ressaltou que "[...] só o marxismo pode explicar por que e como, num determinado período histórico, aparece tal tendência artística [...]" (Trotski, 1969, p. 156).

Para Lunatchárski (1975, p. 77) "[...] o Estado não tem a intenção de impor à força aos artistas nem suas ideias revolucionárias nem seus gostos". Ao mesmo tempo, por ser o dirigente político-cultural, não pode abdicar de interferir no campo cultural por outros meios como o convencimento, o estímulo e a educação. O governo, de acordo com sua visão, deve combinar salvaguarda da cultura e apoio à inovação cultural: "O governo nunca porá obstáculos ao desenvolvimento do novo, por mais duvidoso que seja". A atitude deve ser de prudência para evitar erros e "[...] não esmagar nada que, sendo digno de viver", mas todavia "[...] imaturo e pouco consolidado" (Lunatchárski, 1975, p. 84). O poder soviético deve igualmente conjugar o acesso à herança cultural com o estímulo ao surgimento de "porta-vozes artísticos da alma popular" (Lunatchárski, 1975, p. 95).

No final dos anos 1920 e início da década de 1930, a situação modifica-se brutalmente. Muitas das políticas culturais anteriores se quedam sem sustentação. O primeiro plano quinquenal de Stálin não se constituiu só em um programa de industrialização acelerada e coletivização da agricultura. Ele convocou "[...] todas as artes em uma campanha para a construção de uma sociedade nova" (Figes, 2010, p. 564). A Associação Russa dos Escritores Proletários, recém-formada em 1928, funcionou como "[...] ala literária do plano quinquenal". Ela se concebeu como "[...] a vanguarda literária de uma verdadeira revolução cultural contra a velha intelectualidade". Em sua revista, a Associação declarou, sem mais, que a única tarefa da literatura soviética era retratar o plano quinquenal e a luta de classes (Figes, 2010, p. 562).

Estavam abertos caminhos para a perseguição às vanguardas, que, segundo a Associação, ocultavam os inimigos burgueses (Figes, 2010, p. 562). Tais campanhas foram tacitamente toleradas ou aprovadas pelos dirigentes soviéticos (Willet, 1987,

p. 105). O novo contexto forçou Lunatchárski a se demitir do Comissariado. Seu substituto estava totalmente alinhado com tais procedimentos e posicionamentos. As obras de cultura independentes foram colocadas sob suspeita, e as críticas passaram a ser encaradas como crimes. De modo veloz acontecem inúmeras mudanças. Em março de 1931, uma resolução do partido intitulada "Sobre a arte dos manifestos" introduziu a censura em todos os manifestos culturais (Günther; Hielscher, 1977, p. 12). Em 23 de abril de 1932, o Comitê Central lançou a resolução "Sobre a reestruturação das organizações literárias e artísticas". Todas as organizações existentes foram compulsoriamente extintas e foram criadas associações unificadas por setores culturais, de caráter altamente oficialista. Segundo o documento, as entidades haviam se tornado "estreitas" e freavam o "impulso de criação". Com isso, ainda conforme a resolução partidária, as associações corriam perigo de se pautarem por um "isolamento sectário" e se afastarem das "tarefas políticas do presente", com destaque para a construção socialista (Strada, 1987, p. 189).

Em outubro de 1932, na casa de Górki em Moscou, aconteceu um famoso encontro que reuniu Stálin, outros dirigentes soviéticos e cinquenta personalidades do campo cultural. Na reunião, discutiu-se o realismo socialista (Figes, 2010, p. 565). Pouco depois, em 1934, no Primeiro Congresso da União dos Escritores, foi aprovada a doutrina do realismo socialista, imposta a toda cultura soviética desde então (Figes, 2010, p. 565-6). O realismo socialista não buscava retratar a realidade como ela existia, mas como deveria ser (Figes, 2010, p. 566). Um dos formuladores do realismo socialista chegou a escrever: "[...] o artista do proletariado será não apenas o realista mais lúcido, mas também o maior dos sonhadores" (Fadeiev *apud* Strada, 1987b, p. 188). A orientação imposta pelo partido preocupou-se com os conteúdos e os formatos. A decisão "[...] exigia sobretudo perspectivas otimistas e adesão a modelos artísticos do século XIX" (Willet, 1987, p. 105). Até o final da década de 1930, o regime abandonou por completo a inquietação de atuar e inovar na dimensão político-cultural e abandonou todo e qualquer enfrentamento da questão da nova cultura demandada pela transformação revolucionária da sociedade, seja ela concebida como democratização da cultura burguesa progressista vigente, seja como cultura proletária ou socialista.

O regime se voltou para tradições nacionalistas russas do século XIX. A partir delas, distorcendo-as e empobrecendo-as, formulou o realismo socialista. As tentativas de construir uma cultura proletária sofreram repressão; as inovações estéticas foram perseguidas como formalismo, e o famoso herói positivo passou a frequentar toda as obras culturais soviéticas invariável e obrigatoriamente. A posterior radicalização do realismo socialista no chamado zdhanovismo empobreceu ainda mais a criação político-cultural, advinda da Revolução Russa. O assassinato de boa parte dos dirigentes da revolução soviética, decretado por Stálin por meio de "julgamentos" forjados, conviveu no tempo com a depressão da cultura. Vittorio Strada, em texto intitulado "Do 'realismo socialista' ao zdhanovismo", analisou esse trágico momento da cultura russa (Strada, 1987b). O retrocesso e a submissão plena da cultura à política efetivaram-se de modo completo.

REVOLUÇÃO RUSSA E NASCIMENTO DAS POLÍTICAS CULTURAIS

Como foi visto, a Revolução Russa colocou com toda radicalidade a questão do que fazer no campo da cultura. Nela, temas fundamentais do campo das políticas culturais vêm à tona. O que fazer com a herança cultural? Como encarar a possibilidade de uma nova cultura? Quais as configurações da nova cultura, caso ela possa ser construída? Quais são os agentes formuladores e realizadores das políticas culturais? Como o patrimônio cultural e a inovação da cultura devem ser tratados? Como ampliar o acesso da população à cultura existente? Como estimular o nascimento de novos criadores, em especial populares? Quais devem ser as relações entre Estado e sociedade nas políticas culturais? Qual a institucionalidade cultural necessária para desenvolver a cultura?

Como formar equipes para trabalhar a questão cultural? Quais as fronteiras entre cultura e propaganda? Como se articulam cultura e técnica? A criação cultural deve ser livre ou tutelada? Como se relacionam cultura e política? Esse complexo conjunto de questões, de maneira certamente desigual, povoaram as disputas político-culturais da Revolução Russa. Naqueles anos foram: construídas estruturas institucionais; acionados recursos; elaboradas legislações; reunidas equipes; escolhidos dirigentes; realizados encontros e debates; definidos objetivos e metas; desenvolvidas intervenções articuladas, continuadas e sistemáticas; enfim, um longo caminho se trilhou em direção às políticas culturais.

O turbilhão chamado revolução, pelas características apontadas, não tinha produzido respostas para todas aquelas perguntas ou para se locomover tranquilamente entre elas. Muitas das questões ganharam visibilidade, sem sequer produzir respostas satisfatórias ou mesmo sem ser capazes de formular algumas respostas. A revolução encontrou seus agentes sem um programa cultural elaborado e claro. O mesmo foi construído com avanços, tensões e retrocessos, durante o processo revolucionário. As políticas culturais da direção soviética, instaladas no governo e no partido, foram perseguidas naqueles anos turbulentos. As dinâmicas da política e da cultura se aproximaram, repeliram, complementaram, conflitaram, tencionaram etc. Nessa complexa circunstância histórica inaugural, parece plausível propor a hipótese de que a Revolução Russa inventou as políticas culturais. Um conjunto significativo de ações, dados e ideias pode abalizar a hipótese. Em determinados instantes, em especial entre os difíceis anos de 1917 e 1924, tal hipótese esteve perto de ser confirmada. Os fatores constitutivos e delimitadores das políticas culturais estavam em cena e em processo de conformação. Parecia que a Revolução Russa também seria inauguradora das políticas culturais.

Os (des)caminhos trilhados pela revolução interditaram a completude do itinerário, e os enormes retrocessos políticos e culturais fizeram que as belas promessas nesse campo se esvanecessem, dissipando as possibilidades de sua concretização em plenitude. O controle ferrenho da organização dos criadores culturais e de suas obras, entronizado em entidades e obras oficialistas, foi adensado pela imposição da censura, pela confecção arbitrária de regras canônicas para a elaboração da obra cultural e pela imposição de duros modelos. Em lugar da experimentação de conteúdos e formatos, base da criatividade, invenção e inovação culturais, a mera reprodução de ideias e formas alheias, pré-fabricadas, prontas e impostas a ferro e fogo. O colapso da rica cultura russa foi eminente e evidente, com exceções excepcionais. A "cultura" zdhanovista, seu "realismo socialista" extremado e sua "ciência proletária" não passaram de embustes, de pastiche cultural. Sacrificada a cultura, como falar em políticas culturais? A instrumentalização e a subordinação completas da cultura à política bloquearam a dinâmica própria da cultura e a capacidade de existirem políticas culturais, que requerem para sua floração a superação da unilateral submissão da cultura à política e a tessitura de uma circunstância virtuosa na qual a política passa, primordialmente, a ser meio para o desenvolvimento da cultura. A negação da hipótese de que a inauguração das políticas culturais no mundo ocidental ocorreu no período revolucionário soviético não pode – nem deve – obscurecer o instante mágico e singular da Revolução Russa, que produziu criadores e obras culturais geniais e quase inventou as políticas culturais, por meio de um experimento prévio inovador, que não conseguiu subsistir ao autoritarismo stalinista.

REFERÊNCIAS

ARVATOV, Boris. *Arte y producción*. El programa del productivismo. Madri: Alberto Corazon Editor, 1973.

ARVATOV, Boris. *Arte, produção e revolução proletária*. Lisboa: Moraes Editores, 1977.

BANDEIRA, Moniz; MELO, Clovis; ANDRADE, A. T. *O ano vermelho*: a Revolução Russa e seus reflexos no Brasil. Rio de Janeiro: Civilização Brasileira, 1967.

BOGDANOV, Aleksandr. *La science, l'art et la clase ouvriére*. Paris: Maspero, 1977a.

BOGDANOV, Aleksandr Aleksándrovitch. *La ciencia y la clase obrera*. Barcelona: Editorial Anagrama, 1977b.

DELUY, Henri. A. A. Malinovsky alias Verner, Riadovoi, Bakhmetev, Reinert, Maksinov alias Bogdanov. Em: BOGDANOV, A. *La science, l'art et la clase ouvriére*. Paris: Maspero, 1977a, p. 189-214.

FEIJÓ, Martin Cezar. *O que é política cultural?* São Paulo: Brasiliense, 1983.

FERNÁNDEZ, Xan M. Bouzada. Financia acerca del origen y génesis de las políticas culturales occidentales: Arqueologías y derivas. *O público e o privado*, Fortaleza, 2007, n. 9, p. 111-47.

FIGES, Orlando. *El baile de Natacha.* Una historia cultural rusa. Barcelona: Edhasa, 2006.

GOLDMAN, Wendy. A libertação das mulheres e a Revolução Russa. Em: JINKINGS, Ivana; DORIA, Kim (org.). *1917*: o ano que abalou o mundo: cem anos da Revolução Russa. São Paulo: Boitempo/Edições Sesc São Paulo, 2017, p. 63-76.

GOMIDE, Bruno Barretto (org.). *Escritos de outubro*: os intelectuais e a Revolução Russa (1917-1924). São Paulo: Boitempo, 2017.

GÜNTHER, Hans; HIELSCHER, Karla. Introdução. Em: ARVATOV, Boris. *Arte, produção e revolução proletária.* Lisboa: Moraes Editores, 1977, p. 7-20.

JINKINGS, Ivana; DORIA, Kim (org.). *1917*: o ano que abalou o mundo: cem anos da Revolução Russa. São Paulo: Boitempo/Edições Sesc São Paulo, 2017.

LUNATCHÁRSKI, Anatoli. *As artes plásticas e a política na URSS.* Lisboa: Estampa, 1975.

LUNATCHÁRSKI, Anatoli. O poder soviético e os monumentos do passado. Em: GOMIDE, Bruno Barretto (org.). *Escritos de outubro*: os intelectuais e a Revolução Russa (1917-1924). São Paulo: Boitempo, 2017, p. 274-9.

LUXEMBURGO, Rosa. *A Revolução Russa.* Lisboa: Ulmeiro, 1975.

MIKHAILOV, Aleksandr. *Maiakovski:* o poeta da revolução. Rio de Janeiro/São Paulo: Record, 2008.

PALMIER, Jean-Michel. *Lénine: a arte e a revolução*: ensaio sobre a estética marxista. Lisboa: Moraes Editores, 1976. 3 v.

REED, John. *Dez dias que abalaram o mundo*: a história da Revolução Russa. Rio de Janeiro: Nova Fronteira, 2017.

REIS FILHO, Daniel Aarão. *As revoluções russas e o socialismo soviético.* São Paulo: Unesp, 2003.

ROWBOTHAM, Sheila. *Mulheres, resistência e revolução.* Lisboa: Iniciativas Editoriais, 1976.

SERGE, Victor. *Literatura e revolução.* São Paulo: Ensaio, 1989.

STRADA, Vittorio. Da "revolução cultural" ao "realismo socialista". Em: HOBSBAWM, Eric (org.). *História do marxismo.* v. 9. Rio de Janeiro: Paz e Terra, 1987a, p. 108-50.

STRADA, Vittorio. Do "realismo socialista" ao "zdhanovismo". Em: HOBSBAWM, Eric (org.). *História do marxismo.* v. 9. Rio de Janeiro: Paz e Terra, 1987b, p. 151-219.

TROTSKI, Leon. *Literatura e revolução.* Rio de Janeiro: Zahar, 1969.

URFALINO, Philippe. *L'Invention de la politique culturelle.* Paris: Hachette, 2004.

WILLET, John. Arte e revolução. Em: HOBSBAWM, Eric (org.). *História do marxismo.* v. 3. Rio de Janeiro: Paz e Terra, 1987, p. 77-108.

CULTURA VIVA NA IBERO-LATINO-AMÉRICA

INTRODUÇÃO

O ESCRITOR GAÚCHO LUIZ ANTONIO DE ASSIS BRASIL, no romance histórico *Figura na sombra,* traça a errática vida do naturalista Aimé Bonpland, companheiro de Alexander von Humboldt na sua viagem de cinco anos pelas Américas. Contemporâneo da Revolução Francesa, botânico de Josefina e Napoleão, amigo de Simon Bolívar e prisioneiro do ditador paraguaio Doutor Francia, Aimé Bonpland, tomado pela natureza, passa por uma mutação identitária, deixa a Europa para viver e morrer na América do Sul.

O escritor paraguaio Augusto Roa Bastos, em seu livro *Eu o supremo,* desvela a figura enigmática e real de José Gaspar Francia, *el supremo*, ditador e leitor dos iluministas. No livro reencontramos Aimé Bonpland, prisioneiro do supremo durante anos. Roa Bastos tece a história do Paraguai em um texto singular que Angel Rama disse inclassificável, devido a seu trânsito sem fronteiras por variados gêneros: romance, história, biografia, ensaio sociológico, dentre outros.

A literatura, o cinema e a música, no século XX, articularam, expressaram e deram vida à América Latina. Propiciaram diálogos interculturais. O realismo fantástico de Gabriel García Márquez e o real maravilhoso de Alejo Carpentier escrevem sobre a realidade mágica da região. Os filmes de Glauber Rocha e Fernando Solanas conformam imagens duras e poéticas da América Latina. A música de Violeta Parra, Mercedes Sosa, Astor Piazzolla, Caetano Veloso e Gilberto Gil nos permitem auscultar sons e sonoridades latino-americanas. Cito apenas alguns criadores culturais do complexo, diverso e rico espaço cultural, ainda tenazmente em construção.

Ditaduras e neoliberalismos agrediram e deixaram sequelas profundas nesse espaço cultural. Monopólios midiáticos de produção e difusão culturais continuam invadindo, quase sempre com violência, nossos corações e mentes. As culturas latino-americanas resistem e se afirmam, apesar da violência, dos monopólios e das condições desiguais e injustas, das visões colonizadoras e colonizadas. Seus movimentos, por vezes ambíguos e muitas vezes criativos, alternam fluxos e refluxos históricos, tensos, de assimilação, e se contrapõem às concepções de mundo hegemônicas no capitalismo.

No recente horizonte do século XXI, as mutações sociais, econômicas, políticas e culturais acontecidas, em especial nos países latino-americanos pós-neoliberais, abriram novas veredas para superar tal supremacia e possibilitar novos diálogos interculturais. A emergência vigorosa de movimentos político-culturais possibilitará novos horizontes possíveis para a cultura. A autoafirmação de novos segmentos, antes excluídos em múltiplas dimensões – sociais, econômicas, políticas e culturais –, está se traduzindo em inovadores processos culturais. Este texto trata de um deles: o Cultura Viva na América Latina.

CULTURA VIVA

Reconhecer, apoiar e potencializar o que já existe culturalmente. Princípio simples e surpreendente para políticas culturais, em especial, para aquelas voltadas para setores sociais e culturais antes excluídos de qualquer relação cultural com o Estado nacional. Há mais de 10 anos, o Programa Cultura Viva foi criado no Brasil, sendo 2004 seu ano de nascimento. No ano anterior, a confluência de constelações, com Lula presidente e Gilberto Gil ministro, começou a abrir novos horizontes para a cultura viva do povo brasileiro. O programa pretende autonomia, protagonismo, empoderamento e trabalho em rede de agentes e comunidades culturais. Inaugurado o Programa Cultura Viva, ele cresceu em números, orçamento e repercussão. Tentacular, ele tomou o Brasil. O Ministério da Cultura, antes adstrito a poucos territórios do país e concentrado em Brasília, Rio de Janeiro e São Paulo, se esparramou pelo Brasil e conversou com regiões nunca dantes visitadas. Brotaram pontos de cultura, pontões de cultura, pontinhos, pontos de leitura, pontos de memória, economia viva e outras ações inscritas no programa, em desenvolvimento desigual e nem sempre combinado.

O conceito ampliado de cultura, constantemente anunciado e reafirmado por Gilberto Gil (2003), e as políticas de promoção e preservação da diversidade cultural, assumidas pelo Ministério da Cultura, possibilitaram e deram força ao programa. Ele criou uma base social nova para um "novo" ministério, criado em 1985, mas verdadeiramente reinventado a partir de 2003. Desde então o Ministério da Cultura não se relaciona só com artes e patrimônio, áreas tradicionais de sua atuação histórica, mas com a sociedade brasileira em sua complexidade, com agentes e comunidades culturais nunca acionados e reconhecidos pelo Estado nacional. Não parece casual que o programa tenha se instalado formalmente na Secretaria da Cidadania Cultural. Passo relevante para a ampliação do programa aconteceu em 2007, quando Estados e depois municípios se integraram na gestão do Programa Cultura Viva, ainda que nem sempre de maneira compartilhada e explicitamente federativa (Rocha, 2011).

A expansão do programa gerou dificuldades não enfrentadas até 2010, ano final do governo Lula. Ainda que elas possam ter alguma relação com a administração do programa, não parece ser esse o x da questão. Entretanto, a partir de 2011, nas gestões das ministras Ana de Hollanda e depois Marta Suplicy e da Secretaria da Cidadania e Diversidade Cultural, dirigida por Márcia Rosenberg, o problema foi tratado, acima de tudo, como questão gerencial, como um problema de gestão. Em consequência o programa ficou quase paralisado nos anos seguintes, até 2014. Além disso, a incompreensão envolveu ainda a não percepção do papel do Programa Cultura Viva no alargamento da base social e de atuação do ministério, como ficou evidente na gestão Ana de Hollanda. A indiferença da gestão seguinte, de Marta Suplicy, não alterou o paradeiro instalado. Em suma, nesses anos os desafios e inovações do programa foram ignorados, sem mais.

O Programa Cultura Viva, ao gerar a integração entre o Estado e atores, comunidades e modalidades excluídos culturalmente, expôs de modo contundente o caráter excludente e denunciou a inadequação existente no Brasil entre Estado e sociedade. O Estado existente não se voltava para tais setores sociais, antes atendia apenas às demandas dos segmentos dominantes. Transformar esse sintoma em questão de ajustes administrativos e burocráticos deprimiu o potencial de rebeldia contra o Estado elitista. Os pontos de cultura exigem, pelo contrário, refundar o Estado, em uma perspectiva radicalmente democrática e republicana. Ser coerente com o programa implica em não esquecer seu traço inovador, sempre incômodo, nem olvidar seu caráter potencialmente subversivo. A utopia de outro Estado e de outro mundo, inscritos no programa, deve ser assumida como possível em toda sua plenitude (Rubim, 2011).

A gestão quase dedicada aos aspectos burocráticos e gerenciais debilitou o programa e quase o destituiu de seu caráter questionador frente ao caráter de classe e ao elitismo do Estado brasileiro. Sua incorporação como política a ser mantida, ainda que debilitada, decorreu de suas virtudes: de suas visibilidades, nacional e internacional, bem como de certo empoderamento conquistado por seus ativistas. Eles impediram um destino mais drástico. Foram eles, em conjunto com forças político-culturais aliadas, que, mesmo nesse panorama sóbrio, viabilizaram a aprovação da Lei Cultura Viva. A lei n. 13.018, de 22 de julho de 2014, regulamentada em 8 de abril de 2015, instituiu o Programa Nacional Cultura Viva, que assim passou a ser uma política de Estado, ainda que o Estado não tenha sido adequadamente democratizado, com a superação dos impasses do programa.

Dentre as dezenas de estudos já existentes sobre o programa, três deles, realizados pelo Instituto de Pesquisa Econômica Aplicada (Ipea) do Governo Federal, traçam um amplo e crítico panorama do programa. Conforme os estudos do Ipea, existiam no Brasil mais de três mil pontos de cultura, cujas ações atingiam 8 milhões de pessoas de modo esporádico e 900 mil de maneira regular, e envolviam 33 mil trabalhadores, metade deles remunerados (Ipea, 2010; 2011; 2014). O retorno em 2015 de Juca Ferreira, ex-secretário executivo de Gilberto Gil e ministro entre 2008 e 2010, ao Ministério da Cultura pretendeu reverter essa difícil situação, visando atingir a meta prevista no Plano Nacional de Cultura: 15 mil pontos de cultura em 2020 (Ministério da Cultura do Brasil, 2012). Porém o cerco da oposição golpista ao segundo governo Dilma paralisou o governo e pouco pôde ser feito para revigorar o programa.

CULTURA VIVA COMUNITÁRIA

Em contraste com a paralisia brasileira, floresceu na América Latina a partir de 2010 um movimento que seria designado como Cultura Viva Comunitária. Já no ano de 2009, no III Congresso Ibero-Americano de Cultura, promovido pela Secretaria-Geral Ibero-Americana (Segib), em São Paulo, aconteceram diálogos, mas o marco inicial do processo aconteceu em Medellín, de 13 a 16 de outubro de 2010, no Encuentro de Redes Latinoamérica Plataforma Puente – 100 Organizaciones Socioculturales. As mais de cem entidades da sociedade civil e instituições públicas de cultura reivindicaram 1% dos orçamentos nacionais para a cultura e 0,1% para uma cultura viva sem fronteiras. Nesse mesmo ano, ocorreram uma marcha em Buenos Aires e a entrega na Casa Rosada da proposta de lei Cultura Viva. No ano seguinte, também na Argentina, aconteceu o IV Congresso Ibero-Americano de Cultura. Ele reforçou a ideia dos percentuais, definiu as experiências do Cultura Viva Comunitária e criticou a ausência de políticas culturais especificamente voltadas para ela. Nesse momento, a Argentina já possuía centenas de pontos e circuitos (pontões) de cultura.

No Fórum de Cultura Viva Comunitária, realizado em setembro de 2012, também na cidade de Medellín, o Programa Nacional de Cultura Comunitária da Colômbia delimitou seu campo como um conjunto de processos, experiências e expressões culturais que surgem nas comunidades, a partir da cotidianidade e da vivência de seus territórios, promovidas por entidades enraizadas em seus próprios espaços (Plataforma Puente, 2012). Para a pertença ao Cultura Viva Comunitária foram elencadas algumas características, como: pertencimento comunitário, familiar e cotidiano; ação cultural desenvolvida no espaço público, ruas e praças; vinculação com economia social e solidária; protagonismo das mulheres, jovens e adolescentes; ações voltadas para a cultura de paz; trabalho em rede; democracia deliberativa, participativa e comunitária; cuidado do meio ambiente e dos bens comuns; predisposição para a mestiçagem estética e cultural; vocação para a transformação territorial através de movimentos sociais, intervenção política e de cidadania (Balán, 2012).

Todo esse vertiginoso processo desaguou, em maio de 2013, no I Congresso Latino-Americano de Cultura Viva Comunitária, realizado em La Paz, com mais de 1.300 pessoas de 17 países, abrangendo territórios que se estendem desde o México até o Chile. O VI Congresso Ibero-Americano de Cultura, organizado pela Segib, em maio de 2014, assume como tema Cultura Viva Comunitária. Nele se discutiu a criação do Fundo IberCultura Viva para financiar grupos comunitários, a exemplo de programas já existentes: Ibermuseus, Ibermídia, Ibermúsica etc. Em 29 de agosto de 2014, a Red Chilena de Cultura Viva Comunitária realizou seu I Encuentro Pluricultural Cultura Viva Comunitaria. Em novembro de 2014, em Córdoba, ocorreu o I Congresso Nacional Cultura Viva na Argentina. Representantes da Argentina, Bolívia, Brasil, Chile, Colômbia, Costa Rica, El Salvador, Equador, Guatemala, Peru e Uruguai, que fazem parte do Conselho Latino-Americano de Cultura Viva Comunitária, se reuniram em São Paulo de 3 a 7 de dezembro de 2014 para discutir a situação nos países e preparar a Semana de Cultura Viva Comunitária.

O movimento hoje alcança quase todos os países latino-americanos: Argentina, Belize, Bolívia, Brasil, Chile, Colômbia, Costa

Rica, El Salvador, Equador, Guatemala, Honduras, Nicarágua, Panamá, Peru, Uruguai e Venezuela. Além de países, cidades se tornam agentes do programa. Medellín foi a primeira cidade latino-americana a ter uma lei de Cultura Viva Comunitária, aprovada em 2011. As exceções na América do Sul parecem ser Guiana, Suriname e Guiana Francesa. De 25 a 28 de outubro de 2015 ocorreu em El Salvador o II Congresso Latino-Americano de Cultura Viva Comunitária. O IberCultura Viva passa a funcionar. O III Congresso Latino-Americano de Cultura Viva Comunitária aconteceu de 20 a 26 de novembro de 2017, na cidade de Quito, no Equador.

FORMULAÇÕES E REFORMULAÇÕES

A expansão do Programa Cultura Viva para a América Latina não significou apenas a assimilação mimética de uma experiência vitoriosa no Brasil, ainda que entravada e tendo que superar novos percalços políticos impostos pelo golpe midiático-jurídico-parlamentar que depôs a presidenta Dilma Rousseff. Bem distinta da mera cópia, tal ampliação se realizou por meio de diálogo intercultural com as condições e concepções de cada um dos locais assinalados. Dessa maneira, o Programa Cultura Viva Comunitária, em processo de rica construção, resultou de um complexo movimento de assimilações, trocas e transmutações, que incorporou experiências nacionais e locais diferenciadas e, simultaneamente, desenvolveu visões comuns e compartilhadas. Análises mais detalhadas dos variados processos em andamento nos diversos países latino-americanos vão demonstrar este caráter, ao mesmo tempo, diverso e comum. De imediato, o perfil comunitário foi densamente afirmado e reforçado. Por certo, ele está presente no experimento brasileiro, mas não com tal nitidez, identidade e potência. O recurso ao termo "comunitária" na titulação do programa torna-se emblemático dessa nova circunstância.

Outra diferença, observada por Luana Vilutis (2015), diz respeito à presença das culturas digitais no programa. No caso brasileiro, ela aparece como expressiva, devido à sua relevância para a construção de redes e ao obrigatório *kit* tecnológico instalado em cada ponto de cultura. No Cultura Viva Comunitária, com algumas exceções nacionais, as culturas digitais apresentam-se mais como um desafio a ser alcançado do que como um conjunto de experiências de fato realizadas, mesmo que sua relevância seja devidamente reconhecida.

A análise de Luana Vilutis (2015) assinala outra dimensão fundamental das reformulações acontecidas no Cultura Viva Comunitária: a influência que as culturas originárias passam a ter na cosmovisão do programa, em especial aquelas que podem ser traduzidas como "bem viver", tais como *sumak kawsay* (Equador) e *suma qamaña* (Bolívia). Cabe lembrar que o "bem viver" (*sumak kawsay*) foi incorporado mesmo como elemento da nova Constituição do Equador de 2008, não sem disputa e tensões sobre o sentido dessa incorporação, como demonstram recentes conflitos no Equador (Castro, 2015; Castro; Pabón, 2015).

A incorporação da cosmovisão de povos originários traz ou explicita um conjunto relevante de concepções que passam a marcar o ideário do programa e implicam em sua reformulação, sem abandonar suas formulações originárias advindas da experiência brasileira. Novas camadas de sentido são acionadas para dar mais consistência e singularidade ao programa. Os princípios da complementariedade e da relacionalidade passam a ser ainda mais assumidos como valores. O equilíbrio e a satisfação das necessidades, individuais e coletivas, devem se realizar através da compreensão de que existe uma complementariedade indissociável entre sociedade e natureza, da mesma maneira que a vida humana implica sempre em coexistência e convivência em relação aos outros. A comunidade assume expressivo lugar na vida social. Ela emerge como o modo básico de organização da sociedade. Ela se conforma através do acionamento de consensos, diálogos e assembleias. Nesse novo horizonte, complementariedade, relacionalidade e harmonia apresentam-se como vitais para configurar o bem viver.

A convivência cidadã em harmonia com a natureza e com a comunidade se contrapõe às visões e modos de vida trazidos e impostos pelos colonizadores. A destruição e o silenciamento impingidos pela colonização ocidental não tiveram potência suficiente para destituir esses povos e comunidades de sua cosmovisão, mesmo que os tenha afetado e rivalizado. A persistência, apesar de tudo, dessas concepções de mundo possibilita um bom alicerce para a luta pela descolonização do saber naquelas regiões e registros onde a colonização se impôs com mais força. A reafirmação e realização do bem viver implicam, por conseguinte, na busca continuada de descolonização do saber, na disputa em torno de modos de ver e viver o mundo.

Ainda que o tema do desenvolvimento esteja distante dos imaginários dos povos originários e seja, por conseguinte, um componente nascido e trazido pela visão de mundo ocidental, cabe assinalar que a inscrição da América Latina nesse contexto cultural contemporâneo impõe o tema do desenvolvimento como complexa questão a ser enfrentada por esses países, como assunto inexorável a ser discutido e enfrentado. As relações entre a cosmovisão do bem viver e o desenvolvimento não parecem simples e tranquilas. Elas não podem ser esquecidas e desconsideradas, mas configuram-se sempre como complexas, necessárias e tensas.

OBSERVAÇÕES FINAIS

Obrigatória agora uma "viagem à semente", para lembrar o interessante conto de Alejo Carpentier. Cabe revisitar os anos 1960 e 1970, quando a América Latina se integrou e se recriou nas maravilhosas obras de muitos de seus criadores culturais. Seus intelectuais, artistas e pensadores, umbilicalmente associados aos movimentos político-culturais e ao seu tempo/espaço, teceram de maneira inventiva a América Latina. No século XXI, essa tessitura parece vir também, ou principalmente, de outro horizonte cultural: dos ativistas e das comunidades político-culturais colocados em movimento, em especial, pelas mudanças políticas e culturais em andamento na América Latina, com destaque para os países pós-neoliberais, que terminaram contaminando a região. O retrocesso político que se impôs em alguns desses países representa um grave perigo a ser enfrentado.

Diferente da criativa circunstância anterior, hoje os agentes dessas manifestações culturais glocais, mestiçagens de reafirmações do local em um ambiente intensamente global, parecem ser setores populares, com seus ativistas e suas comunidades culturais, que conquistaram mais efetivamente sua cidadania cultural e passaram a exercer seus direitos culturais. Tal mutação deve ser encarada em toda sua novidade e potência nas dimensões políticas e culturais. Ela resulta e expressa a nova América Latina, reinventada no século XXI, e agora sob forte pressão e tensão.

A afirmação do local, de suas tradições, de seus modos de vida e cosmovisões não significa a busca nostálgica de um mundo quase perdido, mas novas possibilidades de diálogos entre tradição e modernidade, mesmo que isso não se faça sem arestas e fricções. A reafirmação das tradições opera em um ambiente globalizado e aciona recursos próprios dessa sociedade rede, para lembrar Manuel Castells. Pesquisa realizada nos anos 2004 e 2005, inserida nas Cátedras de Integración del Convenio Andrés Bello, sob o título "Políticas e redes de intercâmbio e cooperação em cultura no âmbito ibero-americano", constatou a existência naqueles anos de poucas redes culturais na região, mas detectou também uma expansão crescente das redes entre 1998 e 2004: de zero para 16 redes, em aumento constante (Rubim; Rubim e Vieira, 2006). O panorama atual, sem dúvida, aponta para uma proliferação de redes, e uma proliferação de redes que congregam redes. Essa constelação de redes possibilita reavivar o velho sonho da América Latina integrada, mas com o reconhecimento, na contemporaneidade, de sua diversidade cultural, de sua mestiça interculturalidade e da urgência de mais e melhores diálogos interculturais. O Cultura Viva e o Cultura Viva Comunitária fazem parte desse complexo, longo e rico processo de transformação social.

REFERÊNCIAS

ASSIS BRASIL, Luiz Antonio de. *Figura na sombra*. Porto Alegre: L&PM, 2012.

BALÁN, Eduardo. Cultura, descolonización y buen vivir. Em: ROLDÁN, Jairo Adolfo Castrillón (org.). *Memorias del Foro Nacional de Cultura Viva Comunitaria*. Medellín: Corporación Cultural Canchimalos, 2013.

BARBOSA, Frederico; ARAÚJO, Herton (org.). *Cultura Viva*: avaliação do Programa Arte, Educação e Cidadania. Brasília: Ipea, 2010.

BARBOSA, Frederico; CALABRE, Lia (org.). *Pontos de Cultura*: olhares sobre o Programa Cultura Viva. Brasília: Ipea, 2011.

BARBOSA, Frederico; LABREA, Valéria (org.). *Linhas gerais de um planejamento participativo para o Programa Cultura Viva*. Brasília: Ipea, 2014.

BASTOS, Augusto Roa. *Eu o supremo*. Rio de Janeiro: Paz e Terra, 1977.

CARPENTIER, Alejo. Viagem à semente. Em: BUENO, Salvador (org.). *Contos cubanos do século XX*. Curitiba: Criar Edições, 1986, p. 79-90.

CASTRO, Luísa de. Protestos e mobilização nacional agitam o Equador. *Brasil de Fato*, São Paulo, 20 a 26 de agosto de 2015, p. 13.

CASTRO, Luísa de; PABÓN, Santiago. Dilemas plurinacionais de um projeto em disputa. *Brasil de Fato*, São Paulo, 20 a 26 de agosto de 2015, p. 13.

GIL, Gilberto. *Discursos do ministro da Cultura Gilberto Gil – 2003*. Brasília: MinC, 2003.

HOUTARD, François. El concepto de sumak kawski (buen vivir) y su correspondencia en el bien común de la humanidad. Disponível em: http:www// alainet.org/es/active/47004. Acesso em: 21 ago. 2015.

HOUTARD, François. *Dos bens comuns ao bem comum da humanidade*. Bruxelas: Fundação Rosa Luxemburgo, 2011.

MINISTÉRIO DA CULTURA DO BRASIL. *Seminário Internacional do Programa Cultura Viva*: novos mapas conceituais. Brasília: MinC, 2009.

MINISTÉRIO DA CULTURA DO BRASIL. *As metas do Plano Nacional de Cultura*. Brasília: MinC, 2012.

PLATAFORMA PUENTE. *Programa Nacional Cultura Viva Comunitária*. Disponível em: www. culturavivacomunitaria.org/cv. Acesso em: 21 ago. 2015.

ROCHA, Sophia. *Programa Cultura Viva e seu processo de estadualização na Bahia*. 2011. Dissertação (Mestrado em Cultura e Sociedade) – Faculdade de Comunicação, Universidade Federal da Bahia, Salvador, 2011.

RUBIM, Antônio Albino Canelas. Programa Cultura Viva: Projetos Pontos de Cultura. Em: MINISTÉRIO DA CULTURA DO BRASIL. *Seminário Internacional do Programa Cultura Viva. Novos mapas conceituais*. Brasília: MinC, 2009, p. 21-2.

RUBIM, Antônio Albino Canelas. *As políticas culturais e o governo Lula*. São Paulo: Fundação Perseu Abramo, 2011.

RUBIM, Antônio Albino Canelas; RUBIM, Iuri; VIEIRA, Mariella Pitombo. Actores sociales, redes y políticas culturales. Em: CONVENIO ANDRES BELLO. *Cátedras de integración Convenio Andrés Bello*. Bogotá: Convenio Andrés Bello, 2006, p. 13-64.

TURINO, Célio. *Pontos de Cultura*: o Brasil de baixo para cima. São Paulo: Anita Garibaldi, 2009.

TURINO, Célio. Cultura a unir povos. *Revista Observatório Itaú Cultural*, São Paulo, 2015, v. 18, p. 66-75.

VILUTIS, Luana. *Presenças e ausências da economia solidária nas políticas culturais*. 2015. Tese (Doutorado em Cultura e Sociedade) – Faculdade de Comunicação, Universidade Federal da Bahia, Salvador, 2015.

UNIVERSIDADES, POLÍTICAS CULTURAIS E PLANOS DE CULTURA[1]

A APROVAÇÃO DO PLANO NACIONAL DE CULTURA (PNC) em 2010 desencadeou no Brasil, como bom efeito colateral, um revigoramento do tema dos planos de cultura. O debate e a atuação, em certa dimensão, já estavam anunciados no próprio PNC, pois ele implica, em sua lógica federativa, na instalação de planos estaduais, distrital, municipais, setoriais e, em alguns casos, territoriais e regionais de cultura. Assim, ele prevê mobilizar o país em torno da discussão da temática visando, em seguida, o florescimento de planos de cultura em diferentes lugares e segmentos da sociedade brasileira. Para além do impacto inscrito no PNC, aconteceram outros interessantes desdobramentos imprevistos por meio do acionamento da temática em ambientes não determinados no Plano, como foi e está sendo o caso das universidades. Desde então, em muitas instituições universitárias brasileiras, em geral públicas, federais e estaduais, a preocupação com as políticas culturais universitárias e, em consequência, com os planos de cultura dessas instituições ganhou a agenda e surgiram inúmeras iniciativas com tais objetivos. Acompanhar os enlaces entre universidades e planos de cultura, no contexto atual, emerge como horizonte deste texto.

---

1   Este texto é uma versão revista e atualizada do artigo "Universidade, cultura e políticas culturais", com vistas a dar mais atenção às relações entre universidades e planos de cultura.

ALGUNS DESAFIOS CONTEMPORÂNEOS DAS UNIVERSIDADES

A instituição universitária, milenar no mundo e tão somente centenária no Brasil, enfrenta na contemporaneidade múltiplos desafios. Alguns deles antigos, mas hoje atualizados em horizontes que os potencializam, a exemplo da inserção internacional do conhecimento, agora inscrita em um mundo glocal, no qual os fluxos se realizam cotidianamente de modo planetário, em tempo real. A universidade sempre funcionou alicerçada em parâmetros e relações internacionais. A contemporaneidade acentua o caráter cosmopolita da instituição e, ao mesmo tempo, demanda, cada vez mais, sua integração local, como instituição comprometida com o desenvolvimento e a democracia de sua sociedade e comunidade.

Outros desafios são constantemente renovados, o que ocorre na formação profissional em um ambiente de aceleradas transformações sociotecnológicas, que destroem e criam profissões de modo insistente. Tais mutações não podem jamais esquecer o dever ser utópico de práticas, teorias e valores inerentes à qualificada formação e ao exercício profissional, em uma perspectiva de compromisso cidadão. A universidade não pode formar (apenas) para o mercado, como muitos insistem apressadamente, pois o mercado de trabalho se encontra em veloz mutação. A instituição universitária deve ter capacidade de antever as transformações sociotecnológicas do mundo do trabalho. Ela não pode estar aprisionada às modalidades existentes de exercício profissional, com suas perfeições e imperfeições, mas ser capaz de lidar com o trabalho profissional, no limite máximo possível de qualidade técnica e exigência ética. Ou seja, em um horizonte utópico que busca o desempenho em nível máximo de excelência do exercício profissional, distante, por conseguinte, das várias limitações impostas ao trabalho pelo regime capitalista.

O conhecimento contemporâneo, em mutação acelerada, introduz um novo componente na vivência universitária. A articulação entre ensino, pesquisa e extensão necessita ser completada com a perspectiva de uma educação permanente, ou seja, o compromisso da universidade pública com o corriqueiro retorno dos ex-alunos para atualizações do conhecimento, imprescindíveis a cidadãos e profissionais sintonizados com as exigências da atualidade. A necessidade de atualização continuada não implica em considerar que todo conhecimento universitário se torna volátil. Verdade apenas parcial, pois existe um núcleo mais fundante e persistente de saberes, que possibilita inclusive desvelar as mudanças do conhecimento. Tal núcleo deve se configurar no objeto privilegiado da formação universitária. Essas percepções podem sugerir mesmo a diminuição temporal dos cursos universitários (Barreto Filho, 2019). O documento elaborado por comissão de especialistas indicados pelo então ministro Fernando Haddad caminhou nesta perspectiva (Academia Brasileira de Ciências, 2004).

Ao tripé ensino, pesquisa e extensão, que identifica a universidade, parece necessário acrescentar, além de sua atividade de graduação e pós-graduação, outro componente voltado à educação permanente dos profissionais no mundo contemporâneo. Hoje já não se formam mais profissionais para o resto da vida, como antes. As profissões pedem uma constante atualização, devido à vertiginosa mutação do conhecimento no mundo contemporâneo. Soma-se a isso o aparecimento acelerado de novas áreas de trabalho que demandam formação.

O velho desafio da formação técnica articulada com a humanística, cultural e científica retorna para além dos estritos anos de graduação universitária (Readings, 2002). A abertura da instituição para o reconhecimento de saberes oriundos de fora da universidade torna-se desafio para sua melhor conexão com a sociedade e as múltiplas modalidades de conhecimentos existentes no presente. Indispensável ser consciente de que a escola e a universidade já não detêm o monopólio do saber no mundo atual. Ele é produzido e transmitido por diferenciadas instituições e redes, a exemplo dos meios de produção e difusão de bens culturais (Certeau, 1995) e dos ambientes digitais. Tal reconhecimento floresce como requisito para viabilizar uma universidade sintonizada com seu entorno, imediato e/ou longínquo. A abertura para reconhecer e encontrar saberes ancestrais, artísticos, populares e outros interpela a universidade que se deseja contemporânea. Diálogo intercultural, promoção e preservação da diversidade cultural aparecem como valores da instituição antenada com o século XXI.

De modo similar, emerge o desafio de equacionar na instituição saberes disciplinares e mit (*multi-inter-trans*) disciplinares. Desafio nada desprezível em uma instituição milenar estruturada de maneira marcadamente disciplinar. A necessidade de absorver, inclusive em termos institucionais, de modo colaborativo, tais formatos de conhecimento guarda relação íntima com a possibilidade de a universidade se conformar como efetivamente atual. Conciliar e combinar na sua institucionalidade conhecimentos disciplinares, que mantêm sua relevância e validade, com os novos conhecimentos mitdisciplinares ganham destaque entre as questões contemporâneas mais relevantes, que perpassam a instituição universitária.

Por fim, revive o desafio de a universidade retomar seu papel de intelectual público (Jacoby, 1990), com a discussão de grandes temas, que alimentam e mobilizam a sociedade, agora em vertente glocal. Tomada por uma dinâmica acadêmica cada vez mais especializada, a universidade se afastou de uma interação mais aberta com a população não acadêmica e, por conseguinte, quase abandonou o debate mais amplo dos temas públicos presentes nas agendas de suas comunidades. O desafio atual da instituição universitária se expressa como capacidade de combinar a alta qualidade do conhecimento produzido e transmitido com a qualidade de sua intervenção pública junto a segmentos não acadêmicos. Dessa combinação depende em muito a percepção da relevância social da instituição, essencial em tempos de ataques das classes dominantes à universidade como o vivenciado hoje no Brasil.

O tema da cultura na universidade floresce em diversos dos desafios apontados acima, mas a cultura brota também como desafio singular e vital a ser enfrentado pela instituição universitária. Ela cria, transmite e desenvolve inúmeras atividades culturais no seu dia a dia. Apesar disso, ela não reconhece o seu papel cultural em um patamar institucional adequado e, por conseguinte, termina por não se conceber e desenvolver em plenitude como instituição cultural que verdadeiramente é. Enquanto no campo da ciência e da pesquisa a universidade possui políticas, estruturas e recursos alocados especificamente, o mesmo não ocorre no campo cultural. O campo cultural, com raras exceções no Brasil, por meio de suas inúmeras atividades, permeia muitos lugares universitários, sem que tal presença se traduza em políticas, estruturas e recursos adequados à dimensão dessas atividades. Sequer a instituição universitária possui um conhecimento mais sistemático das atividades que realiza na sua atuação cultural. Assim, o tema da cultura afirma-se como crucial desafio para a universidade, como se verá neste texto.

Em sua existência milenar a instituição universitária já assumiu muitas configurações, desempenhou variadas finalidades e manteve diversos tipos de relacionamentos com a sociedade (Minogne, 1981; Faria, 2003). Não cabe no presente texto acompanhar toda essa rica trajetória humana e social. Assim, é necessário apenas assinalar que hoje a universidade, em especial a pública, necessita desenvolver um complexo e permanente enlace com a sociedade, em sintonia fina, e compromisso com a democracia, os direitos humanos e sociais, a diversidade cultural e o desenvolvimento sustentável da nação e do mundo. É preciso lembrar que, enquanto instituição pública mantida por impostos pagos pela população, a universidade tem obrigatoriamente que ser legitimada pela sociedade. Nesse sentido, seu trabalho deve ser considerado relevante pela população. O conhecimento produzido; os cidadãos formados; as atividades de ensino, pesquisa, extensão, educação permanente e gestão realizadas; a ciência e a cultura desenvolvidas; os conhecimentos disciplinares e mitdisciplinares acionados; os encontros de saberes efetivados servem de indicadores e balizadores dessa complexa relação social, que reivindica uma espécie de reinvenção da instituição universitária para o século XXI, como havia proposto Boaventura Santos (1997) um pouco antes. O presente texto se debruça especificamente sobre um desses laços, aquele configurado entre universidade, políticas culturais e planos de cultura.

UNIVERSIDADE (PÚBLICA) E CULTURA NO BRASIL

A instituição universitária brasileira nasceu no século XX, tardiamente. Ela tem apenas uma centena de anos. Existência nada significativa se comparada à história milenar da instituição no mundo ou mesmo à sua trajetória na América Hispânica. Na época das suas independências, ela já possuía mais de 30 universidades, algumas delas fundadas no século XVI, como a de San Marcos, instalada em Lima, no Peru, no ano de 1551. O atraso da instituição universitária no Brasil denúncia o gravíssimo desinteresse das classes dominantes com o tema da educação no país. Culpar os portugueses por essa triste tradição pode até ser cômodo, mas o nascimento da universidade brasileira depois de 100 anos da nossa independência é uma prova cabal do desinteresse das classes dominantes brasileiras pela educação e pela universidade. Além de tardia, a universidade foi e ainda é vítima permanente de atentados e repressão, como aconteceu com a Universidade do Distrito Federal nos anos 1930 e a Universidade de Brasília na década de 1960. Aliás, os processos de renovação do modelo universitário têm sido sistematicamente interrompidos no país (Barreto Filho, 2019). Apesar dessa convivência difícil, a universidade pública brasileira conseguiu se desenvolver e se consolidar em um patamar científico e cultural expressivo, sendo responsável hoje pela quase totalidade da pesquisa no país e por uma ativa presença cultural. Cabe destacar seu papel na resistência contra autoritarismos e em favor da democracia e das liberdades, condição essencial para exercer sua autonomia.

A atuação cultural da universidade ocorre em múltiplas dimensões. Em um sentido amplo, a formação de todos seus estudantes implica na transmissão da herança cultural e no acionamento de culturas humanísticas e técnicas, quaisquer que sejam suas áreas de conhecimento. Nessa perspectiva ampliada da noção de cultura, toda atividade educativa é cultural, pois transmite aos alunos saberes gerais e especializados, ligados aos respectivos cursos. Em um horizonte mais delimitado, a cultura está presente em determinados espaços acadêmicos da universidade, sob a modalidade de: artes, patrimônio, museus, estudos culturais, políticas e gestão culturais, culturas populares, culturas digitais, bibliotecas, gastronomia, moda; e em áreas temáticas específicas dedicadas à cultura em diferentes disciplinas, tais como: administração, antropologia, arquitetura, ciências da informação, computação, comunicação, direito, economia, educação, filosofia, geografia, história, letras, psicologia, sociologia, dentre outras.

No horizonte conceitual mais restrito da cultura, a universidade desenvolve atividades de ensino, pesquisa, extensão e educação permanente. Ela possui um conjunto de cursos de formação graduada e pós-graduada voltados para campos culturais em sentido delimitado, envolvendo artes, patrimônio e outros registros culturais. A universidade realiza investigações sobre cultura em suas unidades disciplinares e mitdisciplinares, além de possuir, muitas vezes, centros de pesquisa vocacionados especialmente à temática. No campo da extensão, a instituição oferece um conjunto de atividades culturais em suas diferentes unidades e, variadas vezes, dispõe de equipamentos (auditórios, centros culturais, cinemas, editoras, galerias, publicações, museus, salas de exposição, teatros etc.) e de corpos estáveis (orquestras, corais e grupos artísticos e culturais voltados para capoeira, culturas populares, dança, música, teatro, artes visuais, audiovisual, culturas digitais, dentre outros possíveis). Esse universo, cuja envergadura varia conforme as instituições, possibilita um desempenho bastante amplo e complexo no campo cultural, nem sempre realizado em todo seu potencial devido ao seu desconhecimento, desarticulação, redundância etc.

Cabe ressaltar que sua atuação se verifica em diferentes momentos da dinâmica cultural (Rubim, 2007). A universidade, no âmbito da cultura, pode atuar em: criação, transmissão, difusão, distribuição, veiculação, preservação, consumo, pesquisa, crítica, curadoria, organização e legitimação. Ou seja, todo ciclo dinâmico da cultura pode ser mobilizado pela universidade, dada a complexidade e a envergadura potenciais de sua atuação nesse registro. O público de suas atividades culturais pode estar circunscrito à sua comunidade interna, com seus estudantes, funcionários e professores, ou atingir a sociedade, na qual a universidade está inserida. No mundo glocal em que se vive hoje, esse público externo pode estar muito além das fronteiras das comunidades do entorno geográfico da instituição. O público pode se localizar à distância, conectado pelas redes, inclusive culturais, que proliferam na universidade.

Todo esse potencial de múltiplas atividades culturais não tem sido capaz, na grande maioria das universidades brasileiras, de ensejar uma ação mais coordenada, visando políticas culturais e planos de cultura específicos. A ausência de uma atuação mais articulada rebaixa o potencial da intervenção cultural da universidade. A dispersão não só deprime a envergadura da atuação, ela inibe a desejada colaboração acadêmica universitária, ocasiona atividades de pequeno impacto, produz redundâncias, amplia custos e reduz seus desdobramentos. Em suma, coloca a atividade da universidade em um patamar cultural muito aquém do seu potencial.

No cenário internacional não é preciso recorrer a experiências em universidades nos países dominantes. Existem experimentos interessantes de relações entre universidade, cultura, políticas culturais e planos de cultura em nações próximas, em termos de situação e vizinhança, inclusive sul-americanas. A Universidade de Antioquia na Colômbia, por exemplo, instituiu seu primeiro plano de cultura entre 2006-2016 (Universidad de Antioquia, 2007). A experiência transbordou a instituição e incentivou a participação em diferentes projetos de elaboração de planos de políticas culturais na cidade de Medellín, no departamento de Antioquia e, por meio de um trabalho em redes, envolvendo 28 organismos estatais, desenhou a proposta de política cultural para as instituições de ensino superior da Colômbia (Primer Encuentro Nacional de

Instituciones de Educación Superior, 2008). María Adelaida Jaramillo González traça e atualiza essa rica trajetória de articulação entre universidade, cultura e políticas culturais na Colômbia em seu texto citado na bibliografia (González, 2011). Mas nem tudo caminha nesse mesmo tom em países sul-americanos. A recente e interessante Universidade das Artes, criada no governo Rafael Correa, em Guayaquil no Equador, apesar de seu experimento avançado, de ser vocacionada às artes e de ter um projeto inovador de compromissos políticos, culturais e sociais, não possui políticas e planos de cultura (Universidad de las Artes, 2013).

A evocação de experiências próximas torna desnecessária uma visitação mais sistemática a outras semelhantes. As lembranças da Colômbia e do Equador, em situações distintas, servem para apontar e incentivar novos horizontes possíveis para os enlaces entre universidade e planos de cultura no Brasil, foco deste texto. A necessidade da elaboração de políticas culturais e sua tradução em planos de cultura nas universidades brasileiras, especialmente nas públicas, ganha força, inclusive pelo conhecimento de experimentos internacionais, mas também – e principalmente – pela mobilização de suas comunidades universitárias por meio do estímulo direto ou indireto do PNC. Elas passam a perceber a importância de as universidades se assumirem plenamente como instituições culturais. Nada casual que inúmeros eventos movimentem hoje as universidades nessa perspectiva. Atividades e encontros acontecem em universidades públicas estaduais (a exemplo de Maringá, Londrina, Estadual de São Paulo), em instituições federais (como Tocantins, Uberlândia, Santa Catarina, Cariri) e em eventos como os Encontros de Estudos Multidisciplinares em Cultura, que acolheram um simpósio sobre Cultura e Universidade em 2016 e foram palco de reuniões da rede nacional de produtores culturais das universidades em 2017 e 2018.

Desde a separação, em 1985, do Ministério da Educação e Cultura em dois ministérios distintos (Educação e Cultura), eles não conseguiram desenvolver parcerias básicas, mantendo uma tradição de distanciamento já existente no antigo ministério conjugado.

De 2013 em diante, os ministérios começaram a superar esse esgarçamento por meio de iniciativas conjuntas, a exemplo dos programas Mais Cultura nas Escolas e Mais Cultura nas Universidades, propostas importantes, mas ainda tímidas frente à envergadura da separação existente, às necessidades de cooperação e ao entrelaçamento demandado entre cultura e educação. O programa Mais Cultura nas Universidades reafirmou o papel cultural das instituições universitárias federais, mas, ao apoiar primordialmente projetos de atividades e colocar como exigência anexa a elaboração de um plano universitário de cultura, mesmo sem ter esta intenção, tornou essa obrigatoriedade mera formalidade, muitas vezes cumprida de modo burocrático e não democrático-participativo, como requer um verdadeiro plano de cultura universitário. A rigor, a atenção inicial da primeira e única edição do programa deveria ser focada na elaboração de planos universitários de cultura.

Cabe registrar também a realização do primeiro Seminário Cultura e Universidade, em Salvador, em abril de 2013, que reuniu mais de 300 participantes, entre professores, pesquisadores, estudantes e gestores culturais (Rocha, 2018, p. 349-53). Com o golpe midiático-jurídico-parlamentar de 2016, as iniciativas conjuntas dos ministérios sofreram fortes descontinuidades, a exemplo do que ocorreu com as políticas de educação e de cultura no país.

A aprovação do Plano Nacional de Cultura em 2010, previsto para 10 anos, serviu para animar as interações entre cultura e educação no país. Além de inúmeras metas voltadas para a área de formação em cultura, inscritas no plano, a própria existência do PNC e de sua previsão federativa de desenvolvimento subsequente de planos setoriais, estaduais, distrital e municipais de cultura configura um fator estimulante para que as instituições universitárias comecem a antever igualmente a necessidade de construção de planos de cultura, agora em níveis universitários.

Caberia aqui uma investigação acerca das relações entre o PNC e o nascimento da preocupação nas instituições de ensino superior com a temática das políticas culturais e dos planos de cultura. A elaboração desses planos deve ser vista como desdobramento não inscrito explicitamente no PNC. Por outro lado, a conformação dos planos contribui para a expansão da lógica de elaboração de planos de cultura na sociedade brasileira e, assim, fortalece o próprio PNC e a construção de sua segunda edição, prevista na Constituição Federal. A retroalimentação entre os planos universitários de cultura e o PNC pode constituir um ciclo virtuoso animador e relevante no atual contexto de ataques à cultura, às políticas culturais, às universidades e à educação.

UNIVERSIDADE, POLÍTICAS E PLANOS DE CULTURA

Antes de discutir os requisitos para uma política cultural universitária, expressa em planos de cultura, é preciso definir o que se está entendendo por políticas culturais. O diálogo entre cultura e política tem larga existência histórica, mas o mesmo não ocorre com a existência das políticas culturais. A conjunção cultura e política, quase sempre, tem se caracterizado pela utilização da cultura como instrumento da política, buscando a concretização de uma finalidade política. As políticas culturais, na contramão, como singular relacionamento entre cultura e política, supõem uma radical inversão: agora a cultura apresenta-se como finalidade, e a política se apresenta como instrumento usado para a concretização de fins culturais (Feijó, 1983). Tal inversão só nasceu com vitalidade em meados do século XX na história, daí o nascimento das políticas culturais (Fernández, 2007). Ainda que os autores discutam os acontecimentos geradores de tal inversão, a maioria deles imagina que as políticas culturais surgiram entre os anos 1930 e 1950. O marco de referência mais significativo se confunde com a inauguração, em 1959, do Ministério dos Assuntos Culturais, dirigido pelo escritor André Malraux (Lebovics, 2000). Assim, alguns autores, a exemplo de Philippe Urfalino, falam das políticas culturais como uma invenção francesa (Urfalino, 2004).

Independente da discussão acerca do surgimento do conceito de políticas culturais, pode-se afirmar que as políticas culturais contemplam um conjunto articulado, continuado, deliberado e sistemático de ações e formulações, que implicam em diretrizes, metas e atividades. Elas requerem legislações, normas e rotinas e mobilizam recursos institucionais, materiais, legais, humanos e financeiros. Toda esta plêiade de esforços visa desenvolver a dimensão simbólica da sociedade; atender às necessidades culturais da população; assegurar cidadania e direitos culturais; e possibilitar hegemonia para manter ou transformar a vida societária. Elas voltam-se destacadamente para a dimensão organizativa da dinâmica cultural. As políticas culturais obedecem, de modo explicitado ou não, um ciclo de planejamento, execução, acompanhamento e avaliação. Por fim, para que tomem um caráter público, as políticas culturais necessitam preencher dois requisitos fundamentais: serem submetidas ao crivo do debate público capaz de forjar deliberações também públicas. Desse modo, as políticas deixam de ser apenas estatais e passam a ser efetivamente públicas. Em resumo, para que existam políticas culturais em sentido substantivo, tais características devem estar presentes. Cabe registrar, por fim, a dívida dessa elaboração conceitual com o estudioso Néstor García Canclini (1987, 2001).

Com base na noção acionada acima, pode-se propor que o desenvolvimento de políticas culturais e planos de cultura nas universidades pressupõe a definição e a construção de instâncias, normas, infraestruturas, orçamentos e pessoal específico, que imaginem, coordenem e realizem as atividades culturais em sintonia com as políticas formuladas. A elaboração da política, por seu turno, para ser democrática e representativa, supõe a concretização de um amplo e participativo diagnóstico cultural de toda universidade, que contemple sua diversidade de atividades de formação, estudos e atuação culturais. O mapeamento apresenta-se como peça básica para a tessitura dialogada, democrática e participativa das políticas culturais universitárias, configuradas em planos de cultura.

Tão importante quanto a capacidade de realizar um rigoroso mapeamento, o processo de discussão, plural e sincero, deve ser capaz de definir e construir politicamente prioridades. Ou seja, produzir um horizonte para viabilizar um plano de cultura da universidade, documento que expressa e sintetiza suas políticas culturais. As ricas relações interdependentes entre mapeamento cultural, políticas culturais e planos de cultura tornam-se vitais para o desenvolvimento substantivo da conexão entre universidade e cultura.

O plano cultural contempla, de modo articulado e colaborativo, a atuação cultural destinada ao ambiente universitário e aquela voltada para segmentos da sociedade, que interagem com a instituição. A comunidade universitária reúne professores, funcionários técnicos e administrativos, estudantes e, em sentido mais extenso, antigos participantes dela: ex-alunos, ex-professores e ex-funcionários, bem como familiares de toda essa ampla comunidade. Em geral, ela está atendida de modo disperso pela atuação cultural da universidade. Com a confecção da política cultural, busca-se uma interação mais ampla e sistemática. A outra e complementar face da política cultural universitária volta-se para os públicos que interagem com a instituição por sua proximidade geográfica, por seu acercamento acadêmico, por seus difusos interesses e por suas plurais redes culturais. O impacto possível do papel cultural da instituição universitária, nessa perspectiva, pode ser de grande envergadura.

Definidas democraticamente as políticas culturais universitárias, o plano deve comportar de maneira cristalina: diretrizes, metas a serem atingidas em determinado tempo, programas e projetos. Os programas e projetos devem ser criativos para traduzir de modo concreto as políticas culturais, sempre formuladas em tons abstratos e genéricos. Indispensável que fiquem evidentes as rotinas e as instâncias de discussão, deliberação, execução, acompanhamento e avaliação. As políticas culturais precisam ter o suporte adequado para seu satisfatório desenvolvimento. As infraestruturas (instalações e equipamentos) necessitam ser definidas e mantidas cuidadosamente. Legislações e normas devem ser elaboradas de maneira pertinente. O plano deve prever o pessoal envolvido, garantir procedimentos de sua capacitação e qualificação continuados, bem como a ampliação do quadro, quando for exigido. Não podem deixar de estar contemplados os orçamentos e as possibilidades de captação de recursos financeiros para a ação cultural da instituição.

O plano cultural da universidade abrange ainda, em associação com o setor responsável pela comunicação, o equacionamento da divulgação das atividades culturais no interior e no exterior da instituição. A comunicação precisa ser tomada como fator primordial que baliza o sucesso ou o fracasso de eventos e produtos. A ação cultural demanda e permite a cooperação com outras organizações, em especial aquelas filiadas ao campo cultural. O plano universitário busca evidenciar os possíveis vínculos de trabalhos conjuntos, anotando os dispositivos e as redes culturais a serem acionadas e constituídas. As atividades previstas no plano de cultura não podem se reduzir a eventos e produtos, por mais relevantes que sejam, mas abranger, além deles, um elenco complexo de possibilidades de atuação, inclusive mais permanentes e processuais: cursos, estudos, pesquisas, seminários, palestras, críticas, publicações, serviços, assessoramentos, consultorias etc. Especial atenção se volta para a formação de agentes culturais, nas suas mais variadas modalidades (artistas, pessoal de patrimônio, gestores, produtores, curadores, animadores etc.), e para a formação de públicos culturais, adstritos à comunidade universitária ou provenientes das áreas societárias de interação da instituição. A universidade ocupa um lugar decisivo na constituição de públicos e plateias críticas para o campo cultural. As atividades inscritas no plano têm caráter permanente ou eventual. Todas elas necessitam ser registradas e divulgadas em uma agenda que exprima o calendário cultural da universidade.

CULTURA, UNIVERSIDADE E SOCIEDADE

As políticas e os planos culturais das universidades na sua configuração efetiva não se circunscrevem aos seus âmbitos institucionais. Mesmo no Brasil, com as políticas culturais universitárias ainda em seu início, já existem experimentos ricos de articulação cultural nesse ambiente. Eles apresentam diferentes constituições e denominações, a exemplo de corredores, circuitos ou redes culturais. Impossível neste texto anotar e analisar todas essas iniciativas. A título de exemplo, em um universo certamente maior e plural, cabe traçar algumas linhas acerca da Rede de Formação e Qualificação em Cultura, experiência desenvolvida por iniciativa da Secretaria Estadual de Cultura da Bahia, em conjunto com diferentes organizações, dentre elas todas as universidades públicas, federais e estaduais, que atuam na Bahia. O exemplo deve ser tomado como horizontes de possibilidades que se abrem hoje com vistas à atualização e ao aprimoramento das complexas relações entre universidade e cultura por meio de políticas e planos de cultura institucionalizados.

A rede envolveu em sua composição organizações bastante variadas: Ministério da Cultura, secretarias estaduais (Cultura; Educação; Casa Civil; Trabalho, Emprego e Renda), universidades públicas que têm atividades na Bahia (seis federais e quatro estaduais), dois institutos federais de educação baianos, entidades vinculadas ao Sistema S e organizações da sociedade civil dedicadas às áreas de educação e cultura. Como a denominação da rede já indica, ela tinha por objetivo precípuo a formação e a qualificação no campo da cultura. Nas conferências culturais nacionais (2005, 2010 e 2013), estaduais (2007, 2009, 2011 e 2013) e em muitas setoriais, territoriais e municipais (também realizadas em 2007, 2009, 2011 e 2013 na Bahia), bem como no Plano Nacional de Cultura, instituído em 2010, a formação em cultura aparece como uma das demandas mais priorizadas pela comunidade cultural brasileira e baiana. Desse modo, a constituição da rede atendeu à reivindicação reiterada do meio cultural.

A rede, que se reunia periodicamente a cada dois meses, possibilitou a construção, no âmbito da Secretaria de Cultura, do Programa de Formação e Qualificação em Cultura, com seus objetivos e mecanismos definidos para o enfrentamento das temáticas inerentes a esse registro de atuação. A existência do programa viabilizou a criação de editais anuais de apoio focados na formação e na qualificação em cultura. Por meio deles, universidades, institutos federais, organizações da sociedade civil e agentes culturais, mesmo não participantes da rede, puderam propor projetos de formação e capacitação culturais para serem apoiados pelo Fundo de Cultura do Estado da Bahia, depois de devidamente submetidos, avaliados, selecionados e aprovados por comitê específico, composto de especialistas baianos e de outros Estados brasileiros, em parte indicados pelo Conselho Estadual de Cultura da Bahia. O comitê de avaliação e seleção teve seus membros renovados a cada ano, visando arejar constantemente o processo de avaliação e seleção (Côrtes; Bezerra, 2016). Foi garantida ao comitê de avaliação total autonomia de decisão acerca dos projetos selecionados.

A atuação da rede não se circunscreveu apenas ao programa e aos editais de formação e qualificação em cultura. Ela funcionou como significativo espaço para discussão das políticas culturais voltadas à formação e à capacitação e, mais do que isso, ela atuou como protagonista e incentivadora de diversas outras iniciativas, a exemplo da realização do I Encontro Baiano de Formação e Qualificação em Cultura, em 2012, na cidade de Salvador, e especialmente da discussão e criação de vários cursos nas próprias universidades, inclusive com a instalação de um *campus* todo vocacionado para essa área. Aliás, este era um dos objetivos da constituição da rede: levar as universidades baianas a ampliar seu espaço acadêmico de ensino, pesquisa e extensão voltado à cultura. Nessa perspectiva, a rede permitiu a concretização de diferentes iniciativas. Algumas delas merecem ser citadas, a título de exemplo. A Universidade Federal do Recôncavo Baiano (UFRB) instalou em Santo Amaro – cidade materna de Caetano Veloso, Maria Bethânia, Assis Valente, Emanoel Araújo e Roberto Mendes, dentre outros – o Centro de Cultura, Linguagens e Tecnologias Aplicadas, com atividades de ensino de graduação e pós-graduação, pesquisa e extensão em cultura. A Universidade Estadual da Bahia (Uneb) passou a oferecer um curso de especialização em gestão cultural no *campus* de Eunápolis. O mesmo ocorreu com a Universidade Estadual de Santa Cruz (Uesc), instalada em Ilhéus.

A Universidade Federal da Bahia (Ufba) criou o curso de mestrado em Museologia, a partir de conversas envolvendo a Secretaria de Cultura da Bahia, o Instituto Brasileiro de Museus (Ibram) e os cursos de graduação em Museologia da Ufba e da UFRB.

A rede teve sua atuação focada e restrita à formação e qualificação da cultura, ainda que suas ressonâncias pudessem ser sentidas para além do estrito registro do ensino, como ocorreu na pesquisa e mesmo na extensão. Apesar da atenção privilegiada na formação, ela pode ser tomada como um exemplo das ricas alternativas possíveis de articulações inovadoras entre universidade e cultura. Articulações no âmbito da pesquisa e da extensão, a exemplo de projetos colaborativos entre instituições universitárias de redes de pesquisa, de publicações conjuntas, de encontro em parceria, de programas de circulação de seus grupos culturais, de compartilhamento de seus espaços culturais, podem ilustrar a rica gama de possíveis conexões entre universidade, cultura, políticas culturais e planos de cultura, inclusive interuniversitários.

CONSIDERAÇÕES FINAIS

A discussão dos enlaces entre universidades e planos de cultura, por certo, depende da mobilização da instituição e da comunidade universitária no enfrentamento da estranha combinação que reúne uma dispersão significativa de atividades culturais realizadas e a ausência de articulação, conhecimento e reconhecimento delas, por meio de políticas e planos de cultura. Ela passa inicialmente pela predisposição política da instituição de se encarar efetivamente como instituição cultural, na qual a cultura seja considerada e cuidada por meio de uma política democrática construída de modo participativo, como ocorre, por exemplo, muitas vezes, nos âmbitos do ensino e da ciência, pesquisa e tecnologia.

Apontar a iniciativa como dependente da vontade política da instituição e de sua gestão político-acadêmica não significa esquecer que o contexto sociopolítico igualmente desempenha papel fundamental para o desenvolvimento das políticas e planos culturais universitários. O ambiente ocupa lugar nada desprezível para favorecer ou dificultar a formulação e, em especial, implementação das políticas e planos culturais. As políticas educacionais e culturais, nacionais e estaduais, principalmente, desempenham papéis vitais neste cenário.

As circunstâncias atuais brasileiras, desde o golpe midiático-jurídico-parlamentar de 2016, passando pelo governo Michel Temer e chegando à gestão Jair Bolsonaro, têm se mostrado muito adversas para a cultura, a ciência e a tecnologia, a educação e as universidades. A tentativa de extinção do Ministério da Cultura logo que Temer tomou o poder, bloqueada pela firme resistência do campo cultural; a descaracterização do Ministério de Ciência, Tecnologia e Inovação; os cortes de orçamento e de programas essenciais nessas áreas, na educação e nas universidades; a emenda dos tetos orçamentários que atingiu violentamente as áreas sociais; a recente destruição do Ministério da Cultura; os ataques desfechados contra a educação e a universidade públicas; as tentativas de controle, de censura e de fragilização das liberdades demonstram o descaso das classes dominantes brasileiras com esses campos vitais para o desenvolvimento nacional, a superação das imensas desigualdades sociais e o retorno e consolidação da democracia no Brasil. Além dessas políticas contra a cultura, a ciência e tecnologia, a educação e a universidade, outras foram implementadas, atingindo fortemente direitos sociais, políticos e culturais da população brasileira.

O ataque aos direitos veio acompanhado de um dilacerante clima de ódio, produzido de modo cotidiano pela grande mídia, por setores do poder judiciário e do Ministério Público e pelas redes sociais. Esse clima atenta contra as liberdades e "autoriza" agressões bárbaras, em especial, contra os diferentes e mais frágeis. Certamente esse contexto não se mostra salutar para a cultura, ciência, educação, universidade, democracia e sociedade brasileiras. Os avanços das políticas culturais, científicas, educacionais e sociais desenvolvidos nos governos Lula e Dilma (2003-2016) sofrem retrocessos brutais desde 2016, com o golpe midiático-jurídico-parlamentar. As diversidades sociais e culturais, que constituem o Brasil e que foram objeto de interessantes políticas públicas, encontram-se em perigo com o autoritarismo imposto pelas classes dominantes e sua tentativa de restaurar no Brasil a antiga Casa Grande, que tanto discriminou e excluiu a maior parte da população brasileira.

O contexto difícil assinalado, antes de bloquear a discussão crítica, a formulação e o desenvolvimento de políticas e de planos de cultura nas universidades, mesmo reconhecendo que ele cria enormes dificuldades para sua construção, pode, pelo contrário, servir de alimento para mutações nas universidades no sentido de buscar uma inserção mais democrática, mais próxima da sociedade e das questões mais presentes na agenda a ser enfrentada. As políticas e os planos de cultura podem produzir uma sintonia fina entre universidade e sociedade, hoje tão imprescindível para reanimar o desenvolvimento e a democratização do Brasil.

REFERÊNCIAS

ACADEMIA BRASILEIRA DE CIÊNCIAS. Subsídios para reforma da educação superior. Rio de Janeiro, 2004. Disponível em: http//www.abc.org.br/IMG/pdf/doc- 29.pdf. Acesso em: 27 fev. 2019.

BARRETO FILHO, Osvaldo. *O processo de elaboração e de implantação do projeto da Universidade Federal do Sul da Bahia (UFSB)*: impactos sobre a cultura regional. 2019. Tese (Doutorado em Cultura e Sociedade) – Instituto de Humanidades, Artes e Ciências, Universidade Federal da Bahia, Salvador, 2019.

BOTELHO, Isaura. Cultura e universidade: reconstituindo as trajetórias dos diálogos institucionais. Em: BOTELHO, Isaura. *Dimensões da cultura*: políticas culturais e seus desafios. São Paulo: Edições Sesc São Paulo, 2016, p. 73-9.

CANCLINI, Néstor García. Políticas culturales y crisis de desarrollo: un balance latinoamericano. Em: CANCLINI, Néstor García (org.). *Políticas culturales en América Latina*. Buenos Aires: Grijalbo, 1987, p. 13-59.

CANCLINI, Néstor García. Definiciones en transición. Em: MATO, Daniel (org.). *Estudios latinoamericanos sobre cultura y transformaciones sociales en tiempos de globalización*. Buenos Aires: Clacso, 2001.

CERTEAU, Michel de. As universidades diante da cultura de massas. Em: CERTEAU, Michel de. *A cultura no plural*. Campinas, SP: Papirus, 1995, p. 101-21.

CÔRTES, Clélia Neri; BEZERRA, Laura. A formação como desafio coletivo nas políticas de cultura da Bahia e do Brasil. Em: RUBIM, Antônio Albino Canelas (org.). *Cultura e políticas culturais na Bahia*. Itajaí: Casa Aberta, 2016, p. 21-33.

FARIA, Luísa Leal de. *Universidade e cultura*. Lisboa: Universidade Católica Editora, 2003.

FEIJÓ, Martin Cezar. *O que é política cultural*. São Paulo: Brasiliense, 1983.

FERNÁNDEZ, Xan M. Bouzada. Financia acerca del origen y génesis de las políticas culturales occidentales: Arqueologías y derivas. *O público e o privado*, Fortaleza: 2007, n. 9, p. 111-47.

GONZÁLEZ, Maria Adelaida Jaramillo. O planejamento cultural a partir da abordagem de redes: um olhar baseado na experiência de formulação de políticas culturais na Colômbia, da Universidade de Antioquia. Em: CALABRE, Lia (org.). *Políticas culturais*: teoria e práxis. São Paulo/ Rio de Janeiro: Itaú Cultural/Fundação Casa de Rui Barbosa, 2011, p. 62-95.

JACOBY, Russell. *Os últimos intelectuais*. São Paulo: Edusp/Trajetória, 1990.

LEBOVICS, Herman. *La misión de Malraux*: salvar la cultura francesa de las fábricas de sueños. Buenos Aires: Eudeba, 2000.

MINOGUE, Kenneth. *O conceito de universidade*. Brasília: UnB, 1981.

PRIMER ENCUENTRO NACIONAL DE INSTITUCIONES DE EDUCACIÒN SUPERIOR. *Fundamentos de una política cultural para le Educación Superior en Colombia*. Medellín: Imprenta Universidad de Antioquia, 2008.

READINGS, Bill. *Universidade sem cultura?* Rio de Janeiro: Uerj, 2002.

RIBEIRO, Antonio Pinto. A universidade contra a cultura. Em: RIBEIRO, Antonio Pinto. *Ser feliz é imoral*: ensaios sobre cultura, cidades e distribuição. Lisboa: Cotovia, 2000, p. 19-23.

ROCHA, Sophia. *Da imaginação à constituição*: a trajetória do Sistema Nacional de Cultura de 2002 a 2016. 2018. Tese (Doutorado em Cultura e Sociedade) – Instituto de Humanidades, Artes e Ciências, Universidade Federal da Bahia, Salvador, 2018.

RUBIM, Antônio Albino Canelas. Políticas culturais entre o possível e o impossível. Em: NUSSBAUMER, Gisele (org.). *Teorias e políticas de cultura*. Salvador: Edufba, 2007, p. 139-58.

RUBIM, Antônio Albino Canelas. Políticas culturais para a Ufba. *A Tarde*, Salvador, 30 set. 2016, p. A-3.

RUBIM, Antônio Albino Canelas (org.). *A ousadia da criação*: universidade e cultura. 2. ed. Salvador: Edufba, 2016.

SANTOS, Boaventura de Souza. Da ideia de universidade a universidade de ideias. Em: SANTOS, Boaventura de Souza. *Pela mão de Alice*: o social e o político na pós-modernidade. São Paulo: Cortez, 1997, p. 187-233.

UNIVERSIDAD DE ANTIOQUIA. *Plan de cultura 2006-2016*. La cultura: un fundamento de una universidad pertinente. Medellín: Universidad de Antioquia, 2007.

UNIVERSIDAD DE LAS ARTES. *Proyecto emblemático de la Revolución Cultural*. Quito: Ministério de Cultura do Equador, 2013.

URFALINO, Philippe. *L'Invention de la politique culturelle*. Paris: Hachette, 2004.

**ESTUDOS
SOBRE ESTADO,
CULTURA E
FINANCIAMENTO**

RELAÇÕES ENTRE ESTADO E CULTURA

AS RELAÇÕES ENTRE ESTADO E CULTURA EXISTEM, SEM dúvida, há muito tempo. Talvez desde a origem do próprio Estado. Tais relações, durante sua longa história, se caracterizam pela submissão e instrumentalização da cultura pelo Estado. Um Estado, por sua vez, subsumido a uma visão de mundo imerso na magia e na religião. Nessa circunstância societária praticamente não havia distinção nítida entre campos sociais: Estado, política, cultura, magia e religião.

Apenas a partir da modernidade, com o processo de autonomização das esferas sociais e o desencantamento do mundo, conforme Max Weber, política, cultura, Estado, magia e religião deixam de estar imbricados de maneira umbilical e passam por um processo de diferenciação na sociedade. A partir de então, Estado, política e cultura se distinguem, inclusive, da religião e da magia. Configuram-se os campos da política e da cultura, mas a cultura continua apropriada pela política (e pela religião) de modo instrumental. Ou seja, o Estado usa a cultura como meio para realizar fins políticos. A cultura laica ainda não havia se firmado no Estado e na sociedade. Isso acontece no Ocidente do século XIX em diante.

Só em meados no século XX, de acordo com a maioria dos autores, as relações entre política e cultura puderam assumir novas modalidades de relacionamento, com o surgimento das políticas culturais. Missões pedagógicas e centros de cultura da República Espanhola, Conselho das Artes da Inglaterra e Ministério dos Assuntos Culturais da França emergem como momentos/

movimentos emblemáticos do processo de nascimento das políticas culturais (Rubim, 2009; Fernández, 2007; Lebovics, 2000; Williams, 2011).

O surgimento das políticas culturais significa um novo modo de interação entre Estado, política e cultura. Independente da instrumentalização estatal e política da cultura, que continua a existir, toma-se a cultura como direito de cidadania que demanda políticas específicas. O Estado, atualizado, responde por novas atribuições e responsabilidades: atender e satisfazer as demandas culturais da comunidade; desenvolver a dimensão simbólica da sociedade; e garantir cidadania e direitos culturais. A política torna-se meio e instrumento para alcançar objetivos culturais, enquanto a cultura impõe-se como finalidade. A reviravolta forja o nascimento das políticas culturais. Agora novas relações entre política, Estado e cultura podem acontecer.

ESTADO, POLÍTICA E CULTURA NO BRASIL

As políticas culturais no Brasil florescem nos anos 1930 com duas gestões temporalmente simultâneas, mas com ideias distintas: Mário de Andrade no Departamento de Cultura da cidade de São Paulo e Gustavo Capanema no Ministério da Educação e Saúde do Brasil (Rubim, 2010). Como a ditadura do Estado Novo aborta o experimento de Mário de Andrade, o autoritarismo tem relevante lugar na inauguração das políticas culturais no país, pois prevalece apenas a gestão submetida ao governo Getúlio Vargas.

A tentação da instrumentalização autoritária da cultura ameaça, mas não inviabiliza, o florescimento de políticas que buscam promover a cultura. O Serviço (depois Instituto) do Patrimônio Histórico e Artístico Nacional (Iphan), entidade emblemática para as políticas culturais no Brasil, não por acaso nasce em 1937. Além dele, o Estado cria estruturas, organizações e legislações no campo cultural. Apesar da violência, censura e repressão, inerentes a qualquer ditadura, o Estado nacional atua, pela primeira vez, ativa e sistematicamente na esfera da cultura.

Algo semelhante ocorre na ditadura civil-militar, instalada pelo golpe de 1964. Com a censura, repressão, prisões, exílios, torturas e assassinatos, novamente o Estado autoritário age no campo cultural, por meio de iniciativas, em especial no período pós-1974. O Estado cria estruturas, organizações, legislações e modalidades de fomento. Também nada casual, em 1975, a criação da Fundação Nacional das Artes (Funarte), outra instituição emblemática das políticas culturais no país (Botelho, 2001).

Diversos autores têm observado a íntima e inusitada conexão entre Estado autoritário e cultura no Brasil. O professor José Álvaro Moisés, membro do Ministério da Cultura no mandato de Francisco Weffort, por exemplo, afirmou que: "[...] o grande desafio da época contemporânea, na área da cultura, [...] é inverter a tendência histórica brasileira, segundo a qual os grandes avanços institucionais do setor fizeram-se em períodos autoritários" (Moisés, 2001, p. 46).

Essa triste tradição conformou uma estranha e potente conexão entre Estado autoritário e cultura no Brasil. Tal tradição não pode, nem deve, ser desconhecida e subestimada. Ela traz sequelas profundas para a cultura e para a nação brasileiras. Ela está enraizada em modalidades de agir, sentir e pensar. Ela marca setores, eventos e obras. Ela se expressa em culturas oficiais e em dirigismo estatal. Ela impõe maneiras autoritárias de atuação. Enfim, essa tradição conforma um modo específico de conceber a relação entre Estado, política e cultura.

Na contramão, outra modalidade de relação entre Estado, política e cultura emergiu nos experimentos neoliberais vivenciados no país na década de 1990: primeiro com Collor de Melo e depois com Fernando Henrique Cardoso. Essa alternativa buscou colocar o mercado na centralidade do desenvolvimento da cultura, substituindo o Estado. A mudança aconteceu em sintonia com os novos espaços ocupados pelo mercado e pelo Estado na visão neoliberal de mundo. Destina-se ao mercado a regulação da sociedade, em detrimento do Estado, antes todo-poderoso e agora concebido como mínimo.

Documento de Ipojuca Pontes, primeiro secretário de cultura de Collor, expressou de modo contundente a negação radical do papel cultural do Estado (Pontes, 1991). O governo extinguiu o Ministério da Cultura, criado pouco antes, em 1985, e o substituiu por uma mera Secretaria. Coube ao secretário seguinte, Sérgio Paulo Rouanet, a elaboração da lei de incentivo à cultura, que substituiu a Lei Sarney (1986), primeira lei brasileira nesse campo. A Lei Rouanet, como passou a ser conhecida, atribui ao mercado poder decisivo na definição do fomento à cultura no país, mesmo quando a maior parte dos recursos tem origem pública. Ela passou por uma reforma no governo Fernando Henrique Cardoso, ampliando seu funcionamento, isenções às empresas e percentuais de recursos públicos mobilizados. Nada desprezível a imensa presença dessa lei no país.

A Lei Rouanet, inscrita nos tempos neoliberais, impõe poderosa mudança nas relações entre Estado, política e cultura no Brasil. O Estado torna-se um mero repassador de recursos ao mercado. Ele abdica de seu poder decisório sobre parte substantiva dos recursos públicos, agora sob a deliberação de empresas e seus setores de *marketing*. Os interesses do mercado passam a governar a atuação cultural do Estado. O cenário neoliberal impõe visíveis limitações ao campo cultural. A configuração singular assumida pelas leis de incentivo no Brasil privilegia empresas, fortes isenções e grandes aportes de recursos públicos, diferente do que ocorre em outros países, nos quais as leis de incentivo têm formatações bem distintas.

Esse predomínio dos interesses de mercado, além do controle ideológico e da censura empresarial, impossibilita fomentar o imenso conjunto de manifestações artísticas e culturais que não têm caráter mercantil, apelo de *marketing* ou convergência ideológica com o ideário capitalista. Em suma, as leis de incentivo, na conformação brasileira, não possuem capacidade de universalizar o apoio do Estado à cultura, limitando sua atuação a setores culturais de maior visibilidade e compromissados com a lógica mercantil. Nessa perspectiva, as leis limitam a liberdade de criação e a diversidade cultural.

Paradoxal é a persistência desse modo de interação entre Estado, política e cultura, mesmo depois de doze anos de governos assumidos pós-neoliberais no país. Conforme dados do Ministério da Cultura, em 18 anos de vigência da Lei Rouanet dos 8 bilhões de reais investidos, mais de 7 bilhões foram recursos públicos. Ou seja, a lei só mobilizou parcos recursos das empresas, inclusive muitas delas públicas (Ministério da Cultura, s/d, p. 4). As leis de incentivo perduram até hoje, acionando de 80% a 90% dos recursos do Ministério destinados ao financiamento à cultura no país. A manutenção dessa lógica de fomento, a inibição da atuação do Estado em determinadas atividades e a hegemonia visível da ideologia neoliberal no Brasil, em particular em seus meios de produção e difusão culturais, apresentam-se como três indicadores, dentre outros, das limitações dos governos pós-neoliberais no país.

ESTADO DEMOCRÁTICO

A trajetória das políticas culturais no Brasil transita entre estas duas concepções, que marcam profundamente as relações entre Estado, política, cultura e a nação. De um lado, o Estado ditatorial e suas políticas autoritárias de cultura. De outro lado, o Estado mínimo e suas políticas neoliberais de cultura. Estado, todo-poderoso, impondo cultura oficial e dirigismo cultural, ou Estado, mínimo e fragilizado, subordinado ao mercado e a uma cultura mercantil. Pressionado por essas duas marcantes e potentes correntes, o Estado democrático, instalado a partir de 2003 com o governo Lula, enfrenta o enorme desafio de como lidar com a cultura em moldes nem autoritários nem neoliberais, mas por meio de dispositivos inovadores, que superem essas visões em uma perspectiva democrática e republicana.

A questão colocada – como o Estado democrático deve e pode atuar no campo cultural? – exige a superação das duas concepções distintas, mas profundamente enlaçadas. No patamar do pensamento, o desafio consiste em imaginar novos horizontes que possam abrir caminhos e alternativas inovadoras para a ligação entre Estado, política e cultura. No patamar da ação, o desafio se apresenta em traduzir essas novas concepções em programas e projetos práticos. A débil resolução dessa problemática leva as políticas culturais a oscilar entre posturas autoritárias e neoliberais e a não desenvolver inovadoras relações, como a circunstância histórica está a exigir. O Estado democrático não pode reproduzir mais do mesmo.

Apesar das muitas contradições e limitações, o Estado democrático se instalou no país. Entre avanços e recuos, a democracia desenvolve-se no país, pressionando mudanças no Estado em um horizonte democrático. As ambiguidades resultaram da vigência de mais uma transição pelo alto, reproduzindo a nefasta tradição histórica brasileira, detectada por Carlos Nelson Coutinho (2000). Esse itinerário, sobrecarregado de ambiguidades, obriga a uma atenta e constante reflexão em torno do problema colocado. Infelizmente isso não tem acontecido de modo persistente e profundo.

Quando se faz referência ao Estado democrático, dada a amplitude de sentidos do termo "democrático", torna-se sempre necessário esclarecer de que afinal está se falando. O Estado democrático retém, pelo menos, duas dimensões: uma formal e outra substantiva. Na concepção mais formal, a democracia implica na vigência de eleições competitivas, liberdades e na garantia da cidadania e de seus direitos, em especial, individuais e políticos. Para assegurar outros direitos, como os sociais, ambientais e culturais, o Estado, além de regular a sociedade, precisa viabilizar condições efetivas, por meio de políticas e programas, para que esses direitos possam ser realizados. Assim, cabe ao Estado, por exemplo, desenvolver atividades em áreas como educação, saúde, cultura, dentre outras. O Estado democrático afirma, em termos formais, direitos, mas também os assegura de maneira substantiva, oferecendo serviços em esferas específicas, por meio de políticas públicas.

A expressão "políticas públicas" igualmente requer uma explicitação de seu significado. As políticas substantivas podem assumir diferentes modalidades. Elas podem aparecer como, por exemplo, estatais ou públicas. A distinção entre tais acepções emerge como fundamental para pensar o Estado democrático na atualidade. As políticas estatais decorrem de deliberações tomadas no âmbito do governo. As políticas públicas exigem procedimentos e planos distintos, pois obedecem a dois requisitos imprescindíveis: a existência de um debate público em torno delas, por meio do qual a sociedade possa discutir suas configurações, e a possibilidade efetiva de que esse debate repercuta e altere formas e conteúdos das políticas em cena. Ou seja, que a discussão pública possa interferir nas deliberações acerca das políticas a serem implantadas. Sem o atendimento desses dois requisitos, a rigor, não se pode falar em políticas públicas, pois elas não podem ser tomadas, sem mais, como sinônimo de políticas estatais. A singularidade das políticas públicas provém desses dois requisitos diferenciadores e legitimadores.

O Estado democrático, cada vez mais, assenta-se em políticas públicas. Elas tornaram-se essenciais para seu funcionamento e legitimidade. Elas operam como vitais conexões entre Estado e sociedade. Enquanto aparato administrativo e político na estrutura social capitalista, o Estado tende a ser capturado pelos setores dominantes e por sua dinâmica imanente. Mas, atualmente, sua complexidade e a vigência de lutas democratizantes na sociedade possibilitam que as contradições geradas descolem, em graus variados conforme as conjunturas, o Estado dessa mera subsunção às elites dominantes e às corporações que habitam a máquina estatal. As políticas públicas ganham sentido nesse contexto: elas possibilitam que os interesses públicos possam permear setores do Estado, fazendo com que ele contemple interesses de parcelas da sociedade, antes excluídos de suas políticas.

A radicalidade desse processo, por óbvio, depende do campo de forças conformado pelas lutas políticas, sociais e culturais na sociedade e de como elas modificam o Estado não só por meio de políticas públicas, mas de sua reconstituição institucional. Isto é, pela invenção de novas estruturas que democratizem as políticas e a gestão do Estado. Nessa perspectiva, canais de participação, instâncias de governo compartilhado e órgãos colegiados, orçamentos participativos, dentre outros dispositivos, apresentam-se como indispensáveis. As políticas públicas combinadas com a mudança institucional adquirem centralidade na constituição do Estado democrático na contemporaneidade.

Por sua vez, o Estado democrático pode se tornar agente relevante na democratização da própria sociedade.

ESTADO DEMOCRÁTICO E CULTURA

Delineadas as novas possibilidades do Estado democrático, cabe refletir sobre sua ação potencial no campo da cultura. O Estado democrático, assegurador de direitos, está comprometido visceralmente com a cidadania e com os direitos culturais (Chaui, 2006). Tais direitos, dada sua configuração recente, ainda se encontram imersos em caudalosas discussões acerca de sua abrangência e delimitação. A contribuição de estudiosos brasileiros, como Humberto Cunha e Bernardo Mata-Machado, tem destaque nas formulações que perpassam a cena cultural. O caráter processual não impede, pelo contrário, permite enumerar como direitos culturais: reconhecimento, acesso, fruição, consumo e criação no campo cultural, bem como participação na construção das políticas públicas de cultura.

Parece consensual que o Estado democrático garanta acesso, consumo e fruição dos bens e serviços culturais. Claro que os seres humanos nascem e vivem imersos em ambientes culturais, mas nem todos os bens e serviços fazem parte e estão disponíveis nesses territórios. Muitas obras e atividades, em especial aquelas mais especializadas e singulares, não circulam francamente e ficam fora do alcance de parcelas da população. Daí a necessidade de políticas, dentre outras, de reconhecimento, fomento, difusão e formação para acessar, consumir e fruir determinadas atividades e obras simbólicas. A exclusão dessas manifestações significa empobrecer indivíduos e comunidades, pois inibe a diversidade e os diálogos interculturais.

A atitude do Estado democrático engloba, por conseguinte, políticas de reconhecimento, respeito, circulação, difusão, formação, apoio e fomento à diversidade das culturas existentes em seu território, bem como o estímulo aos diálogos e trocas interculturais com manifestações e expressões de diferentes países. As articulações, dentre outras, entre políticas de cultura, educação, comunicação e relações internacionais tornam-se vitais para superar a exclusão cultural. Aliás, a transversalidade das políticas culturais, incluindo até mesmo outras áreas, se tornou inevitável na contemporaneidade.

ESTADO DEMOCRÁTICO E CULTURA NO BRASIL

No país, uma grande exclusão atinge os registros culturais especializados, internacionais e nacionais, e as manifestações populares localizadas. Indicadores de acesso, fruição e consumo de determinadas modalidades culturais demonstram cabalmente a exclusão. A frequência, por exemplo, a museus, teatros, galerias, bibliotecas, concertos, óperas, exposições e mesmo cinemas contabiliza índices baixíssimos. O Brasil possui 5.570 municípios e aproximadamente 2.500 salas de cinema. Ou seja, a maioria das cidades brasileiras não garante à população direito de experienciar o cinema, uma modalidade audiovisual moderna, nascida no final do século XIX. A exclusão não alcança apenas essas expressões. De modo idêntico, as culturas populares, não subsumidas à lógica mercantil, não conseguem ser compartilhadas, para além de suas fronteiras, com outros grupos e indivíduos. Muitas vezes, elas sequer obtêm reconhecimento público como bem cultural.

O tema da exclusão cultural conserva total atualidade no Brasil. O país, nos últimos 12 anos, enfrentou a exclusão social de modo marcante, com a inclusão de algo em torno de 40 milhões de brasileiros. Isso corresponde quase à população da Argentina ou da Colômbia, os dois mais populosos países da América do Sul depois do Brasil. Em um país com a história marcada pela tradição de exclusão e desigualdade, não deixa de ser um feito notável e alvissareiro, que deve ser lembrado. Tal processo de inclusão precisa continuar; ser aprofundado e abranger aquelas vertentes da cultura nas quais persiste grande exclusão. Sem essa continuidade e amplitude, esse processo fica comprometido, pois não existe desenvolvimento sem dimensão cultural.

A superação da exclusão cultural não deslancha de maneira simples. Ela não se realiza como decorrência intrínseca da inclusão social e econômica. Não se trata apenas de uma questão financeira, das pessoas possuírem mais recursos para consumir determinadas atividades, bens e serviços culturais. Esse equacionamento envolve outros dispositivos. O reconhecimento da diversidade de culturas existentes, incluindo histórias e memórias, aparece como básico, dado que ela possibilita valorizar e vivenciar universos simbólicos diferentes e, em sequência, empreender diálogos interculturais enriquecedores, para superar guetos culturais, tendencialmente fundamentalistas e preconceituosos. Políticas de cooperação e intercâmbio culturais, por conseguinte, estimulam e complementam a inclusão simbólica.

O enfrentamento da exclusão requer a democratização das organizações culturais para viabilizar maior acesso a determinadas formatações culturais. Ele envolve consumo e fruição, mas também a possibilidade de experimentar o instante da criação para desenvolver capacidades, habilidades e sensibilidade, sem que isso signifique especialização ou mesmo opção profissional. A experiência do criar necessita ser vivenciada por todos que a desejem. A formação cultural ocupa outro lugar de destaque. O Estado democrático deve garantir uma educação ampla, na qual cultura, artes e patrimônio sejam valorizados e perpassem toda a vida dos estudantes. A escola de excelência cuida da formação do intelecto, das emoções, sociabilidades e sensibilidades de seus alunos.

Os procedimentos de fomento atuam de modo destacado no equacionamento do acesso à cultura. Eles dificultam ou facilitam a diversidade cultural disponível aos cidadãos. Como a complexidade caracteriza o campo cultural, as políticas de financiamento devem atender às diversificadas demandas do campo cultural e assumir um múltiplo leque de dispositivos. Acontece que no Brasil, desde a hegemonia neoliberal, as leis de incentivo, em seu formato brasileiro, tornaram-se o dispositivo predominante de financiamento à cultura e, em alguns momentos, até mesmo o único. Como essas leis não têm capacidade de universalizar o atendimento às demandas culturais existentes, estas se quedam excluídas e vulneráveis. Só políticas de financiamento direto do Estado democrático garantem a universalização do apoio à diversidade de comunidades e agentes culturais. Mas tal possibilidade exige do Estado democrático mecanismos de fomento participativos e rigorosamente republicanos, com base em seleções públicas e transparentes, realizadas por comissões formadas, de modo democrático, por pessoas representativas do campo cultural, e que seja garantida a autonomia de suas decisões para impedir o uso instrumental da cultura pelo Estado e pela política. Tais procedimentos ainda têm vigência excepcional na maioria das circunstâncias brasileiras: federal, estaduais e municipais.

A situação, já problemática pela predominância das leis de incentivo, que combinam recurso público com deliberação empresarial, torna-se ainda mais grave, pois o mercado seleciona a cultura que patrocina, com seus próprios recursos, através de critérios mercadológicos. Tal convergência perversa termina por excluir do fomento inúmeras manifestações, produtos e serviços culturais. Eles passam a depender só do mercado de consumidores culturais, ainda muito restrito no Brasil. Aliás, uma das tarefas de maior centralidade do Estado democrático desponta como desafio de desenvolver um amplo e diverso mercado cultural no país. Ou seja, o Estado democrático deve assumir uma clara política de incentivo ao fortalecimento e à diversificação do mercado cultural no país. Desse modo, o tripé básico de fomento à cultura se consolida, acionando Estados, empresas e públicos consumidores. Mas cabe ao Estado e à sociedade democráticos buscar e imaginar novos procedimentos de apoio à cultura, a exemplo do financiamento colaborativo.

Como antes assinalado, a participação no debate e deliberação das políticas de cultura surge como outra premissa da atuação do Estado democrático no campo da cultura. Só assim ele se conforma como Estado efetivamente democrático. A participação distingue as políticas estatais das públicas e torna-se componente da democratização do Estado no mundo contemporâneo. Nesse setor, aconteceu avanço notável no país. Conferências, conselhos, colegiados, seminários, audiências públicas e uma multiplicidade de canais de participação ocorreram de modo continuado desde 2003. Muitas políticas acionaram debates e deliberações públicas. Existiram avanços e retrocessos, mas o balanço positivo se impôs, em especial com a instituição, inclusive na Constituição federal, de políticas de longo prazo, como o Plano Nacional de Cultura (2010) e o Sistema Nacional de Cultura (2012), que contemplam diversas instâncias de participação. Porém a efetividade do diálogo entre Estado e sociedade variou bastante nos últimos anos.

ESTADO DEMOCRÁTICO E CRIAÇÃO CULTURAL

O tema do relacionamento do Estado (democrático) com a criação cultural, por certo, gera controvérsias, dado que aciona questões centrais para a cultura e a sociedade, como a liberdade de criação. Interessa à cultura a mais ampla liberdade de criação para assegurar, em plenitude, a criatividade, invenção e inovação, inclusive quando suas atividades e obras conflitam com os ideários vigentes na sociedade, no Estado e no mercado. Na contramão, o Estado e o mercado podem funcionar como dificultadores da liberdade em inúmeras circunstâncias societárias. Para que isso não aconteça, Estado e mercado devem ser socialmente regulados em perspectiva radicalmente democrática.

O Estado democrático tem como premissa a garantia às liberdades individuais e sociais. Sem assegurar o direito às liberdades não existe Estado democrático. Logo, ele assume a liberdade de criação cultural como um de seus fundamentos básicos. As mais diversas configurações da cultura – artes, ciências, culturas digitais, culturas populares, história, humanidades, memória, modos de vida, patrimônios, pensamento, saberes, valores – devem ter suas liberdades de criação garantidas como direito pelo Estado democrático e, mais que isso, estimuladas e incentivadas por ele.

Além de asseverar, formal e substantivamente, na sociedade o ambiente de liberdades e, em especial, a liberdade de criação, o Estado democrático precisa também afiançar a vigência dessas liberdades na sua interação com a comunidade e no interior de seu próprio aparato institucional. Isso não se configura como atitude fácil. O Estado, como instância de poder, tende ao segredo, ao controle e à manutenção da ordem estabelecida na sociedade e no próprio Estado. A regulação democrática do Estado pela sociedade torna-se condição para que ele adquira feição intrinsecamente democrática e inovadora.

O Estado democrático, conforme já assinalado, pressupõe configurações institucionais adequadas à participação político--social dos agentes culturais, através de múltiplos canais; políticas públicas debatidas e deliberadas com presença ativa da cidadania e coletivos culturais; mecanismos de fomento democráticos e republicanos; capacidade de assegurar direitos e liberdades, inclusive de criação, e, por fim, modalidades de acolhimento democrático da criação cultural em seu aparato institucional.

ESTADO DEMOCRÁTICO E CRIAÇÃO CULTURAL NO BRASIL

No país pós-ditadura muitas interdições ao papel do Estado na cultura foram evocadas. As sequelas do Estado autoritário, seu dirigismo e imposição de uma versão oficial da cultura, por certo, frequentavam e amedrontavam cabeças, corações e corpos. O período neoliberal, por motivações bem distintas, reforçou essa repulsa à atuação do Estado e das suas políticas culturais. Em lugar dele, era o mercado que deveria regular e resolver a questão cultural na sociedade. Por óbvio, essa destituição de uma atuação mais ativa do Estado necessitou ser revista com o aprofundamento da democracia no país. O ministro Gilberto Gil, nos seus discursos programáticos pronunciados em 2003, afirmou taxativamente que o Estado passaria a ter papel ativo no desenvolvimento de políticas culturais (Gil, 2003). Isso efetivamente aconteceu, apesar da ausência de tematização das novas possibilidades de atuação cultural do Estado democrático, inclusive com referência à esfera da criação cultural. Ela permaneceu interditada, em boa medida, sob a afirmação de que o Estado não deve criar cultura, pois ela nasce da sociedade.

Não resta dúvida que a cultura, antes de tudo, nasce e floresce na sociedade. As classes, segmentos e grupos sociais, de modo ainda disperso, produzem ambientes culturais.

Indivíduos singulares, dotados de acuidade, sensibilidade, inteligência e genialidade, captam, trabalham e refinam tais universos simbólicos e criam atividades e obras, que expressam de modo apurado, condensado e sofisticado esses horizontes, conformando tradições e dando identidade a esses grupos, segmentos e classes sociais. Afirmar a centralidade da sociedade na constituição da cultura não implica necessariamente negar a capacidade e possibilidade do Estado também criar cultura, de maneira complementar e delimitada, sempre em interface com a sociedade.

A afirmação, sem mais, que o Estado não cria cultura pode ser facilmente contestada, inclusive no caso brasileiro. Como esquecer que as universidades públicas, federais, estaduais e municipais, respondem por quase 90% da pesquisa científica no país? Na concepção ampliada de cultura, ciência faz parte desse universo. No campo das artes, como se olvidar dos corpos estáveis, como orquestras sinfônicas e outros grupos artísticos, mantidos pelo Estado no país? Eles estão interditados de criar cultura? Os exemplos poderiam ser múltiplos, mas os casos citados elucidam e desmontam a afirmação de que o Estado, por meio de coletivos e instituições mantidos por ele, não possa inovar; inventar e criar cultura. Na verdade, a questão necessita ser deslocada e formulada em outro horizonte: como o Estado democrático (no Brasil) pode garantir liberdade de criação para seus órgãos, possibilitando a gestação de atividades, obras e projetos culturais não embotados por visões oficialistas?

A resposta a essa questão crucial não se mostra trivial. Ela demanda forte convicção democrática das lideranças e dos partidos políticos que dirigem o Estado e, em paralelo, potente luta e pressão da sociedade e da comunidade cultural pela democratização do aparato estatal. Cabe afirmar, sem mais, que o Estado radicalmente democrático tem a possibilidade de assegurar autonomia para que seus órgãos possam criar cultura com liberdade. Claro que o grau de liberdade alcançado vai depender da radicalidade da situação democrática do Estado e da sociedade e do campo de forças conjunturalmente instituído.

Exemplos realmente existentes demonstram essa alternativa como algo possível e não mera utopia. Alguns se encontram mesmo na realidade brasileira. As universidades públicas, mantidas pelo Estado, em seus diferentes níveis federativos, têm produzido com relativa liberdade artes, ciência e pensamento muitas vezes críticos aos próprios governos e às forças, ideias, sentimentos, valores e posturas dominantes na sociedade. Com esse fim, elas conquistaram autonomia institucional, mesmo que sempre relativa, frente aos governos. A autonomia institucional contempla diferentes graus de liberdade, a depender dos campos de forças existentes na organização, no governo e na sociedade, mas viabiliza certo patamar de liberdade para a criação cultural. O Estado democrático assume tratar seus aparatos culturais dessa maneira diferenciada, atestando a eles autonomia e liberdade para a criação.

Sociedade e Estado radicalmente democráticos estão alicerçados na pluralidade política e na diversidade cultural. O próprio Estado deve estar comprometido e permeado pela pluralidade e pela diversidade. Seus aparatos possuem caráter público e não podem se limitar apenas a exprimir interesses momentâneos de governos no poder. Suas políticas devem ser de Estado e não apenas de governo. O Estado deve ser regulado social e democraticamente, como também a sociedade. Toda forma de censura – estatal, empresarial e outras – deverá ser interditada. Mas a liberdade, também ela, necessita ser regulada, dado que não existe liberdade sem limitações. Tema altamente complexo que exige argumentações, conversas, debates e consensos possíveis. A liberdade encontra seus limites nos direitos humanos, individuais e coletivos, nos direitos da sociedade e de outros indivíduos.

Enfim, o Estado democrático acolhe novas possibilidades de interagir com a cultura. Potencialidades antes interditadas ao Estado, em suas versões autoritária e neoliberal, por distintas razões. Elas, entretanto, dependem da capacidade de democratização do Estado e da sociedade, da interface cultural estabelecida, das sintonias e trocas culturais desenvolvidas entre eles.

REFERÊNCIAS

BOTELHO, Isaura. *Romance de formação*: Funarte e política cultural (1976-1990). Rio de Janeiro: Ministério da Cultura/ Fundação Casa de Rui Barbosa, 2001.

CHAUI, Marilena. *Cidadania cultural*: o direito à cultura. São Paulo: Fundação Perseu Abramo, 2006.

COUTINHO, Carlos Nelson. *Cultura e sociedade no Brasil*. Rio de Janeiro: DP&A, 2000.

FERNÁNDEZ, Xan M. Bouzada. Financia acerca del origen y génesis de las políticas culturales occidentales: Arqueologías y derivas. *O público e o privado*, Fortaleza, 2007, n. 9, p. 111-47.

GIL, Gilberto. *Discursos do ministro da Cultura Gilberto Gil – 2003*. Brasília: MinC, 2003.

LEBOVICS, Herman. *La misión de Malraux*: salvar la cultura francesa de las fábricas de sueños. Buenos Aires: Eudeba, 2000.

MINISTÉRIO DA CULTURA. *Nova lei da cultura*. Brasília: MinC, s/d.

MOISÉS, José Álvaro. Estrutura institucional do setor cultural no Brasil. Em: MOISÉS, José Álvaro *et al. Cultura e democracia*. v. 1. Rio de Janeiro: Edições Fundo Nacional de Cultura, 2001, p. 13-55.

PONTES, Ipojuca. *Cultura e modernidade*. Brasília: Secretaria de Cultura, 1991.

RUBIM, Antônio Albino Canelas. Políticas culturais no Brasil: itinerários e atualidade. Em: BOLAÑO, César; GOLIN, Cida; BRITTOS, Valério (org.). *Economia da arte e da cultura*. São Paulo/ São Leopoldo/Porto Alegre/São Cristóvão: Itaú Cultural/Unisinos/PPGCOM/ UFRGS/UFS, 2010, p. 51-71.

RUBIM, Antônio Albino Canelas. Políticas culturais e novos desafios. *Matrizes*, São Paulo, 2009, n. 2, p. 93-115.

WILLIAMS, Raymond. A política e suas ações: o caso do Conselho das Artes. Em: WILLIAMS, Raymond. *Política do modernismo*. São Paulo: Unesp, 2011, p. 157-70.

TESES SOBRE FINANCIAMENTO E FOMENTO À CULTURA

1.

O SISTEMA DE FINANCIAMENTO DEVE TER A COMPLEXI-dade contemporânea da cultura. A cultura é sempre complexa. Ela abarca atividades, bens e serviços os mais distintos. Ela compreende muitos campos simbólicos e áreas diferenciadas: artes, ciências, concepções de mundo, comportamentos, conhecimentos, culturas digitais, culturas populares, emoções, história, humanidades, memória, modos de vida, patrimônios imateriais e materiais, pensamento, saberes, sensibilidades, senso comum, valores etc. Ela acolhe fenômenos de dimensões variadas: desde pequenos arranjos até enormes empreendimentos, de criadores individuais a grandes empresas.

O conceito ampliado de cultura, formulado na famosa Conferência Mundial sobre as Políticas Culturais (Mondiacult), realizada em 1982 na cidade do México, pela Organização das Nações Unidas para a Educação, a Ciência e a Cultura (Unesco), hoje é assumido majoritariamente pelas políticas culturais internacionais (Bolán, 2006; Rubim, 2009). No Brasil, a adoção do conceito na gestão do ministro Gilberto Gil tornou ainda maior o grau de complexidade da cultura. Ele incorporou novas áreas ao chamado campo cultural.

A noção de diversidade cultural igualmente alarga a complexidade do campo cultural (Bernard, 2005). Ela foi internacionalizada e agendada mundialmente pela Unesco, por meio do relatório *Nossa Diversidade Criadora* (1997), da Declaração Universal da Diversidade Cultural (2001) e da Convenção sobre a Proteção e Promoção da Diversidade das Expressões Culturais (2005). O Brasil se empenhou no processo de aprovação da Convenção e passou a desenvolver políticas para a diversidade cultural no país (Kauark, 2009; Correia, 2013). O tema da diversidade cultural se tornou na contemporaneidade uma exigência essencial das atuais políticas culturais no mundo e no país. Hoje a riqueza de uma cultura é medida por sua capacidade de acolher, preservar e promover a diversidade cultural, e não somente por afirmar identidades, como pretendiam as políticas culturais anteriores. As políticas de diversidade cultural exigem modalidades de financiamento compatíveis com seus objetivos.

A emergência nos anos 1990 das noções de indústrias criativas e economia criativa aponta para novas expansões no campo da cultura. Assiste-se na atualidade um avanço vertiginoso das indústrias culturais e das redes digitais, que conectam o mundo planetariamente e em tempo real. A economia de cultura se torna cada vez mais ampla e potente no século XXI. Agora a criatividade não está adstrita à dinâmica dos bens simbólicos. De modo crescente, a produção de bens materiais depende de variáveis culturais. Ela está contaminada e mesmo subsumida ao simbólico. *Design*, marcas, grifes, moda, publicidade, registros, regiões de origem, dentre outros, conferem valor aos bens materiais (Howkins, 2001; Hartley, 2005). Nada estranho que ganhem centralidade os direitos autorais e, em especial, a propriedade intelectual. Diálogos com a economia e o direito permeiam e ampliam o campo cultural.

O sistema de financiamento necessita se adequar à complexidade contemporânea do campo cultural no mundo e no Brasil. Ele não pode se ancorar em propostas simples e unilaterais. Longe disso, ele deve buscar conjugar um complexo conjunto de alternativas e procedimentos que se aproximem da complexidade adquirida pelo campo cultural na contemporaneidade.

2.

O sistema de financiamento deve comportar uma pluralidade de procedimentos, instrumentos e fontes de fomento à cultura.

Historicamente podem ser citados, pelo menos, três grandes pilares de apoio à cultura: Estados, empresas e públicos/mercados culturais. Os Estados, tradicionais financiadores e fomentadores da cultura, devem superar velhas mazelas: o dirigismo cultural, como acontece em circunstâncias de Estados autoritários; o privilegiamento cultural, como ocorre em Estados elitistas; e, mais recentemente, a ausência cultural, como se verifica em Estados neoliberais, que delegam seu papel político-cultural ao mercado, como se ele fosse capaz de realizar políticas de financiamento e fomento à cultura que atendam a universalidade do campo cultural. Os Estados devem buscar modalidades de financiamento e fomento que: assegurem sua imprescindível atuação no campo cultural; garantam liberdade de criação e interditem a tentação, muitas vezes realizada, de impor culturas oficiais; e possibilitem apoiar, de maneiras diferenciadas, universalmente o campo cultural, sem discriminações e exclusões. Eles devem distinguir os diversos tipos de cultura, os desiguais potenciais de sustentabilidade e as diferenciadas necessidades de apoio: fundo perdido, investimentos parciais, empréstimos etc. Em resumo: os Estados precisam ser radicalmente democráticos e republicanos para que se tornem fonte qualificada de apoio à cultura.

A relação das empresas com a cultura assume diversas possibilidades. Dentre elas, cabe recordar a constituição de empresas de produção e difusão culturais, surgidas a partir do século XIX e com gigantesco desenvolvimento nos séculos XX e XXI, e as empresas patrocinadoras da cultura, na maioria das vezes oriundas de outros ramos econômicos. No primeiro caso, torna-se essencial elaborar políticas e legislações a fim de evitar monopólios culturais, sempre prejudiciais à cultura e à vida societária, e de garantir a pluralidade de visões e empreendimentos, vitais à diversidade cultural e à democracia. Atenção especial deve ser dada às micro e pequenas empresas, na atualidade nichos de criatividade, renovação e diversidade cultural. Quanto às empresas patrocinadoras, antes de tudo, elas devem efetivamente aportar recursos novos e próprios à cultura e se abrir a modalidades de seleção democráticas, que não considerem apenas seus interesses mais imediatos de *marketing*.

Especial atenção deve ser dada aos públicos/mercados culturais, pois o financiamento e o fomento via Estados e empresas criam dependência de diferentes ordens, inclusive de novos apoios para manutenção de instituições e para realização de eventos e produtos. Esses apoios tornam os públicos/mercados seres desejados, mas não imprescindíveis ao ciclo da cultura. Eles, em geral, desconsideram o ciclo virtuoso da cultura desde o momento da criação até o instante da aquisição e consumo pelos públicos/mercados culturais.

Sem a presença equilibrada de todos esses elos e de outras fontes alternativas existentes ou a serem inventadas, o sistema fica seriamente comprometido. O financiamento e o fomento da cultura exigem a presença de todos esses elos, algum equilíbrio entre eles, bem como a constante invenção de fontes e dispositivos possíveis de financiamento e fomento à cultura.

3.

O sistema de financiamento brasileiro não possui a complexidade atual da cultura. Ele está visivelmente desequilibrado com o predomínio das leis de incentivo sobre as outras modalidades de financiamento e fomento à cultura no país. O imenso desequilíbrio existente de recursos trabalhados pelos dispositivos compromete a complexidade do sistema de financiamento e fomento, pois o torna unidimensional. Dados do próprio Ministério da Cultura atestam que em 2015 foram mobilizados R$ 1.323.390.560,00 pela Lei Rouanet, enquanto o Fundo Nacional de Cultura acionou apenas R$ 163.750.302,00. Ou seja, a Lei Rouanet envolveu oito vezes mais recursos que o Fundo Nacional de Cultura.

O enorme predomínio das leis de incentivo, com seu singular modelo brasileiro, a partir de políticas neoliberais de cultura, implica no fraco financiamento direto do Estado, em seus níveis nacional, estaduais e municipais; na débil participação efetiva das empresas no apoio à cultura, por meio da diminuta utilização de recursos próprios, e no desestimulo ao frágil mercado cultural e seu público consumidor. A predominância, unilateral e quase completa, das leis de incentivo subordina e empobrece as outras modalidades de apoio, torna o sistema brasileiro de financiamento e fomento à cultura limitado e aquém das demandas e exigências do complexo campo cultural contemporâneo.

Esse sistema de financiamento e fomento não é adequado ao conceito ampliado de cultura nem às políticas de diversidade cultural, pois as leis de incentivo, em sua versão nacional, não têm capacidade de atender satisfatoriamente à noção ampliada de cultura nem à diversidade cultural brasileira. O sistema, unilateral devido à predominância das leis de incentivo, não possibilita acolher o conceito ampliado ou preservar e promover a diversidade cultural. Pelo contrário, ele concentra e direciona os recursos para atender preferencialmente a eventos e produtos de maior apelo de mercado, envolvendo atrações e celebridades, com grande visibilidade e realizados nos maiores centros consumidores do país. As leis de incentivo, em seu singular modelo brasileiro de submissão à lógica do *marketing* empresarial, não possuem capacidade de universalizar apoios e contemplar modalidades de cultura, como as populares, experimentais, eruditas etc. Isto é, o modelo brasileiro não é capaz de abranger a complexidade, a noção ampliada e a diversidade cultural do país.

A utilização de 100% de isenção fiscal em muitas vertentes das leis de incentivo expressa paradoxal contradição com a intenção original das leis de incentivo: trazer novos recursos das empresas para a cultura. Com a quase universalização da isenção fiscal de 100% contida nas atuais leis de incentivo, o recurso acionado é praticamente todo público, mas decidido pelas direções e departamentos de *marketing* das empresas. A lógica das leis de incentivo no Brasil implica em colocar recursos públicos sob a decisão privada. Em verdade, parcos recursos das empresas têm sido alocados no financiamento à cultura no país. Conforme dados do Ministério da Cultura, em 18 anos de vigência da Lei Rouanet, dos oito bilhões de reais investidos, mais de sete bilhões foram recursos públicos. As leis, que inicialmente trabalhavam majoritariamente com recursos empresariais, passaram a lidar cada vez mais com dinheiro público (Dória, 2003). Essa inversão contradiz as intenções de criação das leis de incentivo. Hoje, as leis só mobilizam poucos recursos próprios das empresas, inclusive muitas delas públicas. Em suma, as leis de incentivo, depois de muitos anos de vigência, não alcançaram seus objetivos de trazer recursos novos das empresas para a cultura.

A prioridade das leis de incentivo inibiu a atenção do Estado nacional em relação a outros dispositivos de financiamento e fomento. O Fundo Nacional de Cultura, além de nunca ultrapassar os 300 milhões de reais em sua história, não teve seu funcionamento atualizado. Ele permaneceu com uma deficiente institucionalização. Seus recursos continuaram sendo acessados pelo próprio ministério para seus projetos. Enquanto as leis de incentivo, dedicadas preferencialmente às empresas, em suas áreas específicas passaram, cada vez mais, à isenção de 100%, no fundo permaneceu a exigência de contrapartida de 20% dos proponentes, mesmo quando eles eram frágeis agentes e comunidades culturais. Não se instituíram critérios e procedimentos republicanos de seleção. A comissão de seleção continuou a ser apenas interna ao ministério. O Fundo Nacional de Cultura, exemplo do financiamento e fomento direto do Estado à cultura, não recebeu nenhum cuidado que permitisse maior institucionalização, funcionamento mais democrático, seleção mais republicana e fortalecimento como um dos pilares mais importantes de um complexo sistema de financiamento e fomento.

A hegemonia das leis de incentivo, inclusive no horizonte mental do ministério e dos produtores culturais, deprimiu também outros dispositivos de financiamento e fomento, mesmo alguns previstos no próprio Programa Nacional de Apoio à Cultura (Pronac), criado em 1991 e mais conhecido como Lei Rouanet. O Fundo de Investimento Cultural e Artístico (Ficart) é um exemplo. A quase identificação entre o Pronac, Lei Rouanet e mecenato demonstra claramente essa supremacia das leis de incentivo no financiamento e fomento à cultura no país.

Essa predominância inibiu igualmente os mercados culturais. Os públicos deixaram de ser considerados peças relevantes para a sustentabilidade da cultura, pois os custos dos projetos, encarecidos com a vigência unilateral das leis de incentivo, passaram a ser bancados quase integralmente por recursos obtidos através dos "patrocínios" das empresas, realizados, quase sempre, com dinheiro público. A não expansão e mesmo a contração dos mercados culturais, acontecidas em determinados setores da cultura, bem como a redução de temporadas, apontam para as problemáticas relações estabelecidas com os públicos culturais, em especial nos segmentos culturais com potencialidade de criação de nichos específicos de mercado. Entre as modalidades de cultura que devem ser bancadas integralmente pelo Estado, a exemplo das culturas populares e experimentais, e os grandes mercados das indústrias da cultura, que possuem sustentabilidade imanente, não se desenvolveram culturas de mercados mais específicos com seus públicos especializados.

A supremacia das leis de incentivo, por conseguinte, inviabiliza a construção de um sistema de financiamento e fomento complexo como exige hoje a complexidade atual da cultura. Ela deprimiu a atuação direta do Estado, inibiu os mercados e públicos culturais, não transformou as empresas em efetivas parceiras do apoio à cultura, dado que as leis trabalham quase integralmente com recursos públicos, não possibilitou a universalização do apoio às diversas modalidades de cultura e desestimulou a busca de alternativas de financiamento e fomento.

4.

A construção de um sistema complexo de financiamento e fomento à cultura obriga uma revisão radical dos procedimentos atualmente existentes. Sem desprezar nenhum dos dispositivos antes elencados, ela exige a reinvenção de cada um deles e a invenção de novas modalidades que atendam às complexas demandas da cultura contemporânea, perpassada pelo conceito ampliado, pela diversidade cultural e por novos agenciamentos derivados da economia criativa e das redes digitais. A revisão da exagerada dominância das leis de incentivo, a ampliação dos fundos de cultura e o estabelecimento de políticas de estímulo aos consumos e mercados culturais passam a ser vitais para a tessitura de um novo e mais complexo sistema de financiamento e fomento à cultura no Brasil.

5.

As leis de incentivo precisam passar por cuidadosa revisitação para redefinir seu lugar no sistema de financiamento e fomento, sem que isso prejudique sua existência, dado que elas têm papel relevante no apoio à cultura brasileira, nem afete a dinâmica atual da cultura. A reforma deve buscar, dentre outros objetivos: abolir a isenção de 100%; trazer mais recursos efetivos e novos das empresas para a cultura; imaginar mais estímulos para pequenas e médias empresas; criar mecanismos de desconcentração dos apoios em projetos, instituições e regiões do país; definir melhor os tipos de culturas a serem apoiadas, evitando usar recursos em iniciativas que têm ampla possibilidade de sustentabilidade através do mercado; aprimorar mecanismos de participação das pessoas físicas no apoio à cultura; e, por meio dessas medidas, ampliar verdadeiramente os recursos provenientes das pessoas jurídicas e físicas no apoio às atividades culturais.

6.

Os fundos de cultura, em especial o nacional, necessitam ser reinventados de modo substantivo. O fomento direto do Estado, por meio de fundos de cultura, deve ser guiado pelo horizonte da universalização do apoio à cultura. Os fundos precisam ser mais institucionalizados, possuir critérios e procedimentos republicanos, ter modelos de seleções democráticos, ampliar a transparência de seus processos e aumentar de modo substancial seus recursos. Eles, no mínimo, precisam ser equiparados aos movimentados pelas leis de incentivo. Os fundos de cultura, em uma gestão democrática e republicana, têm maior potencial de acolher o conceito ampliado e de apoiar a diversidade cultural. Eles podem ser orientados para contemplar as mais diversas atividades, bens, manifestações e serviços culturais, dado que não obedecem nem estão limitados pela lógica mercantil de visibilidade. Entretanto o risco da tentação da visibilidade política a qualquer custo precisa ser enfrentado. Como modo de financiamento direto do Estado, os fundos de cultura devem ser institucionalizados e ampliados, de maneira notável, para garantir a universalização do apoio e viabilizar um sistema de financiamento cultural estruturado em termos federativos, em sintonia e dando substrato ao Sistema Nacional de Cultura. Aliás, sem aumento significativo do Fundo Nacional de Cultura, não existe a possibilidade de consolidar o Sistema Nacional de Cultura e se instituir um financiamento e fomento à cultura verdadeiramente federativos no Brasil.

Os fundos de cultura podem respeitar a liberdade de criação, quando funcionam com base em seleções públicas e asseguram a participação ampla das comunidades culturais. O Estado democrático é capaz de apoiar e mesmo criar cultura respeitando de modo pleno a liberdade de criação e se distanciando de qualquer tentação de controle e imposição de uma cultura oficial. Nessa perspectiva, os apoios dos fundos devem acionar seleções públicas realizadas por comissões de especialistas nas diversas áreas culturais, com autonomia assegurada para suas deliberações, e não se efetivar de modo centralizado por meio de procedimentos antidemocráticos. O uso de editais públicos emerge como um avanço em relação ao velho balcão, no qual predominavam as lógicas do conhecimento e do favor. As seleções públicas, nesse horizonte, possibilitam a democratização e o caráter republicano do financiamento à cultura.

A afirmação dos avanços dos editais públicos não pode esconder as limitações de sua utilização universal em decorrência de suas exigências técnicas. Tornar os editais no instrumento dominante para distribuição democrática e republicana de recursos para a cultura não significa desconhecer seus limites de operar em dadas circunstâncias, devido às suas exigências técnicas, que não são conhecimento compartilhado pelas diferentes comunidades culturais. Com a ampliação do conceito de cultura, e com a promoção da diversidade cultural, por exemplo, novos agentes e comunidades culturais passaram a demandar e ser atendidos pelo Estado. Mas ele ainda não dispõe de dispositivos adequados para apoiar e incorporar esses novos ativistas culturais. Para determinadas situações, agentes e comunidades culturais, novas maneiras adequadas de financiamento e fomento devem ser imaginadas. Tais dispositivos igualmente devem ser democráticos e republicanos, mas devidamente afinados com as circunstâncias peculiares e singulares.

7.

As políticas culturais devem incentivar o desenvolvimento e a diversidade de públicos e mercados culturais. Uma das tarefas hoje mais relevantes das políticas culturais e de financiamento no Brasil, caracterizadas pela inclusão econômica e social de parcelas significativas da população brasileira, é incentivar o desenvolvimento e a diversidade de públicos e mercados culturais que atendam às novas demandas culturais e que garantam o direito do cidadão ao acesso a determinadas modalidades de cultura, que ainda continuam muito excludentes no país. Ou seja, fazer com que esse potente movimento de inclusão se expanda e abarque cada vez mais o campo da cultura. Sem públicos e mercados culturais desenvolvidos e diferenciados, a sustentabilidade e a diversidade da cultura brasileira estão seriamente comprometidas.

8.

O sistema de financiamento necessita atender aos diversos momentos do fazer cultural e superar apoios pontuais e circunscritos no tempo. Na atualidade, a maior parcela do fomento estatal e público à cultura no Brasil destina-se à produção e ao apoio de eventos e produtos. O financiamento, em sua quase totalidade, está restrito à criação e a acontecimentos pontuais e de tempo determinado. O campo da cultura precisa fomentar de modo mais equilibrado todos os momentos do fazer cultural – criação, difusão, divulgação, circulação, distribuição, intercâmbio, preservação, formação, estudos, crítica, consumo e fruição – e apoiar, de modo mais continuado, projetos de médio ou longo prazo. A não superação dos atuais modos circunscritos de financiamento compromete as possibilidades de desenvolvimento, sustentabilidade e consolidação da cultura no Brasil.

9.

Outras modalidades de apoio precisam ser imaginadas, inventadas e incorporadas na construção de um complexo sistema de financiamento à cultura. Mecanismos já existentes, a exemplo de financiamentos colaborativos, microcréditos, empréstimos subsidiados, devem ser inscritos com mais destaque no sistema, buscando adequar o financiamento às singularidades próprias do complexo campo cultural. O horizonte ampliado de cultura, os recentes formatos, as tecnologias informáticas e as novas modalidades de negócios abrem inúmeras possibilidades para imaginar, inventar e implantar outros modos de financiar a cultura. O estímulo à investigação e à criação desses novos dispositivos deve ser prioridade das políticas culturais sintonizadas com a contemporaneidade.

10.

O sistema de financiamento não pode prescindir da formação e qualificação de pessoal e da realização de estudos, que subsidiem seu desenvolvimento e alarguem sua complexidade. A carência de estudos e pesquisas sobre a realidade e as possibilidades do fomento à cultura no país bem como a ausência de pessoal formado e qualificado para lidar com as áreas de financiamento marcam hoje a sociedade brasileira. A construção do sistema complexo, que a contemporaneidade exige, requer conhecimento e avaliação dos modos de financiamento existentes no país, das experiências internacionais inovadoras e de sucesso e a invenção de novas modalidades de apoio. A formação e a qualificação de pessoal, além do fortalecimento do debate público acerca da temática, tornam-se vitais para alcançar esses objetivos.

REFERÊNCIAS

BERNARD, François de. Por uma redefinição do conceito de diversidade cultural. Em: BRANDT, Leonardo (org.). *Diversidade cultural.* São Paulo: Escrituras/ Instituto Pensarte, 2005, p. 73-81.

BOLÁN, Eduardo Nivón. *La política cultural:* temas, problemas y oportunidades. Cidade do México: Conselho Nacional para a Cultura e as Artes, 2006.

BOTELHO, Isaura; MOISÉS, José Álvaro. *Modelos de financiamento da cultura:* os casos do Brasil, França, Inglaterra, Estados Unidos e Portugal. Rio de Janeiro: Ministério da Cultura/Funarte, 1977.

CALIL, Carlos Augusto. Incentivo ou renúncia?. Em: LEITE, José Guilherme Pereira (org.). *As malhas da cultura I.* Cotia, SP: Ateliê Editorial, 2013, p. 123-9.

CORREIA, Ana Maria Amorim. *Diversidade cultural no governo Lula:* um olhar para a Secretaria da Identidade e Diversidade Cultural. 2013. Dissertação (Mestrado em Cultura e Sociedade) – Instituto de Humanidades, Artes e Ciências, Universidade Federal da Bahia, Salvador, 2013.

COUTINHO, Luciano. O potencial econômico da cultura. Em: LEITE, José Guilherme Pereira (org.). *As malhas da cultura I.* Cotia, SP: Ateliê Editorial, 2013, p. 115-21.

CUÉLLAR, Javier Pérez de (org.). *Nossa diversidade criadora.* Brasília/Campinas, SP: Unesco/Papirus, 1997.

DE FILIPI, Primavera. *Crowdfunding* baseado em *blockchain*: qual o seu impacto sobre a produção artística e o consumo de arte? *Revista Observatório Itaú Cultural,* São Paulo, n. 19, 2016, p. 52-63.

DÓRIA, Carlos Alberto. O financiamento da cultura na década de 90. Em: DÓRIA, Carlos Alberto. *Os federais da cultura.* São Paulo: Biruta, 2003, p. 73-110.

EVANGELISTA, Ely. *A Unesco e o mundo da cultura.* Goiânia: UFG/Unesco, 2003.

FREIRE, Alberto. *Fomento à cultura.* Salvador: Secretaria de Cultura do Estado da Bahia, 2013. (Coleção Política e Gestão Culturais)

GADELHA, Rachel. *Produção cultural:* conformações, configurações e paradoxos. Fortaleza: Armazém da Cultura, 2015.

HARTLEY, John (org.). *Creative industries.* Oxford: Blackwell Publishing, 2005.

HESS, Sharon. Fundo público de financiamento direto à cultura para o Brasil: premissas e características. Em: LEITE, José Guilherme Pereira (org.). *As malhas da cultura I.* Cotia, SP: Ateliê Editorial, 2013, p. 131-147.

HOWKINS, John. *The creative economy:* How people make money from ideas. Londres: Penguin Press, 2001.

KAUARK, Giuliana Del Rei de Sá. *Oportuna diversidade:* a participação do Ministério da Cultura do Brasil durante as negociações da Convenção sobre a

Preservação e Promoção da Diversidade das Expressões Culturais. 2009. Dissertação (Mestrado em Cultura e Sociedade) – Faculdade de Comunicação, Universidade Federal da Bahia, Salvador, 2009.

MINISTÉRIO DA CULTURA. *Cultura é um bom negócio*. Brasília: MinC, 1995.

OLIVIERI, Cristiane Garcia. *Cultura neoliberal*: leis de incentivo como política pública de cultura. São Paulo: Escrituras/ Instituto Pensarte, 2004.

PEDRA, Layno Sampaio. *Democracia e fomento à cultura*: uma análise do Fundo de Cultura da Bahia. 2013. Dissertação (Mestrado em Cultura e Sociedade) – Instituto de Humanidades, Artes e Ciências, Universidade Federal da Bahia, Salvador, 2013.

REIS, Ana Carla Fonseca. *Marketing cultural e financiamento da cultura*. São Paulo: Pioneira Thompson Learning, 2003.

RUBIM, Antônio Albino Canelas. *Políticas culturais e o governo Lula*. São Paulo: Fundação Perseu Abramo, 2011.

RUBIM, Antônio Albino Canelas (org.). *Políticas culturais no governo Lula*. Salvador: Edufba, 2010.

RUBIM, Antônio Albino Canelas. Políticas culturais e novos desafios. *Matrizes*, São Paulo, 2009, n. 2, p. 93-115.

UNESCO. *Convenção sobre a proteção e promoção da diversidade das expressões culturais*. Brasília: Unesco, 2006.

UNESCO. Declaração universal sobre a diversidade cultural. Em: BRANDT, Leonardo (org.). *Diversidade cultural – globalização e culturas locais*: dimensões, efeitos e perspectivas. São Paulo: Escrituras/ Instituto Pensarte, 2005, p. 207-14.

VIEIRA, Mariella Pitombo. *Política cultural na Bahia*: o caso do FazCultura. 2004. Dissertação (Mestrado em Comunicação e Cultura Contemporâneas) – Faculdade de Comunicação, Universidade Federal da Bahia, Salvador, 2004.

4
ESTUDOS SOBRE GESTÃO CULTURAL

DESAFIOS E DILEMAS DA GESTÃO CULTURAL

TODO GESTOR, EM QUALQUER CAMPO DE ATUAÇÃO, SE defronta com incontáveis desafios e dilemas. Impossível tratar todos eles em um único texto. Cabe selecionar alguns, considerados mais relevantes, e sugerir alternativas de como podem ser enfrentados e até equacionados. A sociedade e o governo, em geral, imaginam que a gestão cultural se apresenta como não complexa. Em verdade, como qualquer gestão, a gestão da cultura lida com a administração financeira, de pessoal, de espaços, de infraestruturas, de recursos materiais. Mas ela trata, especialmente, da programação das atividades culturais sob sua direção. Ainda que a curadoria da programação possa ser realiza por terceiros contratados, cabe ao gestor fazer a supervisão da programação selecionada e mesmo participar da escolha dos curadores. Essa singularidade caracteriza a gestão cultural. Como as atividades culturais se realizam, quase sempre, em horários diferenciados – noturnos, finais de semana e mesmo feriados –, o gestor cultural trabalha mais e em horários incomuns em comparação com os gestores de outros setores.

A singularidade da gestão cultural não pode, nem deve, ser desconsiderada. Sua complexidade torna-se ainda mais pronunciada quando se observa que a cultura é por si mesma um universo amplo e complicado. Ela envolve inúmeras áreas diferenciadas; múltiplos agentes, amadores e profissionais; deferentes e desiguais instituições e uma rica diversidade de manifestações e expressões. A abrangência mesma do conceito de cultura, tornado ainda mais ampliado no século XX, reforça tal complexidade. Assim, parece totalmente improcedente tentar reduzir os desafios e dilemas da gestão cultural apenas a uma questão de falta de recursos financeiros ou de (in)eficiência gerencial, como variadas vezes acontece. Por mais que elas existam e não sejam menosprezadas, muitos são os desafios e dilemas da gestão cultural. Este texto busca tratar de alguns deles, mesmo que de modo não exaustivo.

SENSIBILIZAR GOVERNO E SOCIEDADE

Um dos primeiros desafios de qualquer gestor cultural, em especial do setor público, refere-se à disputa do espaço ocupado pela cultura no âmbito do governo e da sociedade. Com raríssimas exceções, a cultura ocupa um lugar secundário, em sintonia com uma noção ornamental da cultura (Coutinho, 2000, p. 59). Gilberto Gil, cantautor e ex-ministro, questionou, inúmeras vezes, a equivocada visão da cultura como "cereja do bolo" (Gil, 2003). A cultura aparece como evento e/ou produto que têm visibilidade na sociedade e para os governos. Tentar reverter esse lugar não prioritário, por vezes secundaríssimo, impõe-se como imediato desafio a qualquer gestor que deseje realizar um trabalho qualificado em cultura. Tarefa nada fácil por conta de diversos fatores. Dentre eles, as concepções ainda predominantes de cultura e de desenvolvimento, apesar de todas as discussões em contrário, inclusive em ambiente internacional e nacional. A cultura é considerada apenas belas-artes e patrimônio material, quando muito também imaterial. O desenvolvimento se reduz tão somente ao crescimento econômico, esquecendo suas dimensões sociais, ambientais, políticas e culturais. Inserir a dimensão cultural no modelo de desenvolvimento, operado pelo governo e concebido pela sociedade, surge como enorme desafio a ser enfrentado para que a cultura obtenha um lugar mais relevante no governo, no Estado e na sociedade.

Em nações, sociedades e governos imersos em ambientes democráticos, a dimensão social do desenvolvimento passou a ser considerada, por meio de políticas que garantem direitos sociais, como ocorreu no Brasil dos governos Lula e Dilma. As outras dimensões, quase sempre, continuaram como zonas não prioritárias. Desse modo, torna-se necessário lutar por um modelo de desenvolvimento que, para além da economia e do social, incorpore as dimensões ambientais, políticas e culturais. Em algumas circunstâncias, essa limitação foi rompida, e nelas a cultura se integrou ao modelo de desenvolvimento e, em situações mais avançadas, assumiu centralidade. Nessas circunstâncias sociais, a cultura ocupou lugar de destaque no processo de desenvolvimento e de transformação da sociedade, como havia proposto Antonio Gramsci, ao analisar as chamadas sociedades ocidentais.

A redefinição do lugar da cultura na sociedade e no governo exige muito trabalho de sensibilização da sociedade, de seus agentes e comunidades; e do ambiente político e dos governantes. Existem múltiplas alternativas para reverter o espaço secundário destinado à cultura. Uma delas diz respeito à superação da visão da cultura apenas como belas-artes e patrimônio. Hoje, em uma concepção mais atualizada, ela necessita ser compreendida de modo mais amplo, envolvendo artes, patrimônio material e imaterial, culturas e saberes populares, culturas digitais, pensamento, concepções de mundo, comportamentos, modos de vida, valores etc. Tal atitude amplia o universo da gestão cultural, tornando-a mais complexa, mais presente na sociedade e no governo. As possibilidades de interface entre cultura e desenvolvimento se alargam.

A ressignificação do papel destinado à cultura passa também por uma compreensão da cultura para além de seu aprisionamento a suas expressões mais imediatas, como eventos ou bens/produtos culturais. Parte relevante da cultura não se manifesta dessa maneira, mas em procedimentos, que exigem tempo de amadurecimento, construção e formação. Nessa perspectiva, ela requer uma temporalidade mais longa, mas muitas vezes quase invisível. Por exemplo, organizar e desenvolver um qualificado grupo cultural demanda tempo, assim como produzir eventos e bens culturais de qualidade. Para superar a tentação de a gestão cultural trabalhar com tal universo múltiplo e disperso, deve-se acionar concepções de eventos-processos e produtos-processos (Rubim, 2014, p. 58-63). Isso é, em lugar de lidar com acontecimentos isolados e autossuficientes, trabalhar com eventos e produtos que se insiram e expressem processos culturais mais estruturais. Trata-se de superar a redução da gestão cultural à produção de inúmeros e efêmeros fatos dispersos, sem estigmatizá-los. Eventos e bens ganham sentido quando emergem como florações de processos culturais mais substantivos. A alternativa esboçada implica em não se render à realização de "políticas de eventos", como defende Teixeira Coelho (1997, p. 300-1), mas construir uma nova e rica relação entre eventos, bens e processos culturais.

A opção por trabalhar processos culturais, ainda que sem desprezar eventos e produtos, não resta dúvida, ocasiona o risco de menor visibilidade da gestão, devido ao caráter processual e cotidiano do trabalho, sem a espetacularidade do acontecimento, que produz visibilidade instantânea na sociedade midiatizada em que se vive (Rubim, 2003). Mas, como afirma Rossana Reguilo, "a gestão dos riscos" se impõe a uma gestão inovadora da cultura (Reguilo, 2005, p. 104).

Outro dado complicador não pode ser esquecido: o descompasso entre a temporalidade da cultura e da política (Rubim, 2000). Ela, nas democracias, tem ritmo ditado pelo calendário eleitoral, no caso brasileiro, de quatro anos. O governo e a política estão submetidos ao cronograma de trabalho que funciona em temporalidade curta. Com exceção de eventos e bens produzidos em velocidade acelerada, a cultura requer tempo para amadurecimento qualitativo e concretização de processos. Seus impactos societários demandam prazos mais longos. No enlace entre política e cultura, o equilíbrio é difícil. A gestão cultural não pode desconhecer as temporalidades diferenciadas, mas precisa equacionar e resolver tais dilemas, que perpassam o dia a dia da administração.

RELAÇÕES COM O GOVERNO E O CAMPO POLÍTICO

No âmbito do governo e do campo político, os relacionamentos tornam-se indispensáveis. As articulações com as, bem intituladas, áreas "duras" do governo situam-se em patamar de destaque. Lidar com órgãos da Fazenda e da Administração envolve esforço quase hercúleo de convencimento. Disputar recursos financeiros e humanos se apresenta como expediente nada fácil. Isso exige do gestor cultural e de sua equipe preparo para discutir números e sensibilizar dirigentes, em geral, distantes do universo da cultura. Mesmo com um bom entendimento com tais setores, momentos de tensão se mostram inevitáveis, dados os interesses díspares e os desiguais lugares de fala envolvidos no jogo. Em momentos de crise e de aperto financeiro, as conversas se tornam ainda mais difíceis. Mas é preciso ter capacidade e preparo para realizá-las a contento, pois a gestão depende muito dessas conversas e deliberações.

Especial atenção deve ser dada às relações jurídicas. Com a forte judicialização do Estado e da sociedade, tais relacionamentos passam a ser vitais para o funcionamento da gestão. Um Estado democrático e republicano requer como condição de sua própria existência a presença de controles, legais e para todos, sobre suas atividades, com destaque para o uso dos recursos públicos. A judicialização excessiva do Estado e da sociedade tem o efeito perverso de criar entraves ao funcionamento do Estado e inibir a atuação da gestão. A profusão de leis e normas cria uma enorme teia de legislações que, ao invés de facilitar o controle legítimo e necessário, acaba por complicar sua realização, tornando possível a persistência de comportamentos indesejados no trato da coisa pública. Ou seja, todo esse aparato montado não tem garantido a inibição de tais atos. A situação se torna ainda mais grave devido ao crescente descompasso de condições e de recursos entre as atividades finalísticas do Estado, empobrecidas, e aquelas destinadas ao controle, cada vez em maior número, angariando mais recursos e salários mais altos. A gestão cultural hoje, possuindo ou não uma procuradoria jurídica própria, está imersa em um cipoal nada desprezível de normas e leis com as quais deve lidar de maneira apropriada e competente. Uma boa gestão cultural exige enorme esforço para travar tais relações e combinar atitudes democráticas e republicanas com agilidade e eficiência no trato da coisa pública.

As relações com outras áreas do Estado também se apresentam como imprescindíveis. Um dos desafios mais vitais da gestão cultural, pública e mesmo privada, hoje floresce na reiterada expressão "transversalidade". Ou seja, a cultura e as políticas culturais para se desenvolveram de maneira consistente precisam dialogar de maneira intensa com outros campos sociais e ter a competência de implementar programas e projetos compartilhados, que contemplem os interesses das áreas em cooperação. Víctor Vich chega a afirmar que as políticas culturais devem ter como "[...] primeiro objetivo posicionar a cultura como dimensão transversal de todas as políticas de governo", pois sem isso o impacto de sua atuação fica muito limitado (Vich, 2014, p. 92). Na ausência dessa postura proativa, as demandas de outros segmentos do governo tendem a tomar a Secretaria de Cultura como produtora de atos culturais para dar brilho a eventos que eles realizam. Tal atitude mostra como o governo e seus setores entendem comumente a cultura. Reverter esse incomodo lugar implica em enorme desafio para a gestão cultural. No seu enfrentamento, não parece nada recomendável assumir a atitude de pedinte. Em lugar dessa perigosa postura, bem melhor realizar a busca inteligente de interfaces com as distintas instâncias de governo que possam interessar e conformar parcerias efetivas. Trabalhos transversais qualificados exigem muita competência para o diálogo e para a elaboração de projetos efetivamente colaborativos. Empenho não só do gestor, mas de toda a equipe. Ou seja, requer trabalho coletivo também no âmbito da gestão cultural, por meio de periódicas reuniões e discussões que envolvam toda a equipe.

O relacionamento com o campo político mostra-se necessário e sempre tenso. Em sua grande maioria, as demandas dos parlamentares e de outros políticos miram pedidos de apoio para eventos, produtos e ocupação de cargos. A lógica vigente do sistema político no Brasil de, infelizmente, associar alianças aos cargos, quaisquer que sejam os governos, transforma essa postura em procedimento "normal", quase naturalizado. Uma reforma política radicalmente democrática deve enfrentar e alterar a conexão, induzindo maior profissionalização dos trabalhadores do Estado, além de comportamentos políticos mais programáticos e menos fisiológicos. Hoje o relacionamento exige muitas negociações, visando: garantir a formação de uma equipe qualificada e alinhada à cultura e à política cultural desenvolvida; atender àquelas demandas justas e convergentes com as diretrizes da gestão; diplomaticamente negar as solicitações impossíveis ou incompatíveis com as atitudes da gestão; e, junto com os políticos, tentar ultrapassar esse patamar rebaixado e debater as políticas culturais, em perspectiva ampla e emancipatória. Nesse sentido, devem ser realizadas discussões coletivas voltadas para o campo político; manter canais de comunicação sempre abertos, via assessoria de relações institucionais, quando for o caso; informar sistematicamente as ações; e insistir na participação dos políticos em atividades públicas da gestão. Conquistar aliados no campo político, por meio de relações transparentes e sinceras, que tenham como prioridade o desenvolvimento da cultura e das políticas culturais, ajuda em muito uma qualificada gestão.

A colagem das demandas políticas a pedidos específicos e prazos imediatos, quando prevalece, produz outra perigosa consequência: o aprisionamento da atuação da gestão ao curto prazo e, correlata a isso, a predominância daquilo que Antonio Gramsci denominou "pequena política" (Coutinho, 2006, p. 51). Isto é, a política comezinha e restrita ao dia a dia. Fica interditada uma política, inclusive cultural, de mais longo prazo, de maior fôlego, mais estratégica, que possa tecer alternativas políticas distintas, em radicalidade, ao modelo de sociedade e de desenvolvimento vigentes. Em suma, a transformação social, própria da "grande política" almejada pelos agentes e partidos comprometidos com ela, encontra imensas dificuldades para se construir. Sem políticas estratégicas, sempre de médio e/ou longo prazos, os novos formatos de políticas e gestão culturais estão bloqueados. Tentar destravar tais limitações deve ser meta incessante da gestão cultural.

RELACIONAMENTOS COM O CAMPO CULTURAL

As relações com o campo cultural aconteceram como inerentes ao trabalho da gestão, o que não significa a inexistência de debates e tensões, próprias da dinâmica viva da sociedade e da cultura. Convergências e divergências ocorreram. A antiga dependência, expressa na lógica do "favor", derivada da prevalência histórica do que se convencionou chamar de "política de balcão", ainda marca de modo potente muitas das interações ensejadas entre comunidade cultural e gestão e, em especial, com o gestor responsável. A superação desse relacionamento arbitrário e pessoalizado se torna imprescindível. Ela deve ser feita com muita delicadeza, sensibilidade e tato, pois tal comportamento ainda está, por demais, enraizado e naturalizado. Esse velho relacionamento expressa a maneira pela qual a antiga política conservadora buscou submeter o campo cultural e fazer com que direitos culturais públicos e legítimos de atores, de comunidades e da população fossem confundidos com favores privados do gestor. Uma maior institucionalidade nas relações entre campo cultural e gestão, com procedimentos públicos, normas para todos e rotinas transparentes, é vital para superar as arcaicas e pessoalizadas formas de resolver demandas. Mas a persistência de ultrapassados modos de relacionamento brota em diferentes oportunidades. Sem ambiguidade e/ou vacilação, a gestão deve assumir de maneira deliberada o tratamento institucional das demandas, buscando abandonar a lógica de privilégios e favores. As pressões de alguns segmentos culturais e políticos caminham, por vezes, na contramão, criando tensões, que devem ser enfrentadas com tenacidade, mas sem perder a ternura.

O reforço à institucionalidade, com suas normas, rotinas e tratamentos impessoais, mostra-se indispensável para a superação desses vícios. A institucionalidade do campo cultural deve ser transformada em uma das diretrizes mais caras da gestão cultural. Ela enfatiza a tessitura de relações com organizações, que exprimem demandas e opiniões de agentes e comunidades culturais. Reuniões coletivas com grupos, redes, associações, entidades e instituições culturais existentes devem se tornar constantes e francas, em concordâncias e discordâncias. Canais para consulta e conversa necessitam ser criados, ampliados, consolidados e estimulados. Dentre eles floresceram: conselhos, colegiados, conferências etc. Sem desconhecer a relevância de reivindicações singulares, a prioridade está localizada nas demandas coletivas. A gestão deve constantemente dar à sociedade "devolutivas" a respeito de suas demandas coletivas. O grau de organização do campo cultural, ainda frágil e historicamente recente, dificulta essa orientação e mostra limites. Nesse sentido, a busca de incentivar a organização independente do campo da cultura deve obter centralidade.

As conferências propiciaram importantes discussões de políticas culturais e das relações entre Estado e sociedade. Cabe agora recordar discussões ocorridas em processos de conferências. Alguns agentes do Estado defendem que o encontro deve somente auscultar a sociedade, outros ponderam que a gestão tem que exercer um papel mais ativo, além de ouvir a comunidade. Entre apenas auscultar ou dialogar com as comunidades culturais, a gestão deve optar pela segunda alternativa, entendendo que as conferências são ambientes privilegiados de mediação entre sociedade e Estado. A gestão cultural, como inegável ator com posições político-culturais, deve intervir nos debates e discutir com a sociedade, de modo franco e sincero, concordando ou divergindo das opiniões manifestadas pelos participantes das conferências. Tal mediação se consubstancia por intermédio de debates político-culturais democráticos. Os diálogos estabelecidos tornam-se vitais para garantir a construção democrática de políticas culturais e o pleno respeito às deliberações das conferências. A posição assumida converge na visão de Víctor Vich que considera os gestores culturais ativistas e "[...] verdadeiros curadores encarregados de selecionar objetos simbólicos e com eles construir roteiros de acordo com os temas em que se decidiu intervir" (Vich, 2014, p. 93). Ou seja, não cabe à gestão cultural fingir que não tem posição, mas externar suas proposições de modo sincero nos debates e estar aberta a modificar ou manter seus posicionamentos a partir de diálogos com os diversos agentes e comunidades culturais. A construção coletiva de posicionamentos compartilhados enriquece a democracia participativa, as políticas culturais e a cultura na sociedade. O campo cultural é um aliado fundamental e sempre crítico da boa gestão cultural.

Entretanto é necessário lembrar a fragilidade ainda apresentada pelos processos de democracia participativa no mundo, no Brasil e na Bahia. O mal-estar da democracia na atualidade combina críticas contundentes ao complicado exercício da representação na vigente democracia representativa com a experiência ainda recente e frágil da democracia participativa. É necessário reconhecer o caráter incipiente dos experimentos e dos formatos de participação. Eles precisam ser continuados e aprofundados para serem amadurecidos. Só assim eles podem se converter efetivamente em práticas consistentes e democráticas em prol da cultura e das políticas culturais. A gestão cultural democrática deve lutar pelo aprimoramento da democracia representativa na sociedade e exercitar radicalmente a democracia participativa no campo da cultura.

Um dos perigos mais eminentes da gestão, seja ela cultural ou não, é sua absorção pelas demandas do cotidiano. Em sociedades muito desiguais, como a brasileira e a baiana, as enormes carências amplificam demandas. Seu acúmulo deriva da desatenção histórica das classes dominantes com as necessidades e a vida da população. A profusão de demandas alcança uma envergadura impossível mesmo de ser atendida e resolvida em prazos curtos. A gestão, aprisionada por esse cotidiano, tende à completa diluição e à dispersão, em sua vã tentativa de dar conta desse déficit social e cultural gigantesco. Ela fica sem horizonte, sem foco e sem rumo. O dilema da gestão cultural pode ser formulado nos seguintes termos: como atender às legítimas demandas culturais da sociedade sem ser aprisionado por essa pressão múltipla cotidiana, que interdita qualquer atuação estratégica?

Em um horizonte democrático, as demandas, inclusive culturais, da população têm de ser obrigatoriamente consideradas. A questão passa a ser sobre como incorporar tais demandas. As políticas públicas de cultura, ao traçar objetivos a serem alcançados, tratam demandas sociais em perspectiva mais coletiva e em prazos mais longos. Elas ajudam a equacionar o dilema, além de terem maior impacto sobre a sociedade em comparação ao atendimento de demandas individualizadas. Com essa finalidade, as políticas públicas, construídas em debate e deliberação com a sociedade e as comunidades culturais, geram programas e projetos. As políticas públicas de cultura, simultaneamente, devem dialogar com o passado e suas reparações históricas; o presente e suas demandas reprimidas; e o futuro e seus horizontes de superação do existente. Desse modo, elas rompem os grilhões da realidade imediata e iluminam outro mundo possível.

O desafio da gestão toma a forma de: 1. Diálogo com a sociedade para saber das demandas das comunidades e dos agentes culturais. O conversatório inclui o recurso às informações, aos indicadores e às pesquisas existentes sobre os temas tratados; 2. Imaginativa formulação de políticas públicas de cultura, adequadas aos desafios e dilemas a serem enfrentados. Elas reivindicam para sua construção, enquanto políticas efetivamente públicas de cultura, a realização de debates e deliberações públicas e 3. Criativa tradução das políticas públicas de cultura em programas e projetos, sintonizados com tais políticas e viáveis de serem executados. A tradução em programas e projetos é um dos problemas mais complexos na implementação das políticas culturais (Ochoa Gautier, 2003, p. 84). Traduzir políticas em programas e projetos transforma-se em questão-chave para a gestão cultural.

A visão da política cultural como "mais burocrática que criativa", afirmada por Toby Miller e George Yúdice (2004, p. 11), não ajuda no enfrentamento do problema. Pelo contrário, a formulação de políticas culturais e sua tradução em programas e projetos efetivos requerem alta dose de criatividade. Ela passa a ser condição vital para formular políticas culturais e para sua tradução política em programas e projetos. As políticas culturais, para cumprir sua promessa e orientar efetivamente a gestão cultural, precisam:

1. Dialogar com passado, presente e futuro; 2. Ser traduzidas em programas e projetos; e 3. Ter viabilidade política e financeira.

Isso não significa desconhecer políticas existentes. As boas políticas devem ser, sem preconceitos, continuadas e, quando necessário, reformadas. Tal atitude torna-se essencial para superar a tentação de cada nova gestão inventar a roda, desprezando o que já foi feito. Uma boa gestão de cultura necessita atentar para a estabilidade das políticas culturais.

ENFIM, RECURSOS

Quando se fala de gestão da cultura, de imediato aparece o eterno tema da ausência de recursos financeiros. Sem menosprezar essa recorrente falta, é preciso assinalar que a gestão cultural envolve a mobilização de um conjunto de recursos diversos, sejam eles financeiros, humanos, legais, materiais ou organizativos. Em todos os casos, torna-se necessário equacionar a situação e lutar para conquistar mais e melhores recursos, pois normalmente eles são insuficientes e precários. Por certo, a incessante busca de recursos apresenta-se como um dos esforços mais persistentes a ser assumido pela gestão cultural. O desafio não pode, nem deve, servir de desculpa para o impedimento de uma boa gestão. Saber lidar com circunstâncias adversas, enfrentar as inúmeras penúrias e evitar a paralisia da atuação são requisitos relevantes e exigidos à gestão cultural.

Muitos acreditam que os recursos financeiros têm lugar primordial na gestão da cultura. Indiscutível a premissa, mas os recursos humanos disputam esse lugar prioritário, pois uma boa equipe de pessoal sabe inclusive construir projetos e viabilizar a captação de recursos. Uma condição básica para melhorar o desempenho da gestão pública implica na profissionalização do quadro de pessoal, diminuindo percentualmente tanto os cargos comissionados quanto os funcionários temporários. Como a medida está fora da alçada da gestão cultural, a situação de pessoal se mostra sempre de difícil gestão, dadas suas características estruturais e sua dependência de decisões maiores do Estado, seja ele nacional, estadual, distrital ou municipal. Mas não se pode escapar da luta por concursos públicos e pela profissionalização da gestão cultural.

Os recursos legais, as leis e as normas cumprem papel importante na gestão cultural, conforme antes anotado. Normalmente o campo cultural possui um frágil conjunto de legislações. Claro que as leis e normas sozinhas, sem condições de implantação efetiva, carecem do impacto desejado. Uma qualificada gestão cultural não pode prescindir da legislação que balize os direitos e deveres político-culturais da sociedade, dos agentes e das comunidades. A instituição de rotinas administrativas, em diversos casos ainda frágeis, e a informatização de procedimentos permitem maior agilidade; caráter republicano; acesso democrático; eficiência e transparência no funcionamento da gestão. Ana María Ochoa Gautier escreveu que um dos problemas mais complexos das políticas culturais se apresenta como capacidade de "[...] incorporar essas dinâmicas de transformação social à estrutura de trabalho do Estado" (Ocha Gautier, 2003, p. 61). Traduzir tais horizontes de mudança na organização administrativa e funcional da gestão apresenta-se como outro gigantesco desafio a ser enfrentado.

Mas não se pode esquecer do eterno tema dos recursos financeiros. Raríssimas são as situações em que ele está bem equacionado e resolvido. Infelizmente, em circunstâncias normais, a gestão cultural é obrigada a trabalhar com recursos financeiros insuficientes, muito abaixo de suas necessidades. Nessa perspectiva, as alternativas para contornar o problema tomam a forma de luta incessante e inteligente para ampliar os orçamentos da cultura. O diálogo com o governo; as relações com os campos político e cultural; a pressão da sociedade, dos agentes e das comunidades culturais e o próprio trabalho político-cultural desenvolvido pela gestão tornam-se peças essenciais para o sucesso dessa empreitada. Uma constatação complicadora: o campo cultural coletivamente pressiona muito pouco o Estado em busca de recursos e legislações. Muitas vezes ainda se observa a prevalência de atuações individuais para resolver demandas privadas. A gestão cultural deve atuar auxiliando a organização do campo e a demanda coletiva de recursos.

A luta cotidiana pelo aumento do orçamento conjuga-se a outras alternativas para potencializar recursos. À competência, quando for o caso e quando possível, na captação de verbas internacionais, nacionais, estaduais, distritais e municipais, por meio de apresentação de projetos. A capacidade de propor programas transversais no Estado (nos níveis nacional, estadual, distrital e municipal) emerge na atualidade como relevante fator para possibilitar a realização de atividades culturais, compartilhadas com outras pastas a partir de interesses comuns e de trabalhos colaborativos. Potencializar a atuação transversal da gestão cultural possibilita partilhar e, diversas vezes, lidar com recursos de outros setores governamentais que tenham interesse comum na realização dessas atividades. Por fim, cabe realizar contatos com outras instituições da sociedade, inclusive empresas, visando apoio a projetos próprios ou comuns. A fragilidade econômica da sociedade civil e a falta de tradição no Brasil das empresas em investir recursos próprios em cultura limitam essas alternativas. A sociedade civil deve ser estimulada para se envolver mais com o campo cultural, inclusive em termos de financiamento. A gestão e as políticas culturais precisam decisivamente estimular a consolidação de nichos de mercados culturais específicos e diversificados, bem como a ampliação dos públicos culturais tanto no consumo e fruição culturais como em novas modalidades de financiamento coletivo da cultura. As empresas multinacionais e/ou brasileiras estão viciadas nos 100% de isenção fiscal de muitas leis de incentivo nacionais, estaduais e municipais, o que dificulta o aporte de dinheiro novo das empresas para a cultura, mas não custa tentar. A gestão cultural assume a sensibilização político-cultural da sociedade e do Estado como uma de suas metas mais importantes.

Tema correlato à incessante busca de recursos, emerge como fundamental o tratamento dado à utilização dos recursos destinados pela gestão aos agentes e comunidades culturais. Já se assinalou a necessidade imperiosa de superar a velha "política de balcão". Ela corrompe as relações entre gestão e campo cultural. Por consequência, a construção de novos formatos institucionais de relacionamento se impõe. Os fundos de cultura com editais públicos, de imediato, surgem como experiências alvissareiras nesse horizonte. Eles, ao contrário das leis de incentivo que no Brasil dependem de deliberações de empresas, são de decisão do Estado e podem distribuir melhor os recursos financeiros entre regiões, áreas, tipos e agentes de cultura, viabilizando efetivas políticas de diversidade cultural. Para tal objetivo, os fundos têm de operar de maneira democrática, transparente e republicana, com comissões de seleção representativas das áreas culturais e com autonomia na escolha dos projetos, para evitar tanto a subordinação à lógica mercantil como a subordinação à orientação estatal oficialista.

Fundos são vitais, mas não podem resolver tudo. Existem demandas de financiamento de setores culturais específicos que não podem ser atendidas, de modo adequado, pelos fundos e editais públicos. É fundamental substituir a "política de balcão" por editais públicos, para tornar o financiamento cultural mais democrático e republicano. Mas, sem destruir os fundos e os editais públicos, hoje tem-se necessidade de imaginar novas modalidades institucionais de financiamento, democráticas e republicanas, que possam atender a agentes e comunidades culturais específicas, a exemplo de: povos originários, culturas populares e tradicionais etc. No caso desses públicos, muitas vezes suas dificuldades de acesso à língua portuguesa obrigam a pensar formatos para além daqueles que exigem a formulação de projetos. A complexidade do campo cultural reivindica um sistema de financiamento da cultura também complexo (Rubim, 2016a).

NEUTRALIDADE DA GESTÃO E DAS POLÍTICAS CULTURAIS

Por fim, uma última questão se impõe: a posição assumida pela gestão frente ao tema da neutralidade ou não das políticas culturais. As experiências históricas recentes no Brasil – Estado autoritário na ditadura civil-militar (1964-1985) e pretendido Estado mínimo nos momentos neoliberais (1990-1992, 1995-2002 e 2016 em diante) – colocaram em xeque a atuação do Estado no campo da cultura, seja pelo medo de seu dirigismo, seja pela tentativa de sua substituição pelo "mercado". Em tempos desejados como democráticos e pós-neoliberais, o papel do Estado nas políticas públicas, inclusive de cultura, tem de ser obrigatoriamente renovado. Não cabe aceitar de volta um Estado autoritário dirigista que busca impor uma cultura oficial, como na ditadura ou inclusive atualmente. Não cabe reduzir o Estado a mero repassador "neutro" de recursos ao campo cultural, mesmo que a partir de procedimentos democráticos e republicanos. Para além de criar programas e projetos para estimular as culturas já existentes na sociedade – como faz o inovador Programa Cultura Viva, hoje presente em inúmeros países (Turino, 2015; Vilutes, 2015; Rubim, 2017) –, o Estado não pode deixar de possuir políticas culturais. Ou seja, de fazer escolhas, tomar posições e atuar no campo da cultura. Gilberto Gil, em discursos pronunciados no ano de 2003, deixou expresso o compromisso do Estado brasileiro de construir políticas culturais (Gil, 2003).

A gestão cultural deve assumir cristalina posição nesse dilema. Não pode o Estado, em perspectiva democrática, assumir uma pretensa neutralidade no campo cultural. De imediato, algumas questões se colocaram. Tem sentido o Estado democrático apoiar obras e atividades cheias de discriminações, preconceitos e violências de classe, etnia, gênero, idade, nação, região e/ou orientação sexual, dentre outros? A resposta dada pela gestão cultural deve ser um rotundo não. O Estado democrático não pode apoiar, sem mais, o desenvolvimento de qualquer modalidade de cultura na sociedade, sob pena de fortalecer também culturas autoritárias e toda gama de atitudes contrárias à constituição de uma sociedade mais equânime, justa e livre, que garanta vigorosamente cidadania e os direitos humanos, políticos, sociais, ambientais e culturais da população. Como assinalam Eduardo Nivón Bolán e Délia Sánchez Bonilla, o gestor cultural toma em conta os valores democráticos e a participação para satisfazer as necessidades culturais da sociedade (Bolán; Bonilla, 2016, p. 38).

A gestão e as políticas culturais devem estar sintonizadas com a construção de outro e melhor mundo possível.

Subjacente ao tema, emerge a discussão sobre a possibilidade ou não de o Estado criar cultura. Diversos autores, conservadores e até de esquerda, repetem o mantra de que o Estado não pode criar cultura. Evidente que a grande produtora de cultura é a sociedade, lócus, por excelência, da invenção cultural. Mas não tem sentido interditar o Estado de também produzir cultura, do mesmo modo que não se impede a empresa de também fazer cultura. Algumas interrogações servem para colocar em xeque a tentativa de interdição (Rubim, 2016b). As universidades públicas brasileiras – federais, estaduais e municipais – não criam ciência, conhecimento e cultura? As bibliotecas, centros culturais, museus e outras instituições culturais estatais não podem produzir inovações culturais? Os corpos artísticos estáveis nas mais diversas áreas, mantidos pelo Estado, estão impedidos de inventar arte e cultura? O problema parece estar contaminado e deslocado, seja pelo medo da cultura oficial imposta por Estados autoritários, seja pela submissão à lógica neoliberal de apequenar o Estado. A questão que se coloca é de como construir um Estado radicalmente democrático e republicano que possa também produzir cultura, sem que ela esteja subordinada à censura do Estado ou de entes privados, e sem que ela ocupe a posição da sociedade como principal lócus societário de criação cultural. A resposta não parece difícil de ser formulada, mas certamente não é fácil de ser implantada, pois exige presença de cultura política radicalmente democrática na sociedade e no Estado.

O Estado democrático e republicano ativo deve enfrentar esses e outros problemas cruciais para a transformação e o desenvolvimento culturais da sociedade, com base em firme compromisso com a cultura cidadã, a cidadania cultural e os direitos culturais. Afinal, a transformação e o desenvolvimento da sociedade são os sentidos mais nobres da gestão e das políticas culturais.

REFERÊNCIAS

BOLÁN, Eduardo Nivón; BONILLA, Delia Angelina Sánchez. La gestión cultural en América Latina. Em: TRUJILLO, Janny Amaya; LÓPEZ, José Paz Rivas; ARCHILA, María Isabel Mercado (org.). *Diversidad, tradición e innovación en la gestión cultural*: teorías y contextos. t. 1. Guadalajara: UDGVirtual, 2016, p. 21-56.

CHAUI, Marilena. *Cidadania cultural*: o direito à cultura. São Paulo: Fundação Perseu Abramo, 2006.

COELHO, Teixeira. Política de eventos. Em: COELHO, Teixeira. *Dicionário crítico de política cultural*. São Paulo: Iluminuras, 1997, p. 300-1.

COUTINHO, Carlos Nelson. *Cultura e sociedade no Brasil*. Rio de Janeiro: DP&A, 2000.

COUTINHO, Carlos Nelson. *Intervenções*: o marxismo na batalha das ideias. São Paulo: Cortez, 2006.

OCHOA GAUTIER, Ana María. *Entre deseos y los derechos*: un ensayo crítico sobre políticas culturales. Bogotá: Instituto Colombiano de Antropologia e História, 2003.

GIL, Gilberto. *Discursos do ministro da Cultura Gilberto Gil – 2003*. Brasília: MinC, 2003.

MILLER, Toby; YÚDICE, George. *Política cultural*. Barcelona: Gedisa Editorial, 2004.

REGUILLO, Rossana. *Horizontes fragmentados:* comunicación, cultura, pospolítica. El (des)orden global y sus figuras. Jalisco: Iesco, 2005.

RUBIM, Antônio Albino Canelas. *Comunicação e política*. São Paulo: Hacker Editores, 2000.

RUBIM, Antônio Albino Canelas. Espetáculo, política e mídia. Em: FRANÇA, Vera *et al.* (org.). *Livro da XI Compós 2002*: estudos de comunicação ensaios de complexidade. Porto Alegre: Sulina, 2003, p. 85-103.

RUBIM, Antônio Albino Canelas. Políticas culturais no Brasil: tristes tradições, enormes desafios. Em: RUBIM, Antônio Albino Canelas; BARBALHO, Alexandre (org.). *Políticas culturais no Brasil*. Salvador: Edufba, 2007, p. 11-36.

RUBIM, Antônio Albino Canelas; BARBALHO, Alexandre; CALABRE, Lia (org.). *Políticas culturais no governo Dilma*. Salvador: Edufba, 2015, p. 11-31.

RUBIM, Antônio Albino Canelas. Teses sobre financiamento e fomento à cultura no Brasil. Em: VALIATI, Leandro; MOLIER, Gustavo (org.). *Economia criativa, cultura e políticas públicas*. Porto Alegre: UFRGS/Cegov, 2016a, p. 267-78.

RUBIM, Antônio Albino Canelas. Observações acerca das relações entre Estado e cultura. Em: CUNHA FILHO, Francisco Umberto; AGUIAR, Marcus Pinto; COSTA, Rodrigo Vieira (org.). *Direitos culturais*: múltiplas perspectivas. v. 3. Fortaleza: Uece/Unifor, 2016b, p. 124-40.

TURINO, Célio. Cultura a unir povos. *Revista Observatório Itaú Cultural*, São Paulo, 2015, n. 18, p. 66-75.

VICH, Víctor. *Desculturalizar la cultura*: la gestión cultural como forma de acción política. Buenos Aires: Siglo XXI, 2014.

VILUTIS, Luana. *Presenças e ausências da economia solidária nas políticas culturais*. 2015. Tese (Doutorado em Cultura e Sociedade) – Faculdade de Comunicação, Universidade Federal da Bahia, Salvador, 2015.

GESTÃO CULTURAL NA BAHIA: REFLEXÕES SOBRE UMA EXPERIÊNCIA[1]

ESCREVER SOBRE UMA EXPERIÊNCIA VIVIDA NÃO É ALGO simples. A experiência, agradável ou desagradável, quando significativa, penetra o corpo e se instala no coração e na mente, de maneira consciente ou inconsciente. Difícil se distanciar, como necessário, para elaborar uma reflexão consistente e crítica. Lidar com essa exigência de distanciamento torna-se o primeiro, e nada desprezável, desafio a ser enfrentado. Na contramão, um viés distinto deve ser observado. A densa imersão torna possível um conhecimento não acessível por outra via. O trafegar tenso entre distanciamento e imersão parece ser a vereda possível a ser trilhada na busca da complexa construção da reflexão sobre a experiência vivenciada.

O texto trata da gestão cultural realizada como Secretário de Cultura da Bahia, no segundo mandato de Jaques Wagner (2011-2014), reeleito governador pelo Partido dos Trabalhadores (PT). A Bahia, um Estado situado no Nordeste do Brasil, apresenta um território com dimensão aproximada à da França, sua população compreende 16 milhões de pessoas e seu PIB está no sexto lugar entre os Estados brasileiros. A cidade de Salvador, sua capital, foi a primeira sede do governo português no Brasil colonial (1549-1763).

---

1 Agradeço as leituras e sugestões críticas ao texto gentilmente feitas por Iuri Rubim, Linda Rubim, Nehle Franke e Fátima Fróes. Elas colaboraram no aprimoramento destas reflexões.

A Secretaria de Cultura da Bahia, criada em 2007, no início do governo Jaques Wagner (2007-2014), possui em sua estrutura centralizada órgãos como a Superintendência de Promoção da Cultura (Suprocult), a Superintendência de Desenvolvimento Territorial da Cultura (Sudecult) e o Centro de Culturas Populares e Identitárias (CCPI), além de organismos vinculados, como o Instituto do Patrimônio Artístico e Cultural (Ipac), responsável pelas políticas de patrimônio e museus; a Fundação Cultural do Estado da Bahia (Funceb), voltada às linguagens artísticas; e a Fundação Pedro Calmon (FPC), dedicada aos arquivos, bibliotecas e políticas do livro e da leitura.

Todo gestor, em qualquer área pública, se defronta com incontáveis desafios. É impossível tratar todos eles no âmbito do texto. Cabe, por conseguinte, selecionar aqueles considerados mais relevantes e apontar como eles foram ou não equacionados. A reflexão está organizada em quatro tópicos: desafios; relacionamentos; recursos; e, por fim, políticas culturais. Como os temas tratados se entrecruzam, a ordem de exposição não deve ser entendida como linear, mas apenas como a alternativa escolhida para organizar a exposição de problemas imbricados.

DESAFIOS

Um dos primeiros dilemas de qualquer gestor cultural público decorre do espaço ocupado pela cultura no horizonte do governo. Com raríssimas exceções, a cultura está em lugar secundário e é quase sempre entendida e reduzida à dimensão de evento, que pretende dar visibilidade ao governo. Tentar reverter esse lugar não prioritário, por vezes secundaríssimo, impõe-se como desafio inevitável aos gestores. Tarefa nada fácil por conta de inúmeras dificuldades. A concepção ainda predominante de desenvolvimento, apesar de todas as discussões em contrário, inclusive em ambientes internacional e nacional, exclui a cultura como dimensão a ser considerada. De resto, ela esquece igualmente o meio ambiente, a política e até o social. Assim, desenvolvimento se restringe tão somente ao crescimento econômico, em sua versão ainda hegemônica. Inserir a cultura no modelo de desenvolvimento operado pelo governo se impõe como horizonte utópico, que não pode ser olvidado.

Em governos mais à esquerda, como os vigentes no Brasil e na Bahia nos anos analisados, a dimensão social do desenvolvimento passou a ser considerada. As outras dimensões, dentre elas a cultural, continuaram zonas nebulosas e não prioritárias. Desse modo, a luta a ser travada exige que a esquerda assuma outro modelo de desenvolvimento, um modelo que vá além da economia, e mesmo do social, e incorpore dimensões ambientais, políticas e culturais. No ambiente da esquerda, tal radicalidade não esteve presente naqueles anos. A opção por uma transformação sem grandes rupturas, como a assumida pelo PT no caso brasileiro e baiano, não colocou na pauta um modelo alternativo de desenvolvimento. Em um mundo marcado pelo pensamento único do consenso de Washington e pela glocalização, as possibilidades de conformação de modelos outros de desenvolvimento não parecem fáceis. Em outras circunstâncias societárias, essa limitação estrutural só foi quebrada em casos muito singulares, nos quais a cultura se inscreveu no modelo de desenvolvimento ou, naqueles ainda mais raros, em que a cultura foi tomada como dimensão imprescindível da transformação social, como há muito prognosticou Antonio Gramsci para as chamadas sociedades ocidentais.

Na Bahia dos anos 2011-2014 a cultura não ocupou esse lugar privilegiado. As iniciativas realizadas pela secretaria com essa finalidade se mostraram insuficientes e mesmo não contundentes, dada a envergadura da mudança de concepção necessária. A transferência, já decidida quando do início da gestão, do Instituto de Radiodifusão Educativa da Bahia (Irdeb), com sua Rádio Educadora e sua Televisão Educativa, da Secretaria de Cultura para a recém-criada Secretaria de Comunicação, emergiu como um dos indicadores da não percepção do lugar estratégico a ser ocupado pela cultura no processo de transformação radicalmente democrática da sociedade e da importância do Irdeb para a disputa político-cultural em curso. Talvez não fosse mesmo possível uma mudança tão profunda do governo apenas ancorada na atuação da Secretaria de Cultura. Por certo, essa meta não será alcançada sem a mobilização da população, em especial, das comunidades culturais; sem uma ampla discussão político-cultural na sociedade e sem um projeto de esquerda, radicalmente democrático, que assuma a cultura como dimensão imprescindível ao desenvolvimento integrado e à transformação da sociedade.

A sensibilidade e a sensibilização do governador, expressa na plena liberdade de atuação política da secretaria, possibilitaram o desenvolvimento de um modelo de gestão que buscou colocar a cultura em patamar diferenciado, bastante distinto da sua redução a eventos e ao lugar de cereja do bolo, sempre contestado pelo ministro da Cultura Gilberto Gil (2003-2008). A presença do governador em diversas atividades e o respeito aos projetos da secretaria, por mais importantes que fossem, não significaram uma alteração radical do patamar da secretaria, mas tornaram possível o singular experimento, que vivenciamos e analisamos, com seus acertos e erros. Deve-se reconhecer que a atuação anterior do Secretário de Cultura no primeiro governo Jaques Wagner (2007-2011), Márcio Meireles, abriu caminhos para a efetivação do modo de gestão, radicalizado no mandato seguinte da cultura.

O modelo implantado, sem desconsiderar eventos, buscou privilegiar processos culturais mais permanentes, como: organização do campo; institucionalidade; transversalidades; diálogos; territorialidades; participação e formação culturais. A opção implicou, não resta dúvida, no risco de menor visibilidade da secretaria, devido ao caráter processual da atuação escolhida e ao trabalho cotidiano sem recorrer ao recurso da espetacularidade, que produz visibilidade na sociedade midiatizada hoje existente. No dizer de Rossana Reguillo, na cultura se impõe "a gestão de riscos" (Reguillo, 2005, p. 104). A alternativa esboçada implicou em não se render à defesa da realização de eventos, como propõe Teixeira Coelho (1997), mas exigiu a construção de um relacionamento entre eventos e processos. Em vez de episódios, que se esgotam como meros eventos, imaginar acontecimentos que expressem eventos-processos (Rubim, 2014, p. 58-63). O recurso aos eventos ganhou sentido como instante específico de visibilidade de processos em curso.

Eventos, a exemplo da Celebração das Culturas dos Sertões e dos Encontros das Culturas Negras, realizados em três edições cada, exprimiram políticas culturais formuladas para promover a diversidade cultural da Bahia, antes do governo Wagner aprisionada em monocultura de forte viés turístico. Nos dois casos citados, caberia questionar se os processos ocorreram de modo satisfatório e se os eventos impactaram de modo positivo os processos. A resposta parece ser não, por dois motivos distintos. Os processos se ressentiram da falta de específica institucionalidade para garantir sua realização adequada e sofreram crescentes prejuízos em sua execução por questões orçamentárias. Apesar das limitações, a realização dos pretendidos eventos-processos funcionou como afirmação da política de diversidade e de diálogos interculturais da secretaria.

O recurso aos eventos-processos não ficou circunscrito aos exemplos antes indicados. Ele se estendeu a muitos registros de atuação da secretaria. Inúmeros programas já preexistentes e outros recém-criados se reconfiguraram dentro da nova perspectiva, a exemplo de Quarta que Dança, Salões de Artes Visuais e Temporada Verão Cênico, que se organizaram como eventos-processos, como manifestações visíveis de trabalhos mais estruturantes nas suas respectivas esferas de funcionamento. Em suma, a tentativa de subverter a redução da cultura aos eventos abriu espaços e teve influência na dinâmica da Secretaria de Cultura.

Outro aspecto que não pode ser esquecido: o evidente descompasso entre a temporalidade da cultura e da política. Esta, nas democracias, tem ritmo ditado pelo calendário eleitoral, no caso brasileiro de quatro anos. O governo e a política estão submetidos ao cronograma de trabalho que funciona em temporalidade curta. A cultura, fora eventos produzidos com urgência e velocidade, requer tempo para amadurecimento e concretização de processos. Seus impactos na sociedade demandam prazos longos. As mudanças culturais mobilizam largas temporalidades. Logo, a conexão entre política e cultura exige um equilíbrio difícil de ser alcançado.

A gestão cultural não pode desconhecer as temporalidades diferenciadas, mas precisa equacionar e resolver, quase caso a caso, tais acontecimentos que perpassam o dia a dia da administração. Conciliar temporalidades tão dissonantes não se configura como tarefa fácil. Embates se tornam inevitáveis; diálogos, vitais.

Temporalidades e territorialidades apresentaram-se como desafios. Nessa perspectiva, vale o destaque para a deliberada atitude de territorialização das políticas culturais adotada pela Secretaria de Cultura desde o início do governo. Em sintonia com a plataforma da gestão Jaques Wagner, de pensar o Estado com base em territórios de identidade, a secretaria, percebendo a inserção da cultura nessa modalidade de subdivisão regional da Bahia, formulou uma política de territorializar sua atuação cultural, antes concentrada em Salvador e algumas cidades de vocação turística, em decorrência da submissão da cultura ao turismo, que ocorreu na época da anterior Secretaria de Cultura e Turismo (1994-2006). Durante esses anos, ela funcionou quase como uma repartição municipal da capital, permitindo a omissão da Prefeitura Municipal de Salvador na área cultural. Esse vício institucional levou parte dos artistas soteropolitanos a colocar reservas à política de territorialização, em especial na gestão Márcio Meireles (2007-2011), quando ela começou. Tal política, iniciada nesse período, foi aprofundada de 2011 a 2014.

A política de territorialização das políticas culturais, adotada nas duas gestões culturais do governo Wagner, se concretizou por meio da criação de representantes e conferências territoriais de cultura; da realização da etapa final das conferências estaduais de cultura sempre em cidades do interior do Estado: Feira de Santana (2007); Ilhéus (2009); Vitória da Conquista (2011) e Camaçari (2013); da expansão para toda a Bahia de programas como o Cultura Viva e seus pontos e pontinhos de cultura, pontos de leitura etc. Ela se radicalizou por meio da realização descentralizada de inúmeras ações, tais como: III Bienal da Bahia; Apoio às Bibliotecas Municipais; Circuito Popular de Cinema e Vídeo; Circuitos Arqueológicos da Chapada Diamantina; Festival Nacional Cinco

Minutos; Mapa Musical da Bahia; Programa de Apoio às Filarmônicas do Estado da Bahia; Programa de Qualificação em Artes no Interior da Bahia; Programa de Qualificação de Circos; Quarta que Dança; Registro do Patrimônio Imaterial; Salões de Artes Visuais da Bahia; Temporada Verão Cênico; Tombamento do Patrimônio Imaterial. Além disso, aconteceu significativa ampliação do fomento à cultura para todo Estado, por meio do Calendário das Artes, que financiou projetos em 109 dos 417 municípios da Bahia, e do Fundo de Cultura do Estado da Bahia, que, gradativamente, passou de 17% dos projetos apoiados do interior em 2006 para quase 50% em 2014. É necessário registrar que a territorialização dos apoios do fundo ocorreu simultaneamente ao aumento continuado de seus recursos entre 2011 e 2014.

Inúmeros outros vetores de territorialização poderiam ser evocados para demonstrar a vigorosa tradução dessa política em ações efetivas naqueles anos. Caberia destacar apenas mais uma, por seu impacto nas relações entre secretaria e comunidades culturais do Estado: as viagens intituladas Funceb Itinerante e Caravanas Culturais. Nas quatro edições realizadas por cada uma delas foram percorridos por volta de 70 dos 417 municípios baianos, auscultando, discutindo e divulgando as políticas culturais estaduais e nacionais; visitando agentes e instituições; apreciando mostras; conhecendo e reconhecendo a diversidade cultural baiana (Funceb, 2014, p. 32-5; Rubim, 2016, p. 53-73). Muitas das propostas debatidas nesses encontros com as comunidades culturais pela Bahia serviram para retroalimentar políticas da secretaria.

A formulação do Calendário das Artes absorveu inúmeras demandas das comunidades, como: simplificação dos formulários para apresentação de projetos; territorialização dos procedimentos de seleção das propostas; e mudança nas modalidades de prestação de contas. Com relação ao último tópico, a adoção do formato de prêmio, para apoiar os projetos selecionados, permitiu à Funceb concentrar sua atenção no acompanhamento dos processos e resultados artístico-culturais dos trabalhos e não em suas prestações de conta contábeis. A reviravolta possibilitou privilegiar os aspectos criativos, estéticos e sociais, qualificando a atuação político-cultural da instituição (Funceb, 2014, p. 42-9).

Igualmente as Caravanas Culturais, mobilizadas pela Secretaria de Cultura, permitiram à secretaria incorporar sugestões oriundas dos municípios. No entanto, a proposição de elaborar políticas culturais específicas para os quatro territórios visitados pelas caravanas (Chapada Diamantina, Oeste, Sul e Semiárido) não se concretizou, por deficiências da secretaria, que envolviam: dificuldades de gestão administrativa; deficiência de pessoal e de recursos financeiros. As viagens propiciaram a todos que participaram uma visão mais consistente da complexidade e da diversidade baianas, mas a impossibilidade de traduzir isso em políticas específicas para as regiões visitadas não pode deixar de ser considerada grave prejuízo, em especial, levando em conta as carências e as potencialidades culturais manifestas nos territórios.

A mobilização da secretaria em torno de outro desafio deve ser registrada, de imediato. A importância dada à formação em cultura pode ser confirmada pelas iniciativas realizadas. Mais de 15 mil pessoas em 220 municípios foram envolvidas. Praticamente todos os órgãos da instituição participaram do esforço, coordenado pela assessoria específica criada, que articulou o Programa de Formação e Qualificação em Cultura; dirigiu edital de apoio específico; publicou, em conjunto com a Sudecult, a coleção "Políticas e Gestão Culturais", composta de dez livretos, como material didático para cursos; e construiu a Rede de Formação e Qualificação em Cultura, composta de 46 membros, representando 30 instituições, dentre elas: universidades públicas federais (seis) e estaduais (quatro); Institutos Federais de educação (dois); Sistema S (dois); dez organizações não governamentais dedicadas à educação e cultura; cinco secretarias estaduais e o Ministério da Cultura. A rede fez reuniões bimensais e colaborou sobremodo com o programa de formação e qualificação, inclusive viabilizando cursos permanentes de graduação e pós-graduação em cultura, conforme meta do programa (Cortes; Bezerra, 2016). A ideia de transformar a Bahia não só em lugar de cultura, mas local de formação em cultura deu passos significativos, mas se ressentiu da ausência de uma maior estrutura institucional e de mais pessoal e recursos para deslanchar todo potencial que possuía.

A dificuldade de incorporação de novas estruturas organizacionais em um momento de crise e as carências dos órgãos existentes na secretaria prejudicaram a instalação mais efetiva das novas iniciativas pretendidas, mesmo em áreas prioritárias, como a de formação em cultura. Na contramão, a cooperação entre setores da secretaria viabilizou a expansão de ações de formação. Elas se instalaram, por exemplo: no Centro de Formação em Artes (CFA), na Escola de Dança da Funceb; na FPC, no Ipac, na Sudecult e na Suprocult, com seus muitos cursos para subsidiar a elaboração de projetos. Apenas o Programa de Qualificação em Artes no Interior da Bahia compreendeu 50 turmas em 30 cidades-sede envolvendo 1.500 alunos.

RELACIONAMENTOS

Fazer política, em razoável medida, implica em saber conversar, dialogar e se relacionar em circunstâncias de convergência e divergência. No âmbito do próprio governo, conversas e relações aparecem como indispensáveis. As articulações com as, bem intituladas, áreas "duras" do governo situam-se em patamar de destaque. Lidar com a Secretaria da Fazenda e a Secretaria da Administração envolve esforço quase cotidiano de convencimento, a depender dos seus responsáveis. Disputar recursos financeiros e humanos se apresenta como expediente difícil. Exige do gestor cultural e de sua equipe preparo para discutir números e sensibilizar dirigentes, em geral, distantes do universo da cultura. Apesar do bom entendimento existente com os setores, momentos de tensão se mostraram inevitáveis, dados os interesses e as visões díspares em jogo. Em momentos de crise e de aperto financeiro do Estado, com ocorreu de modo crescente entre os anos de 2011 e 2014, os entendimentos se tornaram mais complexos, mas conseguiram fluir.

Para além das áreas "duras" referidas, a cultura, como a grande maioria das secretarias existentes, não participou do núcleo central do governo nem pode compartilhar projetos e ideias gerais com e sobre o governo em encontros coletivos. As reuniões de secretários foram escassas nos quatro anos, o que fragilizou a construção comum do projeto de governo e a inserção da cultura nele. A ausência de um padrão de governo, coletivo e compartilhado, contrastou com o empreendido no âmbito da cultura. Nele, a tentativa de construção conjunta da proposta de gestão cultural foi tomada como meta a ser trabalhada de maneira cotidiana, mesmo com incompreensões de alguns membros da equipe. Eles, inicialmente, não conseguiam compreender a necessidade da reunião semanal da equipe. "Perda de tempo", do precioso tempo de fazer. Aos poucos o mal-estar nunca devidamente explicitado cedeu lugar à presença e participação, mas, em alguns casos, nunca dentro das suas potencialidades. Difícil avaliar, com padrões rigorosos, até que ponto tal reversão se efetivou.

As relações com outras áreas do Estado se fizeram com base em contatos bilaterais. Um dos desafios atuais da gestão cultural floresce na reiterada expressão "transversalidade". Ou seja, a cultura e as políticas culturais para se desenvolverem de maneira consistente precisam dialogar intensamente com outros campos sociais. O pesquisador Víctor Vich chega a afirmar que as políticas culturais devem ter como "[...] primeiro objetivo posicionar a cultura como dimensão transversal de todas as políticas de governo", pois sem isso o impacto de sua atuação fica muito limitado (Vich, 2014, p. 92). Sem postura proativa, as demandas de outros segmentos do governo tendem a tomar a Secretaria de Cultura como produtora de atos culturais para dar brilho a seus eventos. Tal atitude mostra como o governo e seus órgãos entendem comumente a cultura. Reverter esse incômodo papel envolve grande desafio para a gestão da cultura. Nada recomendável agir como mero pedinte. Em seu lugar, cabe a busca inteligente de interfaces com distintas instâncias de governo, que possibilite contemplar interesses comuns e conformar parcerias efetivas.

Um dos eixos prioritários das políticas culturais formuladas para orientar a gestão 2011-2014 respondeu pela denominação de "alargamento da transversalidade da cultura". Assim, a transversalidade como eixo teve caráter deliberado e continuado. O esforço para sua realização redundou em diversos programas com secretarias e órgãos do Estado da Bahia. Com a Educação aconteceram projetos como: elaboração do Programa Estadual do Livro e Leitura, oficializado por decreto governamental; Bienais do Livro da Bahia; concurso para seleção de livros infantis a serem utilizados na rede pública estadual de educação; restauração dos murais modernistas da Escola Parque, projeto do educador Anísio Teixeira; cursos para formação de bibliotecárias e de ensino de história da Bahia; além de diversos outros, inscritos no Programa Nacional de Acesso ao Ensino Técnico e Emprego (Pronatec), que abrangeram inúmeras áreas culturais e foram todos financiados pelo Ministério da Educação.

Para não ser exaustivo indicando os muitos projetos realizados em cooperação com outras secretarias, cabe reportar somente a lista delas: Administração; Comunicação; Fazenda; Justiça, Cidadania e Direitos Humanos; Meio Ambiente; Mulheres; Planejamento; Promoção da Igualdade Racial; Relações Institucionais e sua Coordenação de Juventude; Saúde; Segurança Pública; Trabalho, Emprego, Renda e Esporte; Turismo. O Programa Bahia Criativa, coordenado pela secretaria, reuniu 17 órgãos da administração pública estadual, ligados a oito secretarias, e entidades não governamentais. Mais informações acerca dessas e de outras atividades da Secretaria de Cultura no período podem ser encontradas na publicação *Políticas culturais na Bahia 2007-2011* e nos dois números da revista *Bahia terra da cultura* (Secult, 2014a; 2014b e 2014c).

Todo o esforço garantiu programas e projetos significativos e viabilizou muitos deles, impossíveis de serem realizados apenas com recursos da secretaria. Mas é preciso apontar suas limitações, pois alguns não transpuseram o formato de eventos, sem desdobramentos posteriores mais persistentes. Outros, pelo contrário, a exemplo do Programa Trilhas de formação de jovens em cultura, em conjunto com a Secretaria do Trabalho, Emprego, Renda e Esporte, criaram enlaces consistentes de ação e colaboração intragovernamental, algo raro, em contexto político marcado por governos de coalização, como os acontecidos no Brasil e na Bahia. Eles se caracterizam, em geral, pela atuação dispersa das secretarias entregues às diferentes correntes políticas aliadas. O esforço intentado buscou superar as limitações de governos de coalização e trabalhar com os mais diversos partidos políticos da base de governo.

O relacionamento com o campo político mostrou-se necessário e sempre tenso. Em sua grande maioria, as demandas dos parlamentares e de outros políticos miram pedidos de apoio para eventos e ocupação de cargos. A lógica vigente do sistema político no Brasil de associar alianças aos cargos, quaisquer que sejam os governos, leva a essa postura quase naturalizada. Uma reforma política, necessária e radicalmente democrática, deve enfrentar e alterar essa conexão, induzindo apoios mais programáticos. Os dois casos citados, pedidos para eventos e cargos, exigiram muitas negociações, visando: garantir a formação de uma equipe qualificada e alinhada com a cultura e com a política cultural a ser desenvolvida; atender àquelas demandas justas e convergentes com as diretrizes da secretaria; diplomaticamente negar as solicitações impossíveis ou incompatíveis com o programa da secretaria; e, junto com os políticos, tentar ultrapassar esse patamar rebaixado e debater as políticas culturais, em perspectiva ampla e emancipatória. Nesse sentido, buscou-se: realizar discussões coletivas voltadas para o campo político; manter canais de diálogo sempre abertos, via assessoria de relações institucionais; informá-los de modo sistemático das atividades culturais; e buscar a participação deles nas atividades públicas da secretaria.

No entanto, a cultura política existente se modificou pouco. Uma mudança maior, nada fácil de acontecer devido ao formato do sistema político brasileiro vigente, exige uma transformação mais abrangente no campo político e, por certo, mais atenção da secretaria e maior dedicação do próprio secretário. O panorama traçado não impediu a aprovação, por unanimidade, na Assembleia Legislativa, da Lei Orgânica da Cultura, em 2011, e do Plano Estadual de Cultura, em 2014, dois episódios significativos, mas que não podem ser superestimados, dada a desatenção dos parlamentares com a cultura, com exceções relevantes e algumas muito comprometidas com o tema. Com esses políticos, fluiu um intenso entendimento em prol do desenvolvimento da cultura na Bahia.

A colagem das demandas políticas a pedidos específicos e temporalidades imediatas, quando prevalece, produz outra perigosa consequência: o aprisionamento da atuação da secretaria ao curto prazo e, correlato a isso, a predominância daquilo que Antonio Gramsci chamou de "pequena política" (Coutinho, 2006, p. 51). Isto é, a política comezinha e restrita ao dia a dia. Fica interditada uma política de mais longo prazo, mais estratégica, que possa tecer alternativas políticas distintas, em radicalidade, ao modelo de sociedade vigente. Em suma, a transformação social própria da "grande política", almejada pelos agentes e partidos comprometidos com ela, encontra imensas dificuldades para se construir. Sem políticas estratégicas, sempre de longo prazo, novos formatos de políticas e gestão culturais estão bloqueados. Tentar destravar tais limitações foi meta incessante da secretaria, nem sempre alcançada.

As relações com o campo cultural aconteceram, em geral, de maneira satisfatória, o que não significa a inexistência de debates e tensões, próprias da dinâmica viva da sociedade e da cultura. Convergências e divergências ocorreram. A dependência, inscrita na lógica do favor, produto da prevalência histórica do que se designou "política de balcão", ainda marca de modo potente muitas interações ensejadas com a secretaria e, em especial, com o secretário. A superação dessa modalidade de relacionamento torna-se imprescindível. Ela deve ser feita com muita delicadeza, sensibilidade e tato, pois tal comportamento ainda está, por demais, enraizado e naturalizado. Ele expressa a maneira pela qual a velha política conservadora buscou submeter o campo cultural e fazer com que direitos culturais públicos fossem confundidos com favores privados. A maior institucionalidade nas relações entre campo cultural e secretaria, com procedimentos públicos, dispositivos estabelecidos e rotinas transparentes, pretende superar tais circunstâncias. Entretanto a persistência dos antigos modos brotou em diferentes oportunidades. Sem ambiguidade, a secretaria assumiu deliberadamente o tratamento institucional das demandas, buscando abandonar a lógica de privilégios e do favor. A prioridade dada ao Fundo Estadual de Cultura, ao Calendário das Artes e a outras modalidades institucionais de fomento deriva dessa orientação. As pressões de alguns segmentos culturais e políticos caminharam, por vezes, na contramão, criando tensões em sua maioria resolvidas de modo adequado.

A institucionalidade do campo cultural transformou-se em uma das diretrizes mais caras à secretaria. Ela enfatizou a tessitura de relações com organizações, que exprimissem demandas e opiniões dos agentes e das comunidades culturais. Reuniões coletivas com grupos, redes, associações, entidades e instituições culturais existentes tornaram-se constantes e francas, em concordâncias e discordâncias. Canais de consultas e conversas foram ampliados, consolidados e estimulados. Dentre eles, floresceram: conselhos, colegiados, conferências etc. Sem desconhecer a relevância de reivindicações singulares, a prioridade esteve localizada nas demandas coletivas. O grau de organização do campo cultural, ainda frágil e historicamente recente, dificultou essa orientação e demonstrou seus limites. Nesse sentido, a busca de incentivar a organização independente do campo da cultura obteve centralidade. A intenção de fortalecer a institucionalidade ganhou corpo, graças ao apoio à constituição de mais de uma dezena de colegiados setoriais de cultura; de entidade dos dirigentes municipais de cultura; do fórum dos conselheiros municipais de cultura; da articulação de legisladores culturais e de entidades de amigos de instituições culturais do Estado, a exemplo do Teatro Castro Alves (TCA).

As conexões com a sociedade, atores e comunidades culturais se concretizaram por meio de diferenciados canais, com ênfase nas conferências estaduais de cultura. Elas, em verdade, conformaram um processo, que compreendia um conjunto de instâncias: municipais, territoriais, setoriais e, na etapa final, estadual. Durante o governo Wagner foram realizadas quatro conferências estaduais: 2007, 2009, 2011 e 2013. Delas participaram 162 mil pessoas. Só para se ter uma ideia da magnitude do processo, a conferência de 2013 apresentou 358 conferências em 417 municípios existentes; 27 delas territoriais; mais de 20 setoriais e a plenária estadual. As conferências municipais foram apoiadas pela secretaria, e as fases restantes foram organizadas por ela. As conferências possuíam temáticas gerais específicas, dentre elas: Lei Orgânica da Cultura; plano e sistema de cultura nacionais e, em especial, estaduais.

As conferências propiciaram importantes discussões de políticas culturais e das relações entre Estado e sociedade. Cabe recordar uma discussão ocorrida na secretaria, em 2011, sobre o caráter da conferência. Alguns membros da secretaria defendiam que o encontro deveria só auscultar a sociedade, outros ponderavam que a secretaria tinha de exercer um papel mais ativo, além de ouvir a sociedade. Ela, como inegável ator com posições político-culturais, deveria intervir nos debates e discutir com a sociedade, de modo franco e sincero, concordando ou divergindo das opiniões manifestadas por participantes das conferências. Entre apenas auscultar ou dialogar com as comunidades culturais, a secretaria optou pela segunda alternativa, entendendo que as conferências são ambientes privilegiados de mediação entre sociedade e Estado. Tal mediação se consubstancia por meio de debates político-culturais democráticos. Os diálogos estabelecidos tornam-se vitais para garantir a construção de políticas culturais e o respeito às deliberações das conferências. A posição assumida pela secretaria converge na visão de Víctor Vich, que considera os gestores culturais ativistas e "[...] verdadeiros curadores encarregados de selecionar objetos simbólicos e com eles construir roteiros de acordo com os temas em que se decidiu intervir" (Vich, 2014, p. 93).

Nesse sentido, a Secretaria de Cultura se pautou pelo respeito às decisões das conferências realizadas. A criação do Centro de Culturas Populares e Identitárias (CCPI), do Centro de Formação em Artes (CFA) e da Rede de Formação e Qualificação em Cultura, por exemplo, se deu a partir de deliberações das conferências, que demandaram atenção com as culturas populares e identitárias e, de modo reiterado, reivindicaram formação em cultura. O compromisso com as deliberações das conferências levou a secretaria a tomar iniciativas inovadoras a seu respeito. Em 2013, para cada uma das 27 conferências territoriais, se produziu um livreto, no qual estavam elencadas todas as resoluções das conferências acontecidas anteriormente e todas as demandas atendidas ou não resolvidas. Além de qualificar o debate, por meio do recurso à memória, e realizar prestação de contas, as 27 "devolutivas", como foram chamadas, serviram para responder às críticas, por vezes levantadas, sobre a capacidade de conferências em obter resultados efetivos. A conexão entre as demandas das conferências e os programas de gestão cultural aparece como questão que deve ser cada vez mais aprofundada, visando encaixe mais satisfatório para qualificar a democracia participativa. Nesse horizonte, a secretaria ficou a dever por ausência de radicalidade no enlace entre resoluções das conferências e programas de atuação.

Após as conferências de 2011 e 2013, a secretaria fez avaliações que possibilitaram corrigir erros existentes nas duas edições, além de buscar aprimorar e empoderar os mecanismos de participação e deliberação, vitais para dar consistência à democracia participativa. Alterações regimentais na organização das conferências buscaram ampliar sua representatividade, viabilizando maior presença de representantes dos setores culturais do interior e dos municípios, que realizaram conferências de cultura. A secretaria assumiu um compromisso com a cidadania cultural, em sua dimensão de participação cidadã na construção das políticas culturais (Chaui, 2006).

Na conferência de 2013, por exemplo, foram escolhidos, por meio de eleição direta, os representantes territoriais para ocupar seus respectivos assentos no Conselho Estadual de Cultura, reestruturado e agora organizado com base na destinação de um terço de seus assentos para representantes dos territórios culturais; um terço para membros provenientes de segmentos culturais e um terço para membros indicados pelo poder público. Assim, o novo conselho democratizado é composto de dois terços de membros da sociedade civil, oriundos das comunidades culturais. A complexa questão da representatividade no campo da cultura, entretanto, não parece resolvida com a nova composição. Ela precisa ser testada em experiências efetivas, bem como ser continuamente alterada e aprimorada, pois, se já existe alguma tradição de representação da cultura por meio de seus segmentos específicos, o mesmo não ocorre com relação à representação por territórios culturais. Não cabe aqui a expectativa de receitas prontas, mas a realização e a avaliação críticas dos experimentos acontecidos, visando superar suas fragilidades e elaborar modalidades qualificadas de participação cultural, essenciais para o desenvolvimento da cidadania cultural e para a garantia dos direitos culturais. O exercício da representação e da representatividade é requisito vital da democracia contemporânea.

A construção do Plano Estadual de Cultura se baseou nas resoluções das conferências estaduais de cultura realizadas, inclusive na única acontecida antes do governo Wagner, em 2005. Efetuou-se um levantamento exaustivo de todas as deliberações aprovadas e uma cuidadosa aglutinação das decisões, voltadas para a cultura em geral, e não para nenhuma de suas áreas específicas, deixadas para os planos culturais setoriais a serem desenvolvidos em sequência. A aprovação unânime, em 5 de novembro de 2014, do Plano Estadual de Cultura pela Assembleia Legislativa da Bahia ensejou a elaboração, em seguida, de suas metas para os próximos dez anos, encaminhadas para consulta pública via redes digitais, e a conformação de seis planos culturais específicos, para Artes Visuais, Circo, Dança, Música, Literatura e Teatro, enviados para apreciação do Conselho Estadual de Cultura, que os aprovou na gestão posterior (2015-2017).

A confecção dos planos estadual e setoriais somada ao Plano Estadual do Livro e Leitura fortaleceram, em termos legais, a institucionalidade cultural baiana, dotando o Estado de um melhor horizonte de planejamento na área da cultura. No entanto, é necessário lembrar a fragilidade ainda apresentada pelos processos de democracia participativa no mundo, no Brasil e na Bahia. O mal-estar da democracia na atualidade combina críticas ao exercício da representação na vigente democracia representativa com a experiência ainda recente da democracia participativa. É importante reconhecer o caráter incipiente dos experimentos de participação. Eles precisam ser continuados e aprofundados para serem amadurecidos. Só assim os instrumentos legais podem se converter efetivamente em práticas em prol do desenvolvimento da cultura e das políticas culturais.

Outro debate que envolveu a sociedade esteve relacionado com o fundo estadual de cultura. Na gestão anterior da secretaria, ele tinha se transformado na principal modalidade de fomento à cultura na Bahia. Por meio de política deliberada, a nova direção não só deu continuidade a essa orientação, como radicalizou sua implementação para fortalecer a institucionalidade, o caráter republicano e democrático do fomento estadual à cultura. Os editais deixaram de ser realizados em datas diversificadas e, em seu lugar, optou-se pelo lançamento e divulgação, em edital anual e unificado, de todos os editais, compreendendo mais de vinte áreas culturais, algumas delas inovadoras. Esses editais, designados setoriais, aglutinaram editais dispersos antes existentes. Por exemplo, um abrangente e único edital de audiovisual tomou lugar de inúmeros editais específicos em audiovisual e cinema, voltados para: roteiro, produção, distribuição, finalização, festivais, curta e longa-metragem etc. Com isso, todas as áreas puderam ser contempladas anualmente, por meio de seleções públicas. Os editais setoriais geraram polêmicas, mas foram implantados, resultando depois em poucas divergências. O fundo deixou de ser visualizado a partir de editais isolados e ganhou maior visibilidade na sociedade.

Alteração substantiva foi a informatização do Fundo de Cultura da Bahia, permitindo maior transparência e agilidade dos processos. Poucos fundos existentes no Brasil tinham sido até então informatizados. Novas modalidades de fomento se criaram, com destaque para mecanismos de apoio plurianuais destinados a atividades periódicas, assim evitando alguns procedimentos burocráticos. O apoio plurianual a grupos culturais também se implantou. Tais procedimentos plurianuais buscavam estimular o planejamento das ações dos agentes culturais; diminuir encargos administrativos e racionalizar a utilização dos recursos públicos.

Através de esforço da secretaria, mesmo em período de crise econômica, os recursos destinados ao fundo se ampliaram, ainda que não acontecesse o mesmo com o orçamento geral da instituição. A nota negativa, que debilitou o fundo e a implantação de suas inovações, decorreu dos atrasos de repasse de recursos para os projetos selecionados. Os repasses não dependiam da secretaria, mas das áreas econômicas do governo. Tais atrasos, além de afetarem, de modo grave, os gestores dos projetos e a administração da secretaria, abalaram o apoio da comunidade cultural ao fundo e impediram a configuração de uma consistente imagem social positiva do fundo de cultura, como era merecido. Uma pesquisa nacional sobre o financiamento e o fomento à cultura no Brasil efetuados pelos Estados e Distrito Federal, realizada nos anos 2016–2017, constatou que a Bahia, no governo Wagner, constituiu um modelo alternativo e inovador de fomento em termos nacionais, além de se destacar na destinação de recursos para a cultura (Rubim; Pimenta, 2017a; Rubim; Pimenta, 2017b).

RECURSOS

Quando se fala de gestão da cultura, de imediato aparece o tema sempre presente da ausência de recursos financeiros. Sem menosprezar a recorrente falta, é preciso assinalar que a gestão cultural requer a mobilização de um conjunto diverso de recursos, sejam eles financeiros, humanos, jurídicos ou legais, materiais ou organizativos. Em todos os casos, torna-se necessário equacionar a situação e sempre lutar para conquistar mais recursos, pois normalmente eles são insuficientes e precários. Por certo, a busca por recursos se apresenta como um dos esforços mais persistentes a ser assumido pela gestão cultural.

O desafio não pode nem deve servir de desculpa para a não realização qualificada da gestão. Saber lidar com complexas circunstâncias, enfrentar as inúmeras penúrias e evitar a paralisia da atuação são requisitos essenciais exigidos a qualquer gestão cultural.

A Secretaria de Cultura da Bahia tem envergadura ampla, com um significativo conjunto de instalações, equipamentos e pessoal herdados da atuação anterior no campo da cultura. Ela combina fatores relevantes com vetores problemáticos, por vezes mais dispendiosos do que o necessário em algumas das esferas assinaladas. Claro que as restrições orçamentárias, em especial nos anos de 2013 e 2104, devido à crise econômica, apequenaram ou mesmo impediram a realização de projetos importantes. A deficiência de recursos financeiros prejudicou as ações da secretaria, mas não serviu de desculpas para o não desenvolvimento das políticas culturais pretendidas. O difícil equilíbrio entre o desejado e o possível guiou a atuação da secretaria.

O balanço da situação de crise econômica ensejou medidas para racionalizar gastos. As dificuldades existentes tiveram de ser assumidas como patamar para a gestão. O remanejamento na localização de setores antes dispersos, como a Superintendência de Promoção Cultural e o Armazém Cênico do TCA, evitando pagamento de aluguéis; a criação de rotinas que permitiram mais agilidade e menos recursos, a exemplo de mudanças operacionais no FazCultura, lei de incentivo estadual, e no fundo de cultura, com os projetos plurianuais; dentre outras medidas, permitiram que sem ampliar o orçamento fosse possível aumentar todos os anos os recursos disponibilizados para a comunidade cultural. A reiterada afirmação, nem sempre devidamente comprovada, que o campo da cultura não consegue realizar boa execução orçamentária funcionou como desafio para a secretaria perseguir, de modo incessante, a excelência no uso do orçamento. A utilização máxima dos recursos orçamentários se tornou mantra da gestão.

A busca de recursos extraorçamentários se impõe a qualquer gestão cultural que queira efetivamente funcionar. Apesar do rebaixamento da atuação do Ministério da Cultura nas gestões de Ana de Hollanda e Marta Suplicy, durante o governo Dilma Rousseff (Rubim; Barbalho; Calabre, 2016), algumas cooperações se mostraram viáveis, em especial no mandato de Ana de Hollanda. A descentralização de recursos viabilizou reequipar 17 espaços culturais da secretaria, sendo 12 deles localizados no interior do Estado. A verba da Caixa Econômica Federal bancou a segunda etapa do Programa de Apoio às Filarmônicas da Bahia, envolvendo 96 organizações. Recursos do Ministério da Educação, através do Centro de Formação em Artes, em cooperação com a Secretaria de Educação, financiaram mais de dez cursos profissionalizantes. É impossível elencar neste texto todos os exemplos de colaboração com outras instituições, federais ou não. A atuação partilhada com o próprio governo estadual, conforme já anotado no texto, deu condições para a realização de diversas atividades, muitas delas com recursos das entidades parceiras, sensíveis às limitações da Secretaria de Cultura. Alguns fundos existentes no Estado, a exemplo do Fundo de Combate e Erradicação da Pobreza, também tiveram seus recursos acionados em projetos da secretaria, a exemplo de programa voltado aos jovens multiplicadores.

A obtenção de verbas para além do orçamento, entretanto, não atingiu todo seu potencial. Alguns setores da secretaria se mostraram tímidos ou até incapazes, dada a sobrecarga de trabalho, de elaborar e encaminhar projetos para conseguir novos recursos. As exigências burocráticas crescentes, que deveriam ser evitadas na tessitura dos controles necessários ao Estado democrático, também jogaram papel relevante nas dificuldades de captação de verbas. Um dos maiores empecilhos decorreu da ausência de um setor com pessoal especializado na secretaria na busca de novos recursos. Apesar desse diagnóstico, a criação desse coletivo se mostrou impossível devido à carência de recursos humanos, assoberbados pelo aumento do trabalho cotidiano e dos novos projetos da secretaria. Apenas a título de exemplo, a atuação do fundo de cultura passou de uma média de 30 projetos antes do governo Wagner para cerca de 300 projetos ao ano.

Concorreu para os problemas financeiros a maneira de o Estado administrar as verbas destinadas à secretaria. Além dos contingenciamentos acontecidos e suas repercussões negativas, mesmo em anos de funcionamento normal, os repasses não foram feitos de modo regular e constante, a fim de permitir uma atuação mais lógica e eficaz dos gastos, dificultando sobremodo uma melhor *performance* no planejamento e na gestão financeira. A conjunção de orçamento insuficiente e desembolso irregular, apesar da boa relação e da boa vontade da Secretaria da Fazenda, afetou a gestão, atingiu projetos da secretaria e, inclusive, de apoio à comunidade cultural, o que criou tensões desnecessárias.

Para concluir as observações acerca da situação dos recursos financeiros, é interessante anotar que, mesmo com a incompreensão de alguns setores do governo, mas com o apoio imprescindível de outros, inclusive do governador, a secretaria conseguiu implementar políticas inovadoras de financiamento e fomento à cultura. Com já foi dito, o fundo de cultura se tornou a principal fonte de fomento à cultura na Bahia, sendo um dos poucos Estados no Brasil a reverter a perniciosa hegemonia das leis de incentivo no financiamento à cultura. As leis de incentivo no país hoje trabalham basicamente com recursos públicos e subordinam seu uso à deliberação das empresas, além de serem altamente concentradoras em termos de regiões, de agentes e de áreas culturais contempladas, em geral, associadas à cultura mercantil de grande visibilidade.

Os fundos, pelo contrário, são de decisão do Estado e podem ser bem melhor distribuídos entre regiões, projetos, agentes, áreas culturais, viabilizando políticas de diversidade cultural. Com esse objetivo, eles têm de funcionar de maneira democrática, transparente e republicana, com comissões de seleção representativas dos campos culturais e com autonomia na escolha dos projetos, para evitar tanto a subordinação à lógica mercantil quanto a subordinação à orientação oficialista. O Fundo de Cultura da Bahia alcançou tal configuração e se tornou exemplo emblemático no Brasil. Seu caráter democrático e republicano, nos limites do possível, foi exercido. O FazCultura, por outro lado, manteve sua exigência de contrapartida empresarial de, no mínimo, 20% dos recursos aplicados no projeto, diferente das leis federais que hoje bancam os projetos, quase integralmente, com recursos públicos, pois admitem a isenção fiscal de 100%. A expressiva redefinição do modelo de financiamento e fomento se fez acompanhar por uma busca de simplificação de alguns mecanismos de apoio, visando contemplar de modo mais democrático todos os segmentos culturais. Tal pretensão perpassou o fundo de cultura, mas o exemplo mais radical desse intento foi o Calendário das Artes na sua busca de diálogo com comunidades culturais antes alijadas da interação cultural com o Estado.

Muitos acreditam que os recursos financeiros têm lugar primordial na gestão da cultura. Eles, sem dúvida, ocupam espaço importante, mas os recursos humanos disputam esse papel prioritário, pois uma boa equipe de pessoal sabe construir projetos e pode viabilizar a captação de recursos. Um dos grandes impasses da Secretaria de Cultura localiza-se na esfera de pessoal. Em alguns setores, existem funcionários em demasia, mas sem adequação nem qualificações técnicas para as funções exigidas. Em outros, há grande carência de pessoal. A possibilidade de remanejamento inexiste, dada a especialização de determinados serviços. Com exceções, o quadro do pessoal estável está desatualizado e desmotivado, pois inexiste plano de carreira e historicamente não aconteceram políticas de capacitação e motivação profissional. O quadro permanente foi incorporado, em boa medida, por critérios de apadrinhamento político. Fora o extenso quadro de pessoal estável, a secretaria trabalha com funcionários em regimes instáveis, renovados de modo periódico, o que provoca descontinuidade e instabilidade no trabalho. O não realização de concursos públicos fortaleceu a dependência de pessoal em regime de trabalho temporário. Além deles, existem os cargos de confiança de "livre" escolha do secretário. Tais cargos não são poucos. Mas eles foram alvo de disputa das ditas indicações políticas, nem sempre feitas de modo sintonizado aos perfis técnicos e culturais necessários.

A rigor, com exceções, a atividade da secretaria depende dos cargos comissionados e dos funcionários temporários, o que afeta, de maneira nada desprezível, a memória, a qualidade e a continuidade do trabalho. A condição básica para melhorar o desempenho da secretaria requer a profissionalização do pessoal, diminuindo tanto os cargos comissionados quanto os funcionários temporários. Como essa medida não está na alçada da secretaria, nem prosperaram as tentativas efetuadas de solicitação de concursos públicos, a situação dos recursos humanos se demonstrou sempre de difícil gestão, dadas tais características estruturais.

As limitações de pessoal balizaram o campo de atuação da secretaria. A "solução" possível foi disputar as indicações políticas, buscando negociar sempre a colocação de quadros políticos adequados ou, em opção distinta e mais complexa, trazer pessoas advindas da universidade, de cursos de graduação e pós-graduação afins à cultura, a exemplo do Programa Multidisciplinar de Pós-Graduação em Cultura e Sociedade; do curso de graduação em Produção da Cultura e da Comunicação e da área de concentração de graduação em Políticas e Gestão da Cultura, mesmo que algumas delas apresentassem fragilidades de formação política. O privilégio da Bahia dispor de tais cursos foi fundamental para qualificar a gestão da secretaria. Nas reuniões do Fórum Nacional de Secretários e Dirigentes Estaduais de Cultura, essa peculiar situação era invejada. Fora as limitações apontadas, o bom clima de trabalho e o envolvimento do pessoal no projeto da secretaria devem ser anotados como positivos. A equipe assumiu a responsabilidade pelo desenvolvimento do trabalho da secretaria.

De qualquer modo, o quadro de pessoal para desenvolver as múltiplas e sempre crescentes atividades ficou aquém do necessário. Muitos programas e projetos se ressentiram disso. Esferas culturais, consideradas relevantes pela gestão, infelizmente não puderam ser atendidas, sendo suas políticas específicas prejudicadas. Dentre elas podem ser lembradas áreas associadas às culturas de povos originários, gênero, orientação sexual, jovens, idosos e pessoas com deficiência. Em geral, a equipe trabalhou de modo coletivo, participativo e sintonizado, mas sem idealizar e esquecer as tensões naturais de qualquer atuação coletiva. Reuniões semanais de trabalho aconteceram durante toda a gestão, buscando: agregar a equipe; equacionar divergências; conformar programa de trabalho compartilhado e democrático, no qual todos se sentissem representados. A coesão da equipe abrandou a presença de comportamentos pessoais dissonantes. Eles existiram, mas não conseguiram afetar e colocar em risco o clima coletivo e colaborativo existente.

Os recursos legais, as leis e as normas cumprem papel importante na gestão cultural. Claro que as leis e normas sozinhas, sem condições efetivas de implantação, carecem do impacto desejado no campo cultural, mas a gestão cultural não pode prescindir de legislação que balize os direitos e deveres da sociedade e dos agentes culturais. Apesar disso, em geral, o campo cultural possui frágil legislação. A percepção do contraste entre importância e fragilidade fez a secretaria se esforçar para dotar a Bahia de uma legislação à altura de sua cultura. Em 2011, ela conseguiu aprovar, por unanimidade, na Assembleia Legislativa Estadual, a Lei Orgânica da Cultura, construída na gestão anterior. A lei, dentre outros aspectos, criou o Sistema Estadual de Cultura, instituiu o Plano Estadual de Cultura e alterou o Conselho Estadual de Cultura, tornando-o mais democrático. Com especial dedicação da Fundação Cultural do Estado da Bahia, a lei foi intensamente publicizada.

Diversas iniciativas de leis, decretos e portarias procuraram conformar um ambiente legal adequado ao desenvolvimento da cultura. Alguns podem ser destacados, a exemplo do Plano Estadual de Cultura aprovado em 2014, também por unanimidade, pela Assembleia Legislativa; do Plano Estadual de Livro e Leitura; da elaboração de planos setoriais para seis áreas artísticas (Artes Visuais, Circo, Dança, Literatura, Música, Teatro), aprovados na gestão seguinte pelo Conselho Estadual de Cultura; e do sistema de credenciamento feito para escolher as atrações do Pelourinho Cultural. A inexistência de uma procuradoria própria da secretaria, por melhor que fossem as relações com a Procuradoria-Geral do Estado, dificultou o esforço legislativo, cada vez mais complexo, dada a hipertrofia dos órgãos de controle, do Estado e da sociedade, que tornam exaustivos os procedimentos de gestão pública, sem que os organismos executivos acompanhem o crescimento em termos de pessoal e de condições de trabalho.

A institucionalidade cultural, para se desenvolver, precisa dar atenção aos recursos materiais disponíveis e acionados. Eles estão compostos de estruturas e rotinas. Ainda que faltem equipamentos em algumas áreas, a estrutura organizativa da secretaria possui envergadura, conforme anotado no início do texto. Ela não se constituiu por meio de ampliação lógica e ordenada, mas por um acúmulo histórico desordenado, com visíveis superposições de responsabilidades. A potência das três organizações vinculadas (Ipac, Funceb e FPC), anteriores e maiores que a secretaria centralizada, produz pronunciada tendência à dispersão da gestão institucional. Para se contrapor a tal propensão, as audiências e as reuniões semanais com dirigentes e assessores da secretaria, as avaliações conjuntas e as atividades compartilhadas, como as caravanas culturais, funcionaram como dispositivos de aglutinação da gestão e como construção colegiada das formulações e ações, além de dar organicidade ao trabalho.

Para delimitar melhor o funcionamento cooperativo, algumas reformulações se tornaram necessárias: a esfera de atuação da Funceb se localizou nas artes; os espaços culturais foram transferidos de sua alçada para a Sudecult, inclusive para estarem abertos a todas as áreas da secretaria e impulsionarem o processo de territorialização; a literatura, distinguida do livro e da leitura, deixou a estrutura da FPC e passou a fazer parte da Funceb; foram criados o CCPI e o CFA, este último ligado à Funceb; o Pelourinho Cultural e o Forte da Capoeira saíram do Ipac e se deslocaram para o CCPI, bem como o Núcleo de Culturas Populares, antes pertencente à Funceb. A tentativa de criação do Instituto Baiano de Museus (Ibam), separando o setor de museus do Ipac, não vingou por falta de apoio no interior do governo e pelo quadro de crise financeira. Tensões se instalaram no processo e criaram dificuldades para sua concretização. No geral, as redefinições institucionais conseguiram delinear com mais nitidez o espaço de atuação dos diferentes órgãos da secretaria. Para consecução do processo, mostrou-se fundamental a cooperação da equipe. Desse modo, resistências puderam ser equacionadas e superadas.

Para além da delimitação das áreas de atuação, a instituição de rotinas administrativas, em diversas áreas bastante frágeis, e a informatização de procedimentos visaram dar maior agilidade; caráter republicano e democrático; eficiência e transparência ao funcionamento da secretaria. Tais procedimentos de dotar a secretaria de contornos institucionais mais precisos, por mais importante que sejam para qualificar seu trabalho, não colocaram em cena, de modo pleno, uma das metas mais complexas da gestão e das políticas culturais, apontadas por Ana María Ochoa Gautier, a capacidade de incorporar "[...] dinâmicas de transformação social para a estrutura de trabalho do Estado" (Ocha Gautier, 2003, p. 61). Nesse horizonte, as tentativas da secretaria foram tímidas e nem sempre plenamente sucedidas. Uma mudança dessa envergadura ficou fora dos horizontes da secretaria e do Estado. A reforma substantiva do Estado, imbricada com a transformação social, requer uma atitude não limitada à gestão da cultura, mas uma atuação política abrangente e deliberada do conjunto de governo.

POLÍTICAS CULTURAIS

Um dos riscos mais eminentes da gestão, seja ela cultural ou não, é sua completa absorção pelas demandas do cotidiano. O dia a dia da gestão impõe um conjunto expressivo e persistente de solicitações, que não podem deixar de ser equacionadas, sob pena de afetarem administrativa e politicamente a qualidade da gestão. Mas lidar com as demandas do dia a dia não pode significar ficar prisioneiro delas, pois a prisão impõe um eterno presente e uma enorme dispersão, impossibilitando uma gestão mais continuada, focada e mesmo criativa. Combinar a necessária atenção ao cotidiano com a atuação estratégica, orientada programaticamente e inscrita em horizontes temporais largos, emerge como condição para gestão. Ou seja, a existência de políticas culturais formuladas aparece como alicerce para a gestão cultural qualificada e para possíveis inovações.

Somam-se às pressões do dia a dia aquelas advindas das demandas da vida social. Em sociedades desiguais, como a brasileira e a baiana, as carências seculares amplificam as necessidades sociais, que reivindicam atendimento do Estado, por meio de serviços públicos. Tal acúmulo deriva da desatenção histórica das classes dominantes com a vida e os problemas que afligem a população. Nessa circunstância, a proliferação das demandas alcança uma envergadura impossível de ser resolvida em prazos curtos. Novamente aqui, a gestão deve saber combinar temporalidades curtas e longas e atenção focada e dispersa. Outra vez, a existência de plano de trabalho se impõe como condição de gestão cultural adequada.

Uma inquietante questão toma a cena: como atender às demandas culturais da sociedade sem ser totalmente aprisionado por pressões, cotidianas ou não, que tendem a dispersar e interditar qualquer atuação mais estratégica do Estado e da gestão?

Em um horizonte democrático, as demandas da população, inclusive culturais, têm de ser obrigatoriamente consideradas. A questão passa a ser como incorporar tais demandas. As políticas públicas de cultura, ao traçar objetivos a serem alcançados, lidam com demandas sociais em perspectiva mais coletiva e em prazos mais longos, ainda que isso não signifique esquecer os problemas atuais e se fixar apenas no futuro. Trata-se de construir políticas estratégicas que comecem hoje a enfrentar tais problemas, cuja amplitude requer, para serem superados: intervenções, investimento e tempo prolongado. Elas permitem equacionar melhor o dilema entre demandas e possibilidades.

Com essa finalidade, as políticas públicas, construídas em debate e em deliberação com a sociedade e as comunidades culturais, geram programas e projetos. As políticas públicas de cultura, simultaneamente, devem dialogar com o presente, suas demandas reprimidas, e com o futuro, seus horizontes de superação do existente. Desse modo, elas rompem os grilhões da realidade e iluminam outro mundo possível. O desafio da gestão toma a forma de: 1. Imaginativa formulação de políticas públicas de cultura, adequadas aos problemas a serem enfrentados; e 2. Criativa tradução em programas e projetos, sintonizados com tais políticas e viáveis de serem executados. A tradução em programas e projetos é um dos problemas mais complexos na implementação das políticas culturais, conforme assinala Ana María Ochoa Gautier (2003, p. 84). Logo, traduzir políticas em programas e projetos transforma-se em questão-chave para a gestão cultural.

A visão da política cultural como "mais burocrática que criativa", afirmada por Toby Miller e George Yúdice (2004, p. 11), não ajuda no enfrentamento do problema. Pelo contrário, a criatividade passa a ser condição imanente para a formulação de políticas culturais e para sua tradução política em programas e projetos. As políticas culturais, para cumprir sua promessa e orientar efetivamente a gestão cultural, precisam: 1. Reunir presente e futuro; 2. Ser traduzidas em programas e projetos; e 3. Possuir viabilidade política e financeira.

A gestão 2011-2014 da Secretaria de Cultura se orientou programaticamente pela tessitura de uma cultura cidadã, por meio das seguintes diretrizes gerais: fortalecimento da institucionalidade e da organização do campo cultural; aprofundamento da territorialização das políticas culturais; alargamento das transversalidades da cultura; desenvolvimento da economia da cultura; e ampliação dos diálogos interculturais (Rubim, 2014a). O trabalho orientado por tais políticas culturais evitou o aprisionamento às potentes demandas, advindas do dia a dia ou não, e a proliferação de ações dispersas. Elas deram foco às atividades empreendidas.

As políticas culturais buscaram afinidade com as políticas públicas desenvolvidas pelo governo do Brasil e da Bahia, ambos de orientação de centro-esquerda. Em sintonia com a União, por exemplo, a gestão estadual da cultura visou fortalecer a institucionalidade e a organização do campo da cultura, por meio de conferências, planos e sistemas estaduais de cultura em diálogo constante com as conferências, planos e sistemas nacionais, além de programas federais como o Cultura Viva. O fortalecimento da democracia, em especial em sua versão participativa, na área cultural se apresentou como deliberado objetivo da secretaria.

Em conexão fina com as políticas do governo estadual de planejar a Bahia a partir dos territórios de identidade, a Secretaria de Cultura desenvolveu sua política de territorialização das políticas culturais, levando a atuação da gestão cultural ao maior número possível de municípios, através das atividades já anotadas. A tradução da política de territorialização envolveu diferentes programas e projetos, dentre eles: conferências territoriais; Caravanas Culturais; Funceb Itinerante; Fundo de Cultura da Bahia; Calendário das Artes; Panorama Cultural da Bahia Contemporânea; Programa de Qualificação de Circos; Cinema Expandido e muitos outros. Os pontos de cultura somaram 370; os pontos de leitura, 260; os agentes de leitura, 324; e o Mapa Musical da Bahia, além de seu portal e de rádio *on-line*, organizou coletâneas com 77 obras. Em todos os casos, contemplou-se a abrangência estadual. Fazer o Estado, em sua vertente cultural, chegar ao máximo possível de territórios da Bahia foi meta persistente da atuação da gestão.

Coerente com a política de diálogos interculturais, a gestão estadual da cultura produziu programas e projetos como o Encontro das Culturas Negras e a Celebração das Culturas dos Sertões, que trabalharam vetores constitutivos da diversidade baiana, sem cair em posturas isolacionistas de gueto identitário nem menosprezar os laços internacionais, nacionais e regionais alimentadores das trocas imprescindíveis à criação e dinamização da cultura. Os diálogos se fizeram entre os territórios baianos e com outros Estados e países, por meio do Bahia Music Export, do Programa de Mobilidade Artística e do Programa de Difusão das Artes da Bahia, que congregou atividades como a Coletânea de Autores Baianos e o *Kit* Difusão do Teatro da Bahia, além de outros mecanismos. Reconhecer interlocutores, ampliar diálogos e promover a diversidade cultural da Bahia se inscreveram nos horizontes permanentes da secretaria.

As capacidades de formulação e de tradução das políticas culturais transformam-se em componentes vitais para abalizar a gestão cultural. A imaginação de novos programas e projetos ocupou posição destacada na gestão 2011-2014. Nesses anos, diversas atividades surgiram: Ações Poéticas em Comunidades; Ano Jorge Amado; Bienal da Bahia; Celebração das Culturas dos Sertões; Comenda do Mérito Cultural da Bahia; Conversando sobre Patrimônio; Cultura em Campo; Encontro das Culturas Negras; Fazer Poesia e Ficção na Bahia; Fórum do Pensamento Crítico; Mapa

Musical da Bahia; Outros Carnavais; Programa de Incentivo à Crítica das Artes; Programa e Rede de Formação e Qualificação em Cultura; Semana do Audiovisual Baiano Contemporâneo; Temporada Verão Cênico, dentre outros.

Entretanto nenhuma gestão cultural pode viver apenas da inauguração de programas e projetos. A administração pública brasileira padece da tentação de sempre inventar o novo e esquecer formulações e ações estabelecidas anteriormente, na busca incessante de produzir marca e visibilidade diferenciadas à administração que se inicia. Essa atitude potencializa uma trágica tradição para a gestão cultural: sua grande instabilidade, uma das três tristes tradições detectadas na história das políticas culturais no Brasil (Rubim, 2007). Contra tal descontinuidade, altamente prejudicial ao campo da cultura, que requer tempo para amadurecimento, duas alternativas se apresentam: a continuidade de projetos e a reformulação de programas já existentes. Elas, em conjunto com a invenção, formam potente tríade para alicerçar uma consistente política de atuação cultural.

Os anos 2011-2014 viram a manutenção de programas e projetos como: Carnaval Ouro Negro; Circuitos Arqueológicos da Chapada Diamantina; Circuito Popular de Cinema e Vídeo; Conversas Plugadas; Domingo no TCA; Festival Nacional Cinco Minutos; Novo TCA; Pelourinho Cultural; Prêmio Nacional de Fotografia Pierre Verger; Quarta que Dança etc. A continuidade dessas e de outras atividades se mostrou fundamental para enfrentar a instabilidade do campo cultural e possibilitar que bons programas e projetos, na maioria das vezes assumidos e bem avaliados por suas comunidades culturais, se firmem como permanentes, uma das metas de qualquer boa administração cultural. A gestão se orientou por essa diretriz, sem nenhuma preocupação com os governos de origem das atividades avaliadas como positivas para e pela área cultural.

Programas e projetos herdados igualmente passaram por reformulações, visando ampliar e/ou atualizar sua dinâmica, inscrevendo-os em padrões mais adequados às políticas culturais desenvolvidas. O Carnaval do Pelô acentuou sua ligação com a diversidade musical e com públicos diferenciados. O Carnaval Pipoca passou a incentivar minitrios, fenômeno recente da folia baiana, em lugar dos grandes trios elétricos. O Festival Nacional Cinco Minutos se renovou com base na política de territorialização e no diálogo com a produção audiovisual voltada para temporalidades compactas, própria do ambiente tecnológico contemporâneo. O Pelourinho Cultural organizou sua programação a partir do novo sistema de credenciamento efetuado pelo CCPI. Diversos outros programas foram reformulados em um olhar de superação da lógica no mero evento, adquirindo um caráter mais processual, como já visto. A combinação de programas e projetos novos, antigos e reformatados deu vigor às políticas culturais desenvolvidas pela gestão cultural estadual naqueles anos.

Por fim, uma última questão se impõe: a posição assumida frente ao tema da neutralidade ou não das políticas culturais. As experiências históricas recentes no Brasil – Estado autoritário na ditadura civil-militar (1964-1985) e Estado mínimo dos governos neoliberais (1990-1992 e 1995-2002 e 2016 em diante) – colocaram em xeque a atuação do Estado no campo da cultura, seja pelo medo de seu dirigismo, seja pela tentativa de sua substituição pelo "mercado". Em tempos assumidos como democráticos e pós-neoliberais, o papel do Estado nas políticas públicas, inclusive de cultura, tem de ser obrigatoriamente renovado. Não cabe aceitar um Estado forte e "acima" da sociedade nem, em perspectiva oposta, reduzir seu lugar a mero repassador "neutro" de recursos ao campo cultural, mesmo que a partir de procedimentos democráticos e republicanos. Para além de criar programas e projetos para estimular as culturas já existentes na sociedade – como faz o inovador Programa Cultura Viva, hoje presente em inúmeros países (Turino, 2015; Vilutes, 2015; e Rubim, 2017) –, o Estado não pode se furtar a desenvolver políticas culturais. Ou seja, fazer escolhas; tomar posições e atuar no campo da cultura. Gilberto Gil, discursos pronunciados no ano de 2003, deixou expresso o compromisso do Estado brasileiro de construir políticas culturais (Gil, 2003).

A gestão 2011-2014 assumiu cristalina posição no embate. O Estado não se pensou "acima" da sociedade nem se restringiu à pretensa neutralidade no campo cultural. A busca de uma concepção democrática de atuação do Estado no campo da cultura orientou a secretaria. De imediato, algumas questões emergiram e tiveram de ser equacionadas: cabe ao Estado democrático apoiar atividades e obras perpassadas por discriminações, preconceitos e violências de classe, etnia, gênero, idade, nação e orientação sexual, dentre outros? A resposta assumida e dada a essa complexa questão pela secretaria foi um não. Apesar de reconhecer as enormes dificuldades envolvidas no lidar com valores, ficou evidente que o Estado democrático não pode, sem mais, colaborar no desenvolvimento de qualquer tipo de cultura na sociedade, sob pena de fortalecer culturas autoritárias e toda gama de valores contrários à constituição de uma sociedade mais equânime, justa e livre, que garanta vigorosamente a cidadania e os direitos humanos, políticos, sociais, econômicos, ambientais e culturais da população. Como assinalam Eduardo Nivón Bolán e Délia Sánchez Bonilla, o gestor cultural deve estar comprometido com os valores democráticos e a participação, a fim de satisfazer as necessidades culturais da sociedade (Bolán; Sánchez Bonilla, 2016, p. 38). As políticas culturais devem estar sintonizadas com a construção de outro e melhor mundo possível.

Subjacente ao tema, emerge a discussão sobre a possibilidade ou não de o Estado criar cultura. Diversos autores, conservadores e até de esquerda, repetem o mantra de que ele não pode, nem deve, produzir cultura nova. Parece consensual que a grande criadora de cultura é a sociedade, lócus, por excelência, da invenção cultural. Mas não tem sentido interditar o Estado de *também* produzir cultura, do mesmo modo que não se tem impedido as empresas de, *igualmente*, fazer cultura. Algumas interrogações, elencadas em seguida, servem para colocar em xeque a tentativa de interdição (Rubim, 2016). As universidades públicas brasileiras – federais, estaduais e municipais – não criam ciência, conhecimento e cultura? As bibliotecas, centros culturais, museus e outras instituições culturais estatais não podem produzir inovações culturais? Os corpos artísticos estáveis nas mais diversas áreas, mantidos pelo poder público, estão impedidos de inventar arte e cultura? O problema parece estar deslocado, seja pelo medo da cultura oficial imposta por situações autoritárias, seja pela submissão à lógica neoliberal de apequenar o aparato estatal. A questão que se coloca é como construir um Estado radicalmente democrático e republicano que possa também produzir cultura, sem que ela esteja subordinada à censura do Estado ou de entes privados, e sem que ela ocupe a posição da sociedade como principal lócus societário de criação cultural. A resposta não parece difícil de ser imaginada, mas certamente não é fácil de ser implantada, pois exige presença de cultura política radicalmente democrática na sociedade e no Estado. O poder público democrático e republicano ativo deve enfrentar esses e outros problemas cruciais para a transformação e o desenvolvimento culturais da sociedade, com base em compromisso firme com a cultura cidadã, a cidadania cultural e os direitos culturais. Afinal, a transformação e o desenvolvimento são os sentidos mais nobres da gestão e das políticas culturais.

REFERÊNCIAS

BOLÁN, Eduardo Nivón; BONILLA, Delia Angelina Sánchez. La gestión cultural en América Latina. Em: TRUJILLO, Janny Amaya; LÓPEZ, José Paz Rivas; ARCHILA, María Isabel Mercado (org.). *Diversidad, tradición e innovación en la gestión cultural*: teorías y contextos. t. 1. Guadalajara: UDGVirtual, 2016, p. 21-56.

CALABRE, Lia. *Políticas culturais no Brasil*: dos anos 1930 ao século XXI. Rio de Janeiro: FGV, 2009.

CHAUI, Marilena. *Cidadania cultural*: o direito à cultura. São Paulo: Fundação Perseu Abramo, 2006.

COELHO, Teixeira. Política de eventos. Em: COELHO, Teixeira. *Dicionário crítico de política cultural*. São Paulo: Iluminuras, 1997, p. 300-1.

CÔRTES, Clélia; BEZERRA, Laura. A formação como desafio coletivo das políticas culturais da Bahia e do Brasil. Em: RUBIM, Antonio Albino Canelas (org.). *Cultura e políticas culturais na Bahia*. Itajaí: Casa Aberta, 2016, p. 21-33.

COUTINHO, Carlos Nelson. *Intervenções*: o marxismo na batalha das ideias. São Paulo: Cortez, 2006.

FERNÁNDEZ, Xan M. Bouzada. Financia acerca del origen y génesis de las politicas culturales occidentales: Arqueologías y derivas. *O público e o privado*, Fortaleza, n. 9, jan./jun. 2007, p. 111-47.

FUNDAÇÃO CULTURAL DO ESTADO DA BAHIA. *Relatório de gestão 2011-2014*.

Salvador: Fundação Cultural do Estado da Bahia, 2014.

OCHOA GAUTIER, Ana María. *Entre deseos y los derechos*: un ensayo crítico sobre políticas culturales. Bogotá: Instituto Colombiano de Antropologia e História, 2003.

GIL, Gilberto. *Discursos do ministro da Cultura Gilberto Gil – 2003*. Brasília: MinC, 2003.

MILLER, Toby; YÚDICE, George. *Política cultural*. Barcelona: Gedisa Editorial, 2004.

REGUILLO, Rossana. *Horizontes fragmentados*: comunicación, cultura, pospolítica. El (des)orden global y sus figuras. Jalisco: Iesco, 2005.

RUBIM, Antonio Albino Canelas. Políticas culturais no Brasil: tristes tradições, enormes desafios. Em: RUBIM, Antonio Albino Canelas; BARBALHO, Alexandre (org.). *Políticas culturais no Brasil*. Salvador: Edufba, 2007, p. 11-36.

RUBIM, Antonio Albino Canelas. *Políticas culturais na Bahia contemporânea*. Salvador: Edufba, 2014.

RUBIM, Antonio Albino Canelas; BARBALHO, Alexandre; CALABRE, Lia (org.). *Políticas culturais no governo Dilma*. Salvador: Edufba, 2015, p. 11-31.

RUBIM, Antonio Albino Canelas. Observações acerca das relações entre Estado e cultura. Em: CUNHA FILHO, Francisco Umberto; AGUIAR, Marcus Pinto; COSTA, Rodrigo Vieira (org.). *Direitos culturais*: múltiplas perspectivas. v. 3. Fortaleza: Uece/Unifor, 2016b, p. 124-40.

RUBIM, Antonio Albino Canelas. Caravanas e políticas culturais. Em: RUBIM, Antonio Albino Canelas (org.). *Cultura e políticas culturais na Bahia*. Itajaí: Casa Aberta, 2016b, p. 53-73.

RUBIM, Antonio Albino Canelas; VASCONCELOS, Fernanda Pimenta (org.). *Financiamento e fomento à cultura nas regiões brasileiras*. Salvador: Edufba, 2017a.

RUBIM, Antonio Albino Canelas; VASCONCELOS, Fernanda Pimenta (org.). *Financiamento e fomento à cultura no Brasil*: Estados e Distrito Federal. Salvador: Edufba, 2017b.

SECRETARIA DE CULTURA DO ESTADO DA BAHIA. *Políticas culturais na Bahia 2007-2014*. Salvador: Secretaria de Cultura do Estado da Bahia, 2014a.

SECRETARIA DE CULTURA DO ESTADO DA BAHIA. *Bahia*: terra da cultura. v. 1. Salvador: Secretaria de Cultura do Estado da Bahia, 2014b.

SECRETARIA DE CULTURA DO ESTADO DA BAHIA. *Bahia*: terra da cultura. v. 2. Salvador: Secretaria de Cultura do Estado da Bahia, 2014c.

TURINO, Célio. Cultura a unir povos. *Revista Observatório Itaú Cultural*, São Paulo, 2015, v. 18, p. 66-75.

VICH, Víctor. *Desculturalizar la cultura*: la gestión cultural como forma de acción política. Buenos Aires: Siglo XXI, 2014.

VILUTIS, Luana. *Presenças e ausências da economia solidária nas políticas culturais*. 2015. Tese (Doutorado em Cultura e Sociedade) – Faculdade de Comunicação, Universidade Federal da Bahia, Salvador, 2015.

AGRADECIMENTOS

OS TEXTOS AQUI PRESENTES RESULTAM DE DIÁLOGOS que mantemos na vida com pessoas, instituições, livros e demais fontes de conhecimento. Eles nos formam e dão vida. A lista de agradecimentos é ampla, pois os textos nascem de muitas e queridas vivências – claro que sob a responsabilidade do autor, em seus erros e acertos.

Assim, gostaria de registrar meus agradecimentos ao Sesc São Paulo, por meio de sua direção, da editora e do Centro de Pesquisa e Formação (CPF), parceiro de muitas atividades. Agradeço ainda ao CNPq e à Universidade Federal da Bahia (Ufba), pelo apoio que recebi para elaborar os diversos textos que compõem este livro.

Agradeço aos colegas do Centro de Estudos Multidisciplinares em Cultura (Cult) e do Programa Multidisciplinar de Pós-Graduação em Cultura e Sociedade (Pós-Cultura), com os quais compartilho ideias e discussões acadêmicas e político-culturais.

Agradeço igualmente aos colegas de diferentes instituições acadêmico-culturais e redes, a exemplo da Rede de Pesquisadores em Políticas Culturais (RedePCult), parceiros de reflexões sobre cultura e políticas culturais.

Agradeço à colega Isaura Botelho, que aceitou escrever o prefácio que dialoga criticamente com os textos; ao colega, vice-reitor e amigo Paulo Miguez, que elaborou a orelha do livro; e a Danilo Santos de Miranda, diretor de uma das mais admiráveis instituições da cultura do Brasil, o Sesc São Paulo.

Especiais agradecimentos aos meus queridos familiares – mãe, esposa, filhos, neto, irmãos, sobrinhos e tio – que, no cotidiano, me fazem, apoiam e inspiram a viver o mundo e escrever sobre ele, mesmo em momentos tão complexos como o atual. Sem o convívio e o afeto de todos, a escritura deste livro seria bem mais difícil, ou até mesmo impossível.

SOBRE O AUTOR

Pesquisador do CNPq e do Centro de Estudos Multidisciplinares em Cultura (Cult) e professor do Programa Multidisciplinar de Pós-Graduação em Cultura e Sociedade (Pós-Cultura) da Universidade Federal da Bahia. Ex-secretário de Cultura do Estado da Bahia (2011-2014).

FONTES	Le Jeune Poster, Fakt Regular e Lyon Text
PAPEL	Color Plus Roma 240 g/m² (capa),
	Pólen Natural 70 g/m² (miolo)
IMPRESSÃO	Hawaii Gráfica e Editora Ltda
DATA	Agosto de 2022